FRAGMENS
SUR L'INDE,
SUR
LE GÉNÉRAL LALLI,
SUR LE PROCÈS
DU COMTE DE MORANGIÈS,
ET
SUR PLUSIEURS AUTRES SUJETS.

A LONDRES.

M. D. CCLXXIV.

TABLE
DES ARTICLES CONTENUS
DANS CE VOLUME.

ARTICLE I. *Tableau historique du commerce de l'Inde.* page 1

ART. II. *Commencement des premiers troubles de l'Inde, & des animosités entre les compagnies française & anglaise.* 8

ART. III. *Sommaire des actions de la Bourdonnaye & de Dupleix.* 11

ART. IV. *Envoi du comte de Lalli dans l'Inde. Quel était ce général ? Quels étaient ses services avant cette expédition ?* 23

ART. V. *Etat de l'Inde lorsque le général Lalli y fut envoyé.* 26

ART. VI. *Des Gentous & de leurs coutumes les plus remarquables.* 34

ART. VII. *Des brames.* 39

ART. VIII. *Des guerriers de l'Inde & des dernières révolutions.* 45

ART. IX. *Suite des révolutions.* 48

TABLE DES ARTICLES.

ART. X. Description sommaire des côtes de la presqu'île, où les Français & les Anglais ont commercé & fait la guerre. page 53

ART. XI. Suite de la connaissance des côtes de l'Inde. 61

ART. XII. Ce qui qui se passait dans l'Inde avant l'arrivée du général Lalli. Histoire d'Angria. Anglais détruits dans le Bengale. . . . 66

ART. XIII. Arrivée du général Lalli: ses succes, ses traverses. Conduite d'un jésuite nommé Lavaur. . . 81

ART. XIV. Le comte Lalli assiége Madras. Commencement de ses malheurs. . 88

ART. XV. Malheurs nouveaux de la compagnie des Indes. . . . 95

ART. XVI. Avanture extraordinaire dans Surate. Les Anglais y dominent. . 102

ART. XVII. Prise & destruction de Pondicheri. 105

ART. XVIII. Lalli & les autres prisonniers conduits en Angleterre, relachés sur leur parole. Procès criminel de Lalli. 113

ART. XIX. Fin du procès criminel contre Lalli. Sa mort. . . . 120

ART. XX. Destruction de la compagnie française des Indes. . . 133

TABLE DES ARTICLES.

ART. XXI. *De la science des bracmanes.* page 137

ART. XXII. *De la religion des bracmanes, & surtout de l'adoration d'un seul Dieu.* 142

ART. XXIII. *De l'ancienne mythologie philosophique avérée, & des principaux dogmes des anciens bracmanes sur l'origine du mal.* 148

ART. XXIV. *De la métempsycose.* 159

ART. XXV. *D'une trinité reconnue par les brames. De leur prétendue idolâtrie.* 164

ART. XXVI. *Du catéchisme indien.* 168

ART. XXVII. *Du baptême indien.* 173

ART. XXVIII. *Du paradis terrestre des Indiens, & de la conformité aparente de quelques-uns de leurs contes avec les vérités de notre sainte écriture.* 174

ART. XXIX. *Du lingam, & de quelques autres superstitions.* 178

ART. XXX. *Epreuves.* 184

ART. XXXI. *De l'histoire des Indiens jusqu'à Timur ou Tamerlan.* 188

ART. XXXII. *De l'histoire indienne, depuis Tamerlan jusqu'à monsieur Holwell.* 194

ART. XXXIII. *De Babar qui conquit une partie de l'Inde, après Tamerlan,* au 16e. siècle. D'Acbar brigand encor plus heureux. Des barbaries exercées chez la nation la plus humaine de la terre. . . . . page 200

Art. XXXIV. *Suite de l'histoire de l'Inde jusqu'à 1770.* 207

Art. XXXV. *Portrait d'un peuple singulier dans l'Inde. Nouvelles victoires des Anglais.* . . . 212

Art. XXXVI. *Des provinces entre lesquelles l'empire de l'Inde était partagé vers l'an 1770, & particuliérement de la république des Seikes.* . 216

FRAGMENS

SUR L'HISTOIRE GÉNÉRALE.

Art. I. *Qu'il faut se défier de presque tous les monumens anciens.* . . 221

Art. II. *De la Chine.* . . . 226

Art. III. *De la population de la Chine & des mœurs.* 231

Art. IV. *Si les Égyptiens ont peuplé la Chine, & si les Chinois ont mangé des hommes.* 236

Art. V. *Des anciens établissemens & des anciennes erreurs avant le siècle de Charlemagne.* 241

TABLE DES ARTICLES. vij

Art. VI. *Fausses donations. Faux martyres. Faux miracles.* . page 246

Art. VII. *De David, de* Constantin, *de* Théodose, *de* Charlemagne, &c. 251

Art. VIII. *D'une foule de mensonges absurdes qu'on a oposés aux vérités énoncées par nous.* . . . 263

Art. IX. *Éclaircissemens sur quelques anecdotes.* . . . 271

Art. X. *De la philosophie de l'histoire.* . 274

Fragment sur la saint Barthelemi. . 279

Fragment sur la révocation de l'édit de Nantes. 285

Calomnies contre Louis XIV. . . 291

Défense de Louis XIV, *contre les annales politiques de l'abbé de saint Pierre.* 292

Fragment sur le procès criminel de Monbailli, &c. 301

Fragment sur la justice, à l'occasion du procès de monsieur le comte de Morangiés contre les Jonquay. . 308

Précis du procès de monsieur le comte de Morangiés contre la famille Verron. 317

Déclaration de monsieur de Voltaire, *sur le procès entre monsieur le comte de Morangiés & les* Verron. . 336

Réponse à l'écrit d'un avocat intitulé, preuves démonstratives en fait de justice. page 350

Lettre de monsieur DE VOLTAIRE *à messieurs de la noblesse du Gévaudan, qui ont écrit en faveur de monsieur le comte de Morangiés.* . 358

Seconde lettre aux mêmes. . 369

Troisième lettre aux mêmes. . 382

Quatrième lettre aux mêmes. . 391

FIN DE LA TABLE.

FRAGMENS
SUR QUELQUES
RÉVOLUTIONS DANS L'INDE,
ET SUR LA MORT
DU COMTE DE LALLY.

ARTICLE PREMIER.

Tableau historique du commerce de l'Inde.

Impiger extremos currit, mercator ad Indos,
Per mare, pauperiem fugiens, per saxa, per ignes.
HOR. Epist. Lib. I.

DEs que l'Inde fut un peu connue des barbares de l'occident & du nord, elle fut l'objet de leur cupidité, & le fut encor davantage, quand ces barbares, devenus policés & industrieux, se firent de nouveaux besoins.

On sait assez qu'à peine on eut passé les

mers qui entourent le midi & l'orient de l'Afrique, on combatit vingt peuples de l'Inde, dont auparavant on ignorait l'existence. Les Albuquerques & leurs successeurs ne purent parvenir à fournir du poivre & des toiles en Europe que par le carnage.

Nos peuples Européans ne découvrirent l'Amérique que pour la dévaster, & pour l'aroser de sang; moyennant quoi ils eurent du cacao, de l'indigo, du sucre, dont les cannes furent transportées d'Europe dans les climats chauds de ce nouveau monde; ils raportèrent quelques autres denrées, & surtout le quinquina: mais ils y contractèrent une maladie aussi afreuse qu'elle est honteuse & universelle, & que cette écorce d'un arbre du Pérou ne guérissait pas.

A l'égard de l'or & de l'argent du Pérou & du Mexique, le public n'y gagna rien; puisqu'il est absolument égal de se procurer les mêmes nécessités avec cent marcs, ou avec un marc. Il serait même très avantageux au genre humain d'avoir peu de métaux qui servent de gages d'échange, parce qu'alors le commerce est bien plus facile: cette vérité est démontrée en rigueur. Les premiers possesseurs des mines sont à la vérité réellement plus riches d'abord que les autres, ayant plus de gages d'échange dans leurs mains; mais les autres peuples aussitôt leur vendent leurs denrées à proportion: en très peu de tems l'égalité s'établit, & enfin le peuple le plus induftrieux devient en éfet le plus riche.

Perfonne n'ignore quel vafte & malheureux empire les rois d'Efpagne aquirent aux deux extrèmités du monde, fans fortir de leur palais, combien l'Efpagne fit paffer d'or, d'argent, de marchandifes précieufes en Europe, fans en devenir plus opulente; & à quel point elle étendit fa domination en fe dépeuplant.

L'hiftoire des grands établiffemens hollandais dans l'Inde eft connue, de même que celle des colonies anglaifes qui s'étendent aujourd'hui de la Jamaïque à la baye d'Hudfon; c'eft-à-dire depuis le voifinage du tropique jufqu'à celui du pôle.

Les Français, qui font venus tard au partage des deux mondes, ont perdu à la guerre de 1756 & à la paix tout ce qu'ils avaient aquis dans la terre-ferme de l'Amérique feptentrionale, où ils poffédaient environ quinze cent lieues en longueur, & environ fept à huit cents en largeur. Cet immenfe & miférable pays était très à charge à l'état, & fa perte a été encor plus funefte.

Prefque tous ces vaftes domaines, ces établiffemens difpendieux, toutes ces guerres entreprifes pour les maintenir, ont été le fruit de la moleffe de nos villes & de l'avidité des marchands, encor plus que de l'ambition des fouverains.

C'eft pour fournir aux tables des bourgeois de Paris, de Londres & des autres grandes villes, plus d'épiceries qu'on n'en confommait autrefois aux tables des princes : c'eſt pour charger des ſimples citoyennes de plus de diamans que les reines n'en portaient à leur ſacre ; c'eſt pour infecter continuellement ſes narines d'une poudre dégoutante, pour s'abreuver, par fantaiſie, de certaines liqueurs inutiles, inconnues à nos pères qu'il s'eſt fait un commerce immenſe toujours déſavantageux aux trois quarts de l'Europe ; & c'eſt pour ſoutenir ce commerce que les puiſſances ſe ſont fait des guerres, dans leſquelles le premier coup de canon tiré dans nos climats met le feu à toutes les bateries en Amérique & au fond de l'Aſie. On s'eſt toujours plaint des impôts, & ſouvent avec la plus juſte raiſon ; mais nous n'avons jamais réfléchi que le plus grand & le plus rude des impôts eſt celui que nous impoſons ſur nous-mêmes par nos nouvelles délicateſſes qui ſont devenues des beſoins, & qui ſont en éfet un luxe ruineux, quoi qu'on ne leur ait point donné le nom de luxe.

Il eſt très vrai que depuis Vaſco de Gama, qui doubla le premier la pointe de la terre des Hottentots, ce ſont des marchands qui ont changé la face du monde.

Les Japonois, ayant éprouvé l'inquiétude turbulente & avide de quelques-unes de nos nations Européanes, ont été aſſez heureux & aſſez puiſſans pour leur fermer tous leurs ports, & pour n'admettre chaque année qu'un feul vaiffeau d'un petit peuple, qu'ils traitent avec une rigueur & un mépris (*a*) que ce petit peuple feul eft capable de fuporter, quoiqu'il foit très puiffant dans l'Inde orientale.

Les habitans de la vafte prefqu'île de l'Inde n'ont eu ni ce pouvoir, ni le bonheur de fe mettre, comme les Japonois, à l'abri des invafions étrangères. Leurs provinces maritimes font, depuis plus de deux cents ans, le théâtre de nos guerres.

Les fucceffeurs des bracmanes, de ces inventeurs de tant d'arts, de ces amateurs & de ces arbitres de la paix, font devenus nos facteurs, nos négociateurs mercénaires. Nous avons défolé leur pays, nous l'avons engraiffé de notre fang. Nous avons montré combien nous les furpaffons en courage & en méchanceté, & combien nous leur fommes inférieurs en fageffe. Nos nations d'Europe fe font détruites réciproquement dans cette même terre où nous n'allons chercher que de l'argent, & où les premiers Grecs ne voyageaient que pour s'inftruire.

La compagnie des Indes hollandaife fefait déjà des progrès rapides, & celle d'Angleterre fe formait, lorfqu'en 1604. le grand *Henri* acorda, malgré l'avis du duc de *Sully*,

---

(*a*) Il eft très vrai que dans le commencement de la révolution de 1638, on obligea les Hollandais comme les autres à marcher fur le crucifix.

le privilège exclusif du commerce dans les Indes à une compagnie de marchands plus intéressés que riches & nullement capables de se soutenir par eux-mêmes. On ne leur donna qu'une lettre-patente, & ils restèrent dans l'inaction.

Le cardinal de *Richelieu* créa en 1642 une espèce de compagnie des Indes; mais elle fut ruinée en peu d'années. Ces tentatives semblèrent annoncer que le génie français n'était pas aussi propre à ces entreprises que le génie atentif & œconome des Hollandais, & que l'esprit hardi, entreprenant & opiniâtre des Anglais.

Établissement d'une compagnie des Indes en France.

Louis XIV, qui allait à la gloire & à l'avantage de sa nation par toutes les routes, fonda en 1664, par les soins de l'immortel *Colbert*, une compagnie des Indes puissante: il lui acorda les privilèges les plus utiles, & l'aida de quatre millions tirés de son épargne, lesquels en feraient environ huit d'aujourd'hui. Mais, d'année en année, le capital & le crédit de la compagnie dépérirent. La mort de *Colbert* détruisit presque tout. La ville de Pondicheri, sur la côte de Coromandel, fut prise par les Hollandais en 1693. Une colonie, établie à Madagascar, fut entièrement ruinée.

Ce qui avait été la principale cause du dépérissement total de ce commerce, avant la perte même de Pondicheri, était, à ce qu'on a cru, l'avidité de quelques administrateurs dans l'Inde, leurs jalousies continuelles, l'intérêt particulier qui s'opofe toujours au bien général, & la vanité qui préfére, comme on difait autrefois, le paraître à l'être; défaut qu'on a fouvent reproché à la nation.

Nous avons vu de nos yeux, en 1719, par quel étonnant preftige cette compagnie renaquit de fes cendres. Le fiftème chimérique de *Lafs*, qui bouleverfa toutes les fortunes, & qui expofait la France aux plus grands malheurs, ranima pourtant l'efprit de commerce. On rebâtit l'édifice de la compagnie des Indes avec les décombres de ce fiftème. Elle parut d'abord auffi florissante que celle de Batavia; mais elle ne le fut éfectivement qu'en grands préparatifs, en magazins, en fortifications, en dépenfes d'apareils, foit à Pondicheri, foit dans la ville & dans le port de l'Orient en Bretagne, que le miniftère de France lui concéda, & qui corefpondait avec fa capitale de l'Inde. Elle eut une aparence impofante; mais de profit réel, produit par le commerce, elle n'en fit jamais. Elle ne donna, pendant foixante ans, pas un feul dividende du débit de fes marchandifes. Elle ne paya ni les actionnaires ni aucune de fes dettes, en France, que de neuf millions que le roi lui acordait par année fur la ferme du tabac: de forte qu'en éfét ce fut toujours le roi qui paya pour elle.

Il y eut quelques oficiers militaires de cette compagnie, quelques facteurs induftrieux qui aquirent des richeffes dans l'Inde:

mais la compagnie se ruinait avec éclat, pendant que ces particuliers acumulaient quelques trésors. Il n'est guères dans la nature humaine de s'expatrier, de se transporter chez un peuple dont les mœurs contredisent en tout les nôtres, dont il est très dificile d'apprendre la langue, & impossible de la bien parler, d'exposer sa santé dans un climat pour lequel on n'est point né, enfin de servir la fortune des marchands de la capitale, sans avoir une forte envie de faire la sienne. Telle a été la source de plusieurs désastres.

ARTICLE SECOND.

Commencement des premiers troubles de l'Inde, & des animosités entre les compagnies française & anglaise.

LE commerce, ce premier lien des hommes, étant devenu un objet de guerre, & un principe de dévastation, les premiers mandataires des compagnies anglaise & française, salariés par leurs commettans sous le nom de gouverneurs, furent bientôt des espèces de généraux d'armée : on les aurait pris dans l'Inde pour des princes ; ils fesaient la guerre & la paix tantôt entr'eux, tantôt avec les souverains de ces contrées.

Gouvernement du Mogol. Quiconque est un peu instruit sait que le gouvernement du Mogol est, depuis Gengiskan & probablement longtems auparavant, un gouvernement féodal; tel à peu près que celui d'Allemagne, tel qu'il fut établi long-tems chez les Lombards, chez les Espagnols, & en Angleterre même comme en France, & dans presque tous les états de l'Europe : c'est l'ancienne administration de tous les conquérans scithes & tartares, qui ont vomi leurs inondations sur la terre. On ne conçoit pas comment l'auteur de l'esprit des loix a pu dire *que la féodalité est un événement arrivé une fois dans le monde, & qui n'arivera peut-être jamais.* La féodalité n'est point un événement : c'est une forme très ancienne, qui subsiste dans les trois quarts de notre hémisphère avec des administrations diférentes. Le grand-mogol est semblable à l'empereur d'Allemagne. Les souba sont les princes de l'empire, devenus souverains chacun dans ses provinces. Les nabab sont des possesseurs de grands arière-fiefs. Ces souba & ces nabab sont d'origine tartare & de la religion musulmane. Les raïa, qui jouissent aussi de grands fiefs, sont pour la plûpart d'origine indienne, & de l'ancienne religion des brames. Ces raïa possèdent des provinces moins considérables, & ont bien moins de pouvoir que les nabab & les souba. C'est ce que nous confirment tous les mémoires venus de l'Inde.

Ces princes cherchaient à se détruire les uns les autres, & tout était en combustion dans ces pays, depuis l'année 1739 de notre ère, année mémorable dans laquelle le *Sha-Nadir*, ayant d'abord protégé l'empereur de Perse son maître, & lui ayant ensuite araché les yeux, vint ravager le nord de l'Inde, & se saisir de la personne même du grand-mogol. Nous parlerons en son lieu de cette grande révolution. Alors ce fut à qui se jetterait sur les provinces de ce vaste empire, qui se démembraient d'elles-mêmes. Tous ces vice-rois, souba, nabab, se disputaient ces ruines; & ces princes si fiers, qui dédaignaient auparavant d'admettre les négocians français en leur présence, eurent recours à eux. Les compagnies des Indes française & anglaise, ou plutôt leurs agens, furent tour-à-tour les alliés & les ennemis de ces princes. Les Français eurent d'abord de brillans avantages sous le gouverneur *Dupleix*; mais bientôt après les Anglais en eurent de plus solides. Les Français ne purent afermir leur prospérité; & les Anglais ont abusé enfin de la leur. Voici le précis de ces événemens.

ARTICLE TROISIEME.

Sommaire des actions de LA BOURDON-NAYE *&* de DUPLEIX.

DAns la guerre de 1741 pour la succession de la maison d'Autriche, guerre semblable en quelque sorte à celle de 1701 pour la succession d'Espagne, les Anglais prirent bientôt le parti de *Marie-Thérèse* reine de Hongrie, depuis impératrice. Dès que la rupture entre la France & l'Angleterre éclata, il falut se battre dans l'Amérique & dans l'Inde, selon l'usage.

Paris & Londres sont rivaux en Europe; Madras & Pondicheri le sont encor plus dans l'Asie; parce que ces deux villes marchandes sont plus voisines, situées toutes deux dans la même province, nommée Arcat ou Arcate, à quatre-vingt mille pas géométriques l'une de l'autre, fesant toutes deux le même commerce, divisée par la religion, par la jalousie, par l'intérêt & par une antipathie naturelle. Cette cangrène, aportée d'Europe, s'augmente & se fortifie sur les côtes de l'Inde.

Nos Européans, qui vont mutuellement se détruire dans ces climats, ne le font jamais qu'avec de petits moyens. Leurs armées sont rarement de quinze-cents hommes éfectifs venus de France ou d'Angleterre ; le reste est composé d'Indiens qu'on apelle cépois ou cypais ; & de noirs, anciens habitans des isles, transplantés depuis un tems immémorial dans le continent, ou achetés depuis peu dans l'Afrique. Ce peu de ressources donne souvent plus d'essor au génie. Des hommes entreprenans, qui auraient langui inconnus dans leur patrie, se placent & s'élèvent d'eux-mêmes dans ces pays lointains, où l'industrie est rare & nécessaire. Un de ces génies audacieux fut *Mahé de la Bourdonnaye*, natif de saint Malo, le *Duguétrouin* de son tems, supérieur à *Duguétrouin* par l'intelligence, & égal en courage. Il avait été utile à la compagnie des Indes dans plus d'un voyage, & encor plus à lui-même. Un des directeurs lui demandant comment il avait bien mieux fait ses afaires que celles de sa compagnie ? c'est, répondit-il, parce que j'ai suivi vos instructions dans tout ce qui vous regarde, & que je n'ai écouté que les miennes dans mes intérèts. Ayant été nommé gouverneur de l'isle de Bourbon par le roi avec un plein pouvoir, quoiqu'au nom de la compagnie, il arma des vaisseaux à ses frais, forma des matelots, leva des soldats, les disciplina, fit un commerce avantageux à main armée : il créa en un mot l'isle de Bourbon. Il fit plus ; il dispersa une escadre anglaise dans la mer de l'Inde ; ce qui n'était jamais arrivé qu'à lui,

& ce qu'on n'a pas revu depuis. Enfin il affiégea Madras, & força cette ville importante à capituler.

La Bourdonnaye prend Madras en Sept. 1746.

Les ordres précis du miniſtère français étaient de ne garder aucune conquête en terre-ferme. Il obéit. Il permit aux vaincus de racheter leur ville pour environ neuf millions de France, & ſervit ainſi le roi ſon maître & la compagnie. Rien ne fut jamais dans ces contrées ni plus utile, ni plus glorieux. On doit ajouter, pour l'honneur de *la Bourdonnaye*, que dans cette expédition, il ſe conduiſit envers les vaincus avec une politeſſe, une douceur, une magnanimité dont les Anglais firent l'éloge. Ils eſtimèrent & ils aimèrent leur vainqueur. Nous ne parlons que d'après des Anglais revenus de Madras, qui n'avaient nul intérêt de nous déguiſer la vérité. Quand les étrangers eſtiment un ennemi, il ſemble qu'ils avertiſſent ſes compatriotes de lui rendre juſtice.

Le gouverneur de Pondicheri, *Dupleix*, réprouva cette capitulation; il oſa la faire caſſer par une délibération du conſeil de Pondicheri, & garda Madras, malgré la foi des traités & les loix de toutes les nations. Il acuſa *la Bourdonnaye* d'infidélité: il le peignit à la cour de France & aux directeurs de la compagnie comme un prévaricateur qui avait exigé une rançon trop faible, & reçu de trop grands préſens. Des directeurs, des actionnaires joignirent leurs plaintes à ces acufations. Les hommes en général reffemblent aux chiens qui heurlent, quand ils entendent de loin d'autres chiens heurler.

<small>Enfermé à la Baftille pour récompenfe.</small>

Enfin les cris de Pondicheri ayant animé le miniftère de Verfailles, le vainqueur de Madras, le feul qui avait foutenu l'honneur du pavillon français, fut enfermé à la Baftille par lettre de cachet. Il languit dans cette prifon pendant trois ans & demi, fans pouvoir jouir de la confolation de voir fa famille. Au bout de ce tems, les commiffaires du confeil qu'on lui donna pour juges furent forcés par l'évidence de la vérité, & par le refpect pour fes grandes actions, de le déclarer innocent. Monfieur *Bertin*, l'un de fes juges, depuis miniftre d'état, fut principalement celui dont l'équité lui fauva la vie. Quelques ennemis que fa fortune, fes exploits & fon mérite lui fufcitaient encor, voulaient fa mort. Ils furent bientôt fatisfaits; il mourut au fortir de fa prifon d'une maladie cruelle que cette prifon lui avait caufée. Ce fut la récompenfe du fervice mémorable rendu à fa patrie.

<small>Déclaré innocent.</small>

Le gouverneur *Dupleix* s'excufa dans fes mémoires fur des ordres fecrets du miniftère. Mais il n'avait pu recevoir à fix mille lieues des ordres concernant une conquête qu'on venait de faire, & que le miniftère de France n'avait jamais pu prévoir. Si ces ordres funeftes avaient été donnés par prévoyance, ils étaient formellement contradictoires avec ceux que *la Bourdonnaye* avait aportés. Le miniftere aurait eu à fe reprocher non feulement la perte de neuf millions dont on priva la France en violant la capitulation, mais furtout le cruel traitement dont il paya le génie, la valeur & la magnanimité de la *Bourdonnaye*.

Monfieur *Dupleix* répara depuis fa faute afreufe & ce malheur public, en défendant Pondicheri pendant quarante deux jours de tranchée ouverte, contre deux amiraux anglais foutenus des troupes d'un nabab du pays. Il fervit de général, d'ingénieur, d'artilleur, de munitionnaire; fes foins, fon activité, fon induftrie & la valeur éclairée de monfieur de *Buffy*, oficier diftingué, fauverent la ville pour cette fois. Monfieur de *Buffy* fervait alors dans la troupe de la compagnie qu'on nommait le bataillon de l'Inde. Il était venu de Paris chercher fur le rivage de Coromandel la gloire & la fortune. Il y trouva l'une & l'autre. La cour de France récompenfa *Dupleix* en le décorant du grand cordon rouge & du titre de marquis.

Dupleix fauve Pondicheri en 1748.

La faction françaife & l'anglaife, l'une ayant conferve la capitale de fon commerce, l'autre ayant perdu la fienne, s'atachaient plus que jamais à ces nabab, à ces fouba dont nous avons parlé. Nous avons dit que l'empire était devenu une anarchie. Ces princes étant toujours en guerre les uns contre les autres, fe partageaient entre les

Français & les Anglais; ce fut une suite de guerres civiles dans la presqu'ile.

Nous n'entrerons point ici dans les détails de leurs entreprises; assez d'autres ont écrit les querelles, les perfidies des Nazerzingues, des Mouzaferzing, leurs intrigues, leurs combats, leurs assassinats. On a les journaux des siéges de vingt places inconnues en Europe, mal fortifiées, mal ataquées & mal défendues; ce n'est pas là notre objet. Mais nous ne pouvons passer sous silence l'action d'un oficier français nommé de *La Touche*, qui, avec trois cents soldats seulement, pénétra la nuit dans le camp d'un des plus grands princes de ces contrées, lui tua douze cents hommes sans perdre plus de trois soldats, & dispersa par ce succès inouï une armée de près de soixante mille indiens, renforcés de quelques troupes anglaises. Un tel événement fait voir que les habitans de l'Inde ne sont guères plus dificiles à vaincre que l'étaient ceux du Mexique & du Pérou. Il nous montre combien la conquête de ce pays fut facile aux Tartares, & à ceux qui l'avaient subjugué auparavant.

Action unique d'un oficier nommé La Touche.

Les mœurs, les usages antiques se sont conservés dans ces contrées ainsi que les habillemens, tout y est le contraire de nous; la nature & l'art n'y sont point les mêmes. Parmi nous, après une grande bataille les soldats vainqueurs n'ont pas un denier d'augmentation de paye. Dans l'Inde après un petit

petit combat les nabab donnaient des millions aux troupes d'Europe qui avaient pris leur parti. *Chandazaëb*, l'un des princes protégés par monſieur *Dupleix*, fit préſent aux troupes d'environ deux-cent mille francs, & d'une terre de neuf à dix mille livres de rente à leur commandant le comte d'*Auteuil*. Le ſouba *Mouzaferzingue* en une autre ocaſion fit diſtribuer douze cent cinquante mille livres à la petite armée françaiſe, & en donna autant à la compagnie. Monſieur *Dupleix* eut encor penſion de cent mille roupies, deux cent quarante mille livres de France dont il ne jouit pas longtems: un ouvrier gagne trois ſous par jour dans l'Inde: un grand a de quoi faire ces profuſions.

1748.

Enfin le vice-gérent d'une compagnie marchande reçut du grand mogol une patente de nabab. Les Anglais lui ont ſoutenu que cette patente était ſupoſée, que c'était une fraude de la vanité pour en impoſer aux nations de l'Europe dans l'Inde. Si le gouverneur français avait uſé d'un tel artifice, il lui était commun avec plus d'un nabab & d'un ſouba. On achetait à la cour de Déli de ces faux diplomes, qu'on recevait enſuite en cérémonie par un homme apoſté ſoi-diſant commiſſaire de l'empereur. Mais ſoit que le ſouba *Mouzaferzingue* & le nabab *Chandazaëb* protecteurs & protégés de la compagnie françaiſe euſſent en éfet obtenu pour le gouverneur de Pon-

Dupleix vice-roi dans l'Inde en 1749.

Fragm. ſur l'Inde. B

dicheri ce diplome impérial, foit qu'il fût fupofé, il en jouiffait hautement. Voila un agent d'une focieté marchande devenu fouverain, ayant des fouverains à fes ordres. Nous favons que fouvent des Indiens le traitèrent de roi, & fa femme de reine. Monfieur de *Buffy*, qui s'était fignalé à la défenfe de Pondicheri, avait une dignité qui ne fe peut mieux exprimer que par le titre de général de la cavalerie du grand mogol. Il fefait la guerre & la paix avec les Marates, peuple guerrier que nous ferons connaître, qui vendait fes fervices tantôt aux Anglais, tantôt aux Français. Il afermiffait fur leurs trônes des princes que monfieur *Dupleix* avait créés.

La reconnaiffance fut proportionnée aux fervices. Les richeffes ainfi que les honneurs en furent la récompenfe. Les plus grands feigneurs en Europe n'ont ni autant de pouvoir, ni autant de fplendeur; mais cette fortune & cet éclat paffèrent en peu de tems. Les Anglais & leurs alliés battirent les troupes françaifes en plus d'une ocafion. Les fommes immenfes données aux foldats par les fouba & les nabab étaient en partie diffipées par les débauches, & en partie perdues dans les combats; la caiffe, les munitions, les provifions de Pondicheri épuifées.

Ses malheurs.

La petite armée qui reftait à la France était commandée par le major *Laff*, neveu de ce fameux *Laff* qui avait fait tant de mal au royaume, mais à qui l'on devait la compagnie des Indes. Ce jeune Ecoſſais combatit contre les Anglais en brave homme; mais privé de ſecours & de vivres, ſon courage était inutile. Il mena le nabab *Chandazaëb* dans une iſle formée par des rivières, nommée Cheringam apartenante aux brames. Il eſt peut être utile d'obſerver ici que les brames ſont les ſouverains de cette iſle. Nous avons beaucoup de pareils exemples en Europe. On pourait même aſſurer qu'il y en a eu dans toute la terre. Les bracmanes furent autrefois, dit-on, les premiers ſouverains de l'Inde. Les brames leurs ſucceſſeurs ont conſervé de bien faibles reſtes de leur ancienne puiſſance. Quoiqu'il en ſoit, la petite armée française, commandée par un Ecoſſais, & logée dans un monaſtère indien, n'avait ni vivres, ni argent pour en acheter. Monſieur *Laſſ* nous a conſervé la lettre par laquelle monſieur *Dupleix* lui ordonnait de prendre de force tout ce qui lui conviendrait dans le couvent des brames. Il ne reſtait que deux ornemens réputés ſacrés; c'étaient deux chevaux ſculptés, couverts de lames d'argent, on les prit, on les vendit, & les brames ne murmurèrent pas, ils ne firent aucune repréſentation. Mais le produit de cette vente ne put empêcher la troupe française de ſe rendre priſonnière de guerre aux Anglais. Ils ſe ſaiſirent de ce nabab *Chandazaëb* pour qui le major

Lass combatait, & le nabab anglais compétiteur de *Chandazaëb* lui fit trancher la tête. Monsieur *Dupleix* acusa de cette barbarie le colonel anglais *Laurence* qui s'en défendit comme d'une imposture criante.

1752. Pour le major *Lass* relâché sur sa parole, & revenu à Pondicheri, le gouverneur le mit en prison, parce qu'il avait été aussi malheureux que brave. Il osa même lui faire un procès criminel qu'il n'osa pas achever.

Pondicheri restait dans la disette, dans l'abatement & dans la crainte, tandis qu'on envoyait en France des médailles d'or frapées en l'honneur & au nom de son gouverneur. Il fut rapellé en 1753, partit en 1754, & vint à Paris désespéré. Il intenta un procès contre la compagnie. Il lui redemandait des millions qu'elle lui contestait, & qu'elle n'aurait pu payer si elle en avait été débitrice. Nous avons de lui un mémoire dans lequel il exhalait son dépit contre son successeur *Godeheu* l'un des directeurs de la compagnie. Monsieur *Godeheu* lui répondit non sans aigreur. Les factums de ces deux négocians titrés sont plus volumineux que l'histoire d'*Alexandre*. Ces détails fastidieux de la faiblesse humaine sont feuilletés pendant quelques jours par ceux qui s'y intéressent, & sont oubliés bientôt pour de nouvelles querelles à leur tour éfacées par d'autres. Enfin *Dupleix* mourut du chagrin que lui causèrent sa grandeur & sa chûte, & surtout la nécesfité douloureufe de folliciter des juges, après avoir régné. Ainfi les deux grands rivaux, qui s'étaient fignalés dans l'Inde, *La Bourdonnaye* & *Dupleix*, périrent l'un & l'autre à Paris par une mort trifte & prématurée.

Ceux qui étaient par leurs lumières en droit de décider de leur mérite difaient que *La Bourdonnaye* avait les qualités d'un marin & d'un guerrier, & *Dupleix* celles d'un prince entreprenant & politique. C'eft ainfi qu'en parle un auteur anglais qui a écrit les guerres des deux compagnies jufqu'en 1755.

Monfieur *Godeheu* était un négociant fage & pacifique, autant que fon prédéceffeur avait été audacieux dans fes projets, & brillant dans fon adminiftration. Le premier n'avait penfé qu'à s'agrandir par la guerre. Le fecond avait ordre de fe maintenir par la paix, & de revenir rendre compte de fa geftion à la cour, lorfqu'un troifième gouverneur ferait établi à Pondicheri.

Il falait furtout ramener les efprits des Indiens irités par des cruautés exercées fur quelques-uns de leurs compatriotes dépendans de la compagnie. Un malabare, nommé *Naïna*, banquier de *La Bourdonnaye*, avait été jetté dans un cachot, pour n'avoir pas dépofé contre lui. Un autre fe plaignait des exactions qu'il avait éprouvées. Les enfans d'un autre Indien, nommé *Mondamia*, régiffeur d'un canton voifin, ne ceffèrent de demander juftice de la mort de leur père qu'on avait fait expirer dans les tortures, pour tirer de lui de l'argent. Mille plaintes de cette nature rendaient le nom français odieux. Le nouveau gouverneur traita les Indiens avec humanité, & ménagea un acommodement avec les Anglais. Lui & monsieur *Saunders* alors gouverneur de Madras établirent une trève en 1755, & firent une paix conditionnelle. Le premier article était que l'un & l'autre comptoir renonceraient aux dignités indiennes; les autres articles portaient des réglemens pour un commerce pacifique.

<small>Paix entre les Français & les Anglais.</small>

La trève ne fut pas exactement observée. Il y a toujours des subalternes qui veulent tout brouiller pour se rendre nécessaires. D'ailleurs on prévoyait dès le commencement de 1756 une nouvelle guerre en Europe: il falait s'y préparer. On a prétendu que, dans cet intervalle, l'avidité de quelques particuliers glanait dans le champ du public, devenu stérile pour la compagnie; & que la colonie de Pondicheri ressemblait à un mourant dont on pille les meubles avant qu'il soit expiré.

ARTICLE QUATRIEME.

Envoi du comte de LALLI *dans l'Inde. Quel était ce général ? Quels étaient fes fervices avant cette expédition ?*

POur arrêter ces abus, & pour prévenir les entreprifes des Anglais encor plus à craindre, le roi de France envoya dans l'Inde de l'argent & des troupes. La France & l'Angleterre recommençaient alors cette guerre de 1756, dont le prétexte était un ancien traité de paix fort mal fait. Les miniftres avaient oublié dans ce traité de fpécifier les limites de l'Acadie, miférable pays glacé vers le Canada. Puifqu'on fe batait dans ces déferts feptentrionaux de l'Amérique, il falait bien s'aller égorger auffi dans la zone torride en Afie. Le miniftère de France nomma pour cette entreprife le comte *Lalli*. C'était un gentilhomme irlandais dont les ancêtres fuivirent en France la fortune des *Stuard*, maifon la plus malheureufe de toutes celles qui ont porté une couronne. Cet oficier était un des plus braves & des plus atachés que le roi de France eut à fon fervice. Il fit des actions de valeur dont ce monarque fut témoin à la bataille de Fontenoi. Il fut qu'il portait une haine irréconciliable aux Anglais, qu'il

Services du comte Lalli.

avait dit aux soldats de son régiment, marchez contre les ennemis de la France & les vôtres; ne tirez que quand vous aurez la pointe de vos bayonettes sur leur ventre; qu'il en avait blessé plusieurs de sa main, & que malgré cette haine il les avait tous secourus après l'action. Tant de courage & de générosité touchèrent le roi; il le fit brigadier sur le champ de bataille. *Lalli* était déja colonel d'un régiment de son nom.

Dans le tems même où *Louis XV* rassurait sa nation par cette victoire de Fontenoi, *Charles Edouard*, petit fils de *Jaques* second, tentait une entreprise inouie qu'il avait cachée à *Louis XV* lui-même. Il traversait le canal de saint George avec sept oficiers seulement pour tout secours, quelques armes, & deux mille louis d'or empruntés, dans le dessein d'aller soulever l'Ecosse en sa faveur par sa seule présence, & de faire une nouvelle révolution dans la Grande Brétagne. Il aborda au continent de l'Ecosse le 15 Juin 1745, environ un mois après la bataille de Fontenoi. Cette entreprise qui finit si malheureusement commença par des victoires inespérées. Le comte de *Lalli* fut le premier qui imagina de faire envoyer une armée de dix mille Français à son secours. Il communiqua son idée au marquis *d'Argenson* ministre des afaires étrangères qui la saisit avidement. Le comte *d'Argenson* frère du marquis & ministre de la guerre la combatit, mais bientôt y consentit. Le duc de *Richelieu* fut nommé général de l'armée qui devait débarquer en Angleterre au commencement de l'année 1746. Les glaces retardèrent l'envoi des munitions & des canons qu'on transportait par les canaux de la Flandre française. L'entreprise échoua, mais le zèle de *Lalli* réussit beaucoup auprès du ministère ; & son audace le fit juger capable d'exécuter de grandes entreprises. Celui qui écrit ces mémoires en parle avec connaissance de cause ; il travailla avec lui pendant un mois par ordre du ministre, il lui trouva un courage d'esprit opiniâtre, acompagné d'une douceur de mœurs que ses malheurs altérèrent depuis, & changèrent en une violence funeste.

Le comte *Lalli* était décoré du grand cordon de saint Louis, & lieutenant-général des armées, quand on l'envoya dans l'Inde. Les retardemens, qu'on éprouve toujours dans les plus petites entreprises comme dans les grandes, ne permirent pas que l'escadre du comte d'*Aché*, qui devait porter le général & les secours à Pondicheri, mit à la voile du port de Brest avant le 20 Février 1757.

Au lieu de trois millions que monsieur *de Sechelles* controleur général des finances avait promis, monsieur *de Moras* son successeur n'en put donner que deux, & c'était beaucoup dans la crise où était alors la France.

De trois mille hommes qui devaient s'embarquer avec lui, on fut obligé d'en retrancher plus de mille, & le comte d'*Aché* n'eut dans fon efcadre que deux vaiffeaux de guerre au lieu de trois, avec quelques vaiffeaux de la compagnie des Indes.

Tandis que les deux généraux *Lalli* & d'*Aché* voguent vers le lieu de leur deftination, il eft néceffaire de faire connaitre aux lecteurs, qui veulent s'inftruire, l'état de l'Inde dans cette conjoncture, & quelles étaient les poffeffions des nations d'Europe dans ces contrées.

ARTICLE CINQUIEME.

Etat de l'Inde lorfque le général LALLI *y fut envoyé.*

CE vafte pays, au deça & au delà du Gange, contient quarante degrés en latitude des ifles Moluques aux limites de Cachemire & de la grande Boukarie, & quatre-vingt dix degrés en longitude, des confins du Sableftan à ceux de la Chine : ce qui compofe des états dont l'étendue entière furpaffe dix fois celle de la France, & trente fois celle de l'Angleterre proprement dite. Mais cette Angleterre qui domine aujourd'hui dans tout le Bengale, qui étend fes poſſeſſions en Amérique du quinzième degré jufques par delà le cercle polaire, qui a produit *Locke* & *Newton*, & enfin, qui a conſervé les avantages de la liberté avec ceux de la royauté, eſt, malgré tous ſes abus, auſſi ſupérieure aux peuples de l'Inde que la Grèce fut ſupérieure à la Perſe du tems de *Miltiade*, d'*Ariſtide* & d'*Alexandre*. La partie ſur laquelle le grand mogol règne, ou plutôt ſemble régner, eſt ſans contredit la plus grande, la plus peuplée, la plus fertile & la plus riche. C'eſt dans la preſqu'iſle au deça du Gange que les Français & les Anglais ſe diſputaient des épices, des mouſſelines, des toiles peintes, des parfums, des diamans, des perles, & qu'ils avaient oſé faire la guerre aux ſouverains.

Ces ſouverains, qui ſont, comme nous l'avons déja dit, les ſouba, premiers ſeigneurs féodaux de l'empire, n'ont joui d'une autorité indépendante qu'à la mort d'*Aurengzeb* apellé le grand, qui fut en éfet le plus grand tiran de tous les princes de ſon tems, empoiſonneur de ſon père, aſſaſſin de ſes frères, & pour comble d'horreur dévot ou hypocrite, ou perſuadé comme tant de pervers de tous les tems & de tous les lieux, qu'on peut commettre impunément les plus grands crimes en les expiant par les plus légères démonſtrations de pénitence & d'auſtérité.

Les provinces où régnent ces ſouba, & où les nabab régnent ſous eux dans leurs grands districts, se gouvernent très diféremment des provinces septentrionales plus voisines de Déli, d'Agra, & de Lahor, résidences des empereurs.

Nous avouons à regret qu'en voulant connaître la véritable histoire de cette nation, son gouvernement, sa religion & ses mœurs, nous n'avons trouvé aucun secours dans les compilations de nos auteurs français. Ni les écrivains qui ont transcrit des fables pour des libraires, ni nos missionaires, ni nos voyageurs, ne nous ont presque jamais apris la vérité. Il y a longtems que nous osames réfuter ces auteurs sur le principal fondement du gouvernement de l'Inde. C'est un objet qui importe à toutes les nations de la terre. Ils ont cru que l'empereur était le maître des biens de tous ses sujets, & que nul homme depuis *Cachemire* jusqu'au cap de Comorin n'avait de propriété. *Bernier*, tout philosophe qu'il était, l'écrivit au controleur général *Colbert*. Ç'eut été une imprudence bien dangereuse de parler ainsi à l'administrateur des finances d'un roi absolu, si ce roi & ce ministre n'avaient pas été généreux & sages. *Bernier* se trompait ainsi que l'Anglais *Thomas Roe*. Tous deux éblouis de la pompe du grand mogol & de son despotisme s'imaginèrent que toutes les terres lui apartenaient en propre, parce que ce sultan donnait des fiefs à vie. C'est précisément dire que le grand maître de Malthe est propriétaire de toutes

Marginal note: Très faux qu'il n'y ait point de propriété dans l'Inde.

les commanderies auxquelles il nomme en Europe : c'est dire que les rois de France & d'Espagne sont les propriétaires de toutes les terres dont ils donnent les gouvernemens, & que tous les bénéfices ecclésiastiques sont leur domaine. Cette même erreur préjudiciable au genre humain a été cent fois répétée sur le gouvernement Turc, & a été puisée dans la même source. On a confondu des timars & des desaïm, bénéfices militaires donnés & repris par le grand seigneur, avec les biens de patrimoine. C'est assez qu'un moine grec l'ait dit le premier, pour que cent écrivains l'ayent répété.

Dans notre désir sincère de trouver la vérité, & d'être un peu utiles, nous avons cru ne pouvoir mieux faire pour constater l'état présent de l'Inde, que de nous en raporter à monsieur *Holwell*, qui a demeuré si longtems dans le Bengale, & qui a non-seulement possédé la langue du pays, mais encor celle des anciens brames : de consulter monsieur *Dow* qui a écrit les révolutions dont il a été témoin ; & surtout d'en croire ce brave oficier monsieur *Scrafton*, qui joint l'amour des lettres à la franchise, & qui a tant servi aux conquètes du lord *Clive*. Voici les propres paroles de ce digne citoyen : elles sont décisives.

„ Je vois avec surprise tant d'auteurs as- „ surer que des possessions des terres ne sont „ point héréditaires dans ce pays, & que „ l'empereur est l'héritier universel. Il est *Page 26, du livre de Scrafton.*

„ vrai qu'il n'y a point d'actes de parlement
„ dans l'Inde, point de pouvoir intermé-
„ diaire qui retienne légalement l'autorité
„ impériale dans fes limites : mais l'ufage
„ confacré & invariable de tous les tribu-
„ naux eft que chacun hérite de fes pères.
„ Cette loi non écrite eft plus conftam-
„ ment obfervée qu'en aucun état monar-
„ chique ".

Ofons ajouter que fi les peuples étaient efclaves d'un feul homme, (ce qu'on a prétendu, & ce qui eft impoffible) la terre du mogol aurait été bientôt déferte. On y compte environ cent dix millions d'habitans. Les efclaves ne peuplent point ainfi. Voyez la Pologne. Les cultivateurs, la plupart des bourgeois ont été jufqu'ici ferfs de glèbe, efclaves des nobles. Auffi il y a tel noble dont la terre eft entièrement dépeuplée.

Il faut diftinguer dans le Mogol le peuple conquérant & le peuple foumis, encor plus qu'on ne diftingue les Tartares & les Chinois. Car les Tartares, qui ont conquis l'Inde jufqu'aux confins des royaumes d'Ava & du Pégu, ont confervé la religion mufulmane; au lieu que les autres Tartares, qui ont fubjugué la Chine, ont adopté les loix & les mœurs des Chinois.

Tous les anciens habitans de l'Inde font reftés fidèles au culte & aux ufages des brames : ufages confacrés par le tems, & qui font fans contredit ce qu'on connaît de plus ancien fur la terre.

Il refte encor dans cette partie de l'Inde quelques uns de ces antiques monumens, échapés aux ravages du tems & des révolutions, ils exerceront encor longtems la curieufe fagacité des philofophes. La pagode de *Shalembroum* eft de ce nombre ; elle eft fituée à deux lieues de la mer & à dix de Pondicheri ; on la croit antérieure aux piramides d'Egypte, les favans apuyent cette opinion fur ce que les infcriptions de ce temple font dans une langue plus ancienne que le hanfcrit, qui aujourd'hui n'eft prefque plus entendu ; or les premiers livres écrits dans la langue facrée du hanfcrit ont environ cinq mille ans d'antiquité, felon monfieur *Holwel*, donc, difent-ils, le monument de *Shalembroum* eft beaucoup plus ancien que ces livres.

Antiquités indiennes. Lingam.

Mais c'eft à Bénarès fur le Gange que font les ouvrages les plus anciens des hommes, fi on en veut croire les brames qui exagerent probablement. Les figures du *lingam*, & la vénération qu'on a pour elles dans ces temples, font encor une preuve de l'antiquité la plus reculée. Ce *lingam* eft l'origine du *phall*, ou *phallus* des égyptiens, & du priape des grecs.

On prétend que ce fimbole de la réparation du genre humain ne put obtenir un culte que dans l'enfance d'un monde nouveau, qui habitait en petit nombre les ruines de la terre. Il est probable qu'on ne put exposer ces figures aux yeux, & les révérer que dans des tems d'une simplicité innocente, qui loin de rougir des bienfaits des dieux osait les en remercier publiquement. Ce qui fut d'abord un sujet de culte devint ensuite un sujet de dérision quand les mœurs furent plus rafinées. Peut-être en respectant dans les temples ce qui donne la vie était-on plus religieux que nous ne le sommes aujourd'hui, en entrant dans nos églises armés en pleine paix d'un fer qui n'est qu'un instrument d'homicide.

Le plus grand fruit qu'on peut retirer de ces longs & pénibles voyages n'est ni d'aller tuer des Européans dans l'Inde, ni de voler des rajas qui ont volé les peuples, & de s'en faire donner l'absolution par un capucin, transplanté de Bayonne à la côte de Coromandel, c'est d'aprendre à ne pas juger du reste de la terre par son clocher.

Anciens Arabes dans l'Inde.

Il y a encor une autre race de mahométans dans l'Inde; c'est celle des Arabes qui, environ deux-cents ans après *Mahomet*, abordèrent à la côte de Malabar; ils subjuguèrent avec facilité cette contrée qui depuis Goa jusqu'au cap Comorin est un jardin de délices, habité alors par un peuple pacifique & innocent, incapable également de nuire & de se défendre. Ils franchirent les montagnes qui séparent la région de Coromandel de celle du Malabar & qui font la cause des moussons. C'est cette chaîne de de montagnes habitées aujourd'hui par les Marattes.

Ces Arabes allèrent bientôt jusqu'à Déli, donnèrent une race de souverains à une grande partie de l'Inde. Cette race fut subjuguée par *Tamerlan*, ainsi que les naturels du pays. On croit qu'une partie de ces anciens Arabes s'établit alors dans la province du Candahar, & fut confondue avec les Tartares. Ce Candahar est l'ancien pays que les Grecs nommaient Parapomise, n'ayant jamais apellé aucun peuple par son nom. C'est par là qu'*Alexandre* entra dans l'Inde. Les Orientaux prétendent qu'il fonda la ville de Candahar. Ils disent que c'est une abréviation d'*Alexandre* qu'ils ont apellé Iscandar. Nous observerons toujours que cet homme unique fonda plus de villes en sept ou huit ans que les autres conquérans n'en ont détruit, qu'il courait cependant de conquête en conquête, & qu'il était jeune.

C'est aussi par *Candahar* que passa de nos jours ce Nadir, berger, natif du Corassan devenu roi de Perse, lorsqu'ayant ravagé sa patrie il vint ravager le nord de l'Inde.

Ces Arabes dont nous parlons aujourd'hui sont connus sous le nom de Patanes, parce qu'ils fondèrent la ville de Patna vers le Bengale.

Nos marchands d'Europe, très mal instruits, apellèrent indistinctement maures, tous ces peuples mahométans. Cette méprise

Fragm. sur l'Inde.   C

vient de ce que les premiers que nous avions autrefois connus étaient ceux qui vinrent de Mauritanie conquérir l'Espagne, une partie des provinces méridionales de la France, & quelques contrées de l'Italie. Presque tous les peuples depuis la Chine jusqu'à Rome, victorieux & vaincus, voleurs & volés, se sont mêlés ensemble.

Nous apellons gentous les vrais indiens, de l'ancien mot gentils, *gentes*, dont les premiers chrétiens désignaient le reste de l'univers qui n'était pas de leur religion secrette. C'est ainsi que tous les noms & toutes les choses ont toujours changé. Les mœurs des conquérans ont changé de même. Le climat de l'Inde les a presque tous énervés.

ARTICLE SIXIEME.

Des gentous & de leurs coutumes les plus remarquables.

CEs antiques indiens que nous nommons gentous sont dans le Mogol au nombre d'environ cent millions, à ce que monsieur *Scrafton* nous assure. Cette multitude est une fatale preuve que le grand nombre est facilement subjugué par le petit. Ces innombrables troupeaux de gentous pacifiques, qui cédèrent leur liberté à quelques hordes de brigands, ne cédèrent pas pourtant leur religion & leurs usages. Ils ont conservé le culte antique de brama. C'est, dit-on, parce que les mahométans ne se sont jamais souciés de diriger leurs ames, & se sont contentés d'être leurs maitres.

Leurs quatre anciennes castes subsistent encor dans toute la rigueur de la loi qui les sépare les unes des autres, & dans toute la force des premiers préjugés fortifiés par tant de siècles. On sait que la première est la caste des brames qui gouvernèrent autrefois l'empire; la seconde est des guerriers; la troisième est des agriculteurs: la quatrième des marchands; on ne compte point celle qu'on nomme des *hallacores*, ou des *parias* chargés des plus vils ofices: ils sont regardés comme impurs; ils se regardent eux-mêmes comme tels, & n'oseraient jamais manger avec un homme d'une autre tribu, ni le toucher, ni même s'aprocher de lui.

Il est probable que l'institution de ces quatre castes fut imitée par les Egyptiens; parce qu'il est en éfet très probable, ou plutôt certain que l'Egypte n'a pu être médiocrement peuplée & policée que longtems après l'Inde. Il falut des siècles pour dompter le Nil, pour le partager en canaux, pour élever des batimens au dessus de ses inondations; tandis que la terre de l'Inde prodiguait à l'homme tous les secours nécessaires à la vie, ainsi que nous l'avons dit & prouvé ailleurs.

Les disputes élevées sur l'antiquité des peuples sont nées pour la plûpart de l'ignorance, de l'orgueil & de l'oisiveté. Nous nous moquerions des oiseaux s'ils prétendaient être formés avant les poissons, nous ririons des chevaux qui se vanteraient d'avoir inventé l'art de pâturer avant les bœufs.

Pour sentir tout le ridicule de nos querelles savantes sur les origines, remontons seulement aux conquêtes d'*Alexandre*, il n'y a pas loin; cette époque est d'hier en comparaison des anciens tems. Supofons que *Calisthène* eut dit aux bracmanes, les Darius & les Madies sont venus ravager votre beau pays, *Alexandre* n'est venu que pour se faire admirer, & moi je viens pour vous instruire, vos conquérans ôtèrent à quelques uns de vos compatriotes une vie passagère, & je vous donnerai une vie éternelle; il ne s'agit que d'aprendre par cœur ce petit morceau d'histoire, sans laquelle il n'y a aucune vérité sur la terre.

„ Or le roi *Xissutre* était fils d'*Ortiate*, „ lequel fut engendré par *Anedaph*, qui fut „ engendré par *Evedor*, qui fut engendré „ par *Megalar*, qui fut engendré par *Ame-* „ *no*, & *Ameno* par *Amilar*, & *Amilar* par „ *Alapar*, qui fut engendré par *Alor* qui „ ne fut engendré par personne.

„ Or le dieu *Cron* étant aparu à *Xissutre*

„ fils d'*Ortiate*, il lui dit, *Xiffutre* fils d'*Or-
„ tiate*, la terre va être détruite par une
„ inondation, écrivez l'hiſtoire du monde
„ afin qu'elle ſerve de témoignage quand
„ il ne ſera plus, & vous cacherez ſous
„ terre votre hiſtoire dans Cipara la ville
„ du ſoleil, après quoi vous conſtruirez un
„ vaiſſeau de cinq ſtades de longueur, &
„ de deux ſtades de largeur, & vous y en-
„ trerez vous & vos parens & tous les ani-
„ maux, & *Xiffutre* obéit, & il écrivit l'hiſ-
„ toire, & il la cacha ſous terre dans la
„ ville de Cipara, & la terre, c'eſt-à-dire
„ la Thrace, dont *Xiffutre* était roi, fut
„ ſubmergée.
„ Et quand les eaux ſe furent retirées,
„ *Xiffutre* lâcha deux colombes pour voir ſi
„ les eaux étaient retirées ; & ſon vaiſſeau
„ ſe repoſa ſur la montagne d'Ararat en Ar-
„ ménie &c. ".

Voila pourtant ce que *Béroſe* le Caldéen raconte au mépris de nos livres ſacrés, & en quoi il difère abſolument de *Sanconia-thon* le Phénicien, qui difère d'*Orphée* le Thracien, qui difère d'*Héſiode* le Grec, qui difère de tous les autres peuples.

C'eſt ainſi que la terre a été inondée de fables, mais au lieu de ſe quereller, & même de s'égorger pour ces fables, il vaut mieux s'en tenir à celles d'*Eſope*, qui enſeignent une morale ſur laquelle il n'y eut jamais de diſpute.

La manie des chimères a été pouſſée juſqu'à faire femblant de croire que les Chinois font une colonie d'Égyptiens, quoi qu'en éfet il n'y ait pas plus de raport entre ces deux peuples qu'entre les Hottentots & les Lapons, entre les Allemands & les Hurons. Cette prétention ridicule a été entièrement confondue par le père *Parennin*, l'homme le plus favant & le plus fage de tous ceux que la folie envoya à la Chine, & qui ayant demeuré trente ans à Pekin, était plus en état que perfonne de réfuter les nouvelles fables de notre Europe.

Cette puérile idée que les Egyptiens allèrent enfeigner aux Chinois à lire & à écrire vient de fe renouveller encor ; & par qui ? par ce même jéfuite *Néedham*, qui croyait avoir fait des anguilles avec du jus de mouton & du feigle ergoté. Il induifit en erreur de grands philofophes, ceux-ci trouvèrent par leurs calculs que fi de mauvais feigle produifait des anguilles, de beau froment produirait infailliblement des hommes.

Le jéfuite *Néedham* qui connait toutes les dialectes égyptiennes & chinoifes, comme il connait la nature, vient de faire encor un petit livre, pour répéter que les Chinois defcendent des Egyptiens, comme les Perfans defcendaient de *Perfée*, les Français de *Francus*, & les Bretons de *Britannicus*.

Après tout, ces inepties qui dans notre fiècle font parvenues au dernier excès ne font aucun mal à la fociété. Dieu nous garde des autres inepties pour lefquelles on se querelle, on s'injurie, on se calomnie, on arme les puissants & les sots qui sont si souvent de la même espèce, on s'ataque, on se tue; & les savans qui sont persuadés qu'il faut casser ses œufs par le gros bout traînent aux échafauts les savans qui cassent les œufs par le petit bout.

ARTICLE SEPTIEME.

Des Brames.

Toute la grandeur & toute la misère de l'esprit humain s'est déployée dans les anciens bracmanes & dans les brames leurs successeurs. D'un côté, c'est la vertu persévérante, soutenue d'une abstinence rigoureuse; une philosophie sublime, quoique fantastique, voilée par d'ingénieules allégories; l'horreur de l'éfusion du sang; la charité constante envers les hommes & les animaux. De l'autre côté c'est la superstition la plus méprisable. Ce fanatisme, quoique tranquille, les a portés, depuis des siècles innombrables, à encourager le meurtre volontaire de tant de jeunes veuves qui se sont jetées dans les buchers enflamés de leurs époux. Cet horrible excès de religion & de grandeur d'ame subsiste encor avec la fameuse profession de foi des brames *que Dieu ne veut de nous que la charité & les bonnes œuvres.* La terre entière eſt gouvernée par des contradictions.

Monſieur *Scrafton* ajoute qu'ils ſont perſuadés que Dieu a voulu que les diférentes nations euſſent des cultes diférens. Cette perſuaſion pourait conduire à l'indiférence; cependant ils ont l'entouſiaſme de leur religion, comme s'ils la croyaient la ſeule vraie, la ſeule donnée par Dieu même.

La plupart d'entr'eux vivent dans une molle apathie. Leur grande maxime, tirée de leurs anciens livres, eſt *qu'il vaut mieux s'aſſeoir que de marcher, ſe coucher que de s'aſſeoir, dormir que de veiller, & mourir que de vivre.* On en voit pourtant beaucoup, ſur la côte de Coromandel, qui ſortent de cette léthargie, pour ſe jetter dans la vie active. Les uns prennent parti pour les Français, les autres pour les Anglais : ils aprennent les langues de ces étrangers, leur ſervent d'interprètes & de courtiers. Il n'eſt guères de grand commerçant ſur cette côte qui n'ait ſon brame, comme on a ſon banquier. En général on les trouve fidèles, mais fins & ruſés. Ceux qui n'ont point eu de commerce avec les étrangers ont conſervé, dit-on, la vertu pure qu'on atribue à leurs ancêtres.

Science étonnante des brames dans   Monſieur *Scrafton* & d'autres ont vu, entre les mains de quelques brames, des éphémérides compoſés par eux-mêmes dans lesquelles les éclipses sont calculées pour plusieurs milliers d'années. *leur décadence.*

Le savant & judicieux monsieur *le Gentil* dit qu'il a été étonné de la promtitude avec laquelle des brames faisaient en sa présence les plus longs calculs astronomiques. Il avoue qu'ils connaissent la précession des équinoxes de tems immémorial. Cependant il n'a vu que quelques brames du Tanjaour vers Pondicheri. Il n'a point pénétré, comme monsieur *Holwell*, jusqu'à Bénarès, l'ancienne école des bracmanes ; il n'a point vu ces anciens livres que les brames modernes cachent soigneusement aux étrangers, & à quiconque n'est pas initié à leurs mistères. Monsieur *le Gentil* n'a levé qu'un coin du voile sous lequel les savans brames se dérobent à la curiosité inquiète des Européans, mais il en a vu assez pour être convaincu que les sciences sont beaucoup plus anciennes dans l'Inde qu'à la Chine même (*a*).

Ce savant homme ne croit point à leur chronologie; il la trouve très exagérée. La nôtre n'est-elle pas évidemment aussi fautive, quoique plus récente ? nous avons soixante & dix systèmes sur la suputation des

---

(*a*) Voyez les mémoires de la Chine, rédigés par *du Halde*. Il y est dit que dans le cabinet des antiques de l'empereur *Can-hi*, les plus anciens monumens étaient indiens.

tems ; donc il y a foixante & neuf fyftêmes erronés, fans qu'on puiſſe deviner quel eſt le foixante & dixième véritable ; & ce foixante & dixième inconnu eſt peut-être auſſi faux que tous les autres.

 Quoiqu'il en foit, il réſulte invinciblement que malgré le déteſtable gouvernement de l'Inde, malgré les irruptions de tant d'étrangers avides, les brames ont encor de bons mathématiciens, de favans aſtronomes ; mais en même tems ils ont tout le ridicule de l'aſtrologie judiciaire, & ils pouſſent cette extravagance auſſi loin que les Chinois & les Perfans. Celui qui écrit ces mémoires a envoyé à la bibliothèque du roi le *cormovedam*, ancien commentaire du veidam ; il eſt rempli de prédictions pour tous les jours de l'année, & de préceptes religieux pour toutes les heures. Ne nous en étonnons point : il n'y a pas deux cents ans que la même folie poſſédait tous nos princes, & que le même charlataniſme était afecté par nos aſtronomes. Il faut bien que les brames, poſſeſſeurs de ces éphémérides, foient très inſtruits. Ils font philoſophes & prêtres, comme les anciens bracmanes ; ils difent que le peuple a befoin d'être trompé, & qu'il doit être ignorant. En conféquence ils débitent que les nœuds de la lune dans lefquels fe font les éclipſes, & que les premiers bracmanes marquèrent par les hiéroglifes de la tête & de la queue du dragon, font en éfet les éforts d'un dragon qui ataque la lune & le foleil. La même ineptie eft adoptée à la Chine. On voit dans l'Inde des millions d'hommes & de femmes qui fe plongent dans le Gange pendant la durée d'une éclipfe, & qui font un bruit prodigieux avec des inftrumens de toute efpèce pour faire lâcher prife au dragon. C'eft ainfi, à peu près, que la terre entière a été longtems gouvernée en tout genre.

Au refte, plus d'un brame a négocié avec des miffionnaires pour les intérêts de la compagnie des Indes, mais il n'a jamais été queftion entr'eux de religion.

D'autres miffionnaires, (il le faut répéter) fe font hatés en arrivant dans l'Inde, d'écrire que les brames adoraient le diable, mais que bientôt ils feraient tous convertis à la fois. On avoue que jamais ces moines d'Europe n'ont tenté feulement de convertir un feul brame, & que jamais aucun Indien n'adora le diable qu'ils ne connaiffaient pas. Les brames rigides ont conçu une horreur inexprimable pour nos moines, quand ils les ont vus fe nourir de chair, boire du vin, & tenir à leurs genoux de jeunes filles dans la confeffion. Nos ufages leur ont paru des crimes, fi les leurs n'ont été regardés par nous que comme des idolâtries ridicules (*b*).

―――――――――――

(*b*) Un des grands miffionnaires jéfuite, nommé *de Lalane*, a écrit en 1709. *On ne peut douter que les brames ne foient véritablement idolâtres, puifqu'ils adorent*

Ce qui doit être plus étonnant pour nous, c'eſt que dans aucun livre des anciens bracmanes, non plus que dans ceux des Chinois, ni dans les fragmens de *Sanconiathon*, ni dans ceux de *Béroſe*, ni dans l'Égyptien *Manéthon*, ni chez les Grecs, ni chez les Toſcans, on ne trouve la moindre trace de l'hiſtoire ſacrée judaïque qui eſt notre hiſtoire ſacrée. Pas un ſeul mot de *Noé* que nous tenons pour le reſtaurateur du genre humain; pas un ſeul mot d'*Adam* qui en fut le père, rien de ſes premiers deſcendans. Comment toutes les nations ont-elles perdu les titres de la grande famille ? Comment perſonne n'avait-il tranſmis à la poſtérité une ſeule action, un ſeul nom de ſes ancêtres ? Pourquoi tant d'antiques nations les ont-elles ignorés, & pourquoi un petit peuple nouveau les a-t-il connus ? Ce prodige mériterait quelque atention ſi on pouvait eſpérer de l'aprofondir. L'Inde entière, la Chine, le Japon, la Tartarie, les

---

des dieux étrangers (tome 10. pag. 14. des lettres édifiantes.)

Et il dit (page 15.) *voici une de leurs prières que j'ai traduite mot pour mot.*

„ J'adore cet être qui n'eſt ſujet ni au changement,
„ ni à l'inquiétude ; cet être dont la nature eſt indi-
„ viſible ; cet être dont la ſpiritualité n'admet aucune
„ compoſition de qualités ; cet être qui eſt l'origine &
„ la cauſe de tous les êtres, & qui les ſurpaſſe tous
„ en excellence ; cet être qui eſt le ſoutien de l'uni-
„ vers, & qui eſt la ſource de la triple puiſſance.

Voila ce qu'un miſſionnaire apelle de l'idolatrie.

trois quarts de l'Afrique ne se doutent pas encor qu'il ait existé un *Caïn*, un *Caïnan*, un *Jared*, un *Mathusalem* qui vécut près de mille ans. Et les autres nations ne se familiarisèrent avec ces noms que depuis *Constantin*. Mais ces questions, qui apartiennent à la philosophie, sont étrangères à l'histoire.

ARTICLE HUITIEME.

Des guerriers de l'Inde & des dernières révolutions.

LEs gentous en général ne paraissent pas plus faits pour la guerre, dans leur beau climat, & dans les principes de leur religion, que les Lapons, dans leur zône glacée, & que les primitifs nommés quakres dans les principes qu'ils se sont faits. Nous avons vu que la race des vainqueurs mahométans n'a presque plus rien de tartare, & est devenue Indienne avec le tems.

Ces descendans des conquérans de l'Inde avec une armée innombrable n'ont pu résister au Sha-Nadir, quand il est venu en 1739 ataquer, avec une armée de quarante mille brigands aguerris du Candahar & de Perse, plus de six-cent mille hommes que *Mahmoud-Sha* lui oposait. Monsieur *Cam-*

Sha-Nadir bouleverse toute la constitution de l'Inde.

brige nous aprend ce que c'était que ces six-cent mille guerriers. Chaque cavalier, accompagné de deux valets, portait une robe légere & trainante de soye. Les éléphans étaient parés comme pour une fete. Un nombre prodigieux de femmes suivait l'armée. Il y avait dans le camp autant de boutiques & de marchandises de luxe que dans Déli. La seule vue de l'armée de *Nadir* dispersa cette pompe ridicule. *Nadir* mit Déli à feu & à sang : il emporta en Perse tous les trésors de ce puissant & misérable empereur, & le méprisa assez pour lui laisser sa couronne.

Quelques relations nous disent, & quelques compilateurs nous redisent d'aprés ces relations, qu'un faquir arrêta le cheval de *Nadir* dans sa marche à Déli, & qu'il cria au prince : si tu es Dieu, prends nous pour victimes; si tu es homme, épargne des hommes; & que *Nadir* lui répondit, je ne suis point Dieu, mais celui que Dieu envoye pour châtier les nations de la terre (*c*).

(*c*) Un conte semblable a été fait sur *Fernand Cortès*, sur *Tamerlan*, sur *Attila*, qui se disait le fléau de Dieu, selon les compilateurs. Personne ne s'avisa jamais de s'apeller *fléau*. Les jésuites apellaient *Pascal* porte d'enfer, mais *Pascal* leur répond dans ses provinciales que son nom n'est pas porte d'enfer. La plupart de ces avantures & de ces réponses, atribuées d'âge en âge à tant d'hommes célèbres, sortirent d'abord de l'imagination des auteurs qui voulurent égaier leurs romans, & sont répétées encor aujourd'hui par ceux qui écrivent des histoires sur des collections de gazettes.

RÉVOLUTIONS. 47

Le tréfor dont *Nadir* fe contenta, & qui ne lui fervit de rien, puifqu'il fut affaffiné quelque tems après par fon neveu, fe montait, à ce qu'on nous affure, à plus de quinze-cent millions monnaye de France, felon la valeur numeraire préfente de nos efpèces. Que font devenues ces richeffes immenfes ? En quelques mains que de nouvelles rapines en ayent fait paffer une partie; & quelles que foient les cavernes où l'avarice & la crainte enfouiffent l'autre, la Perfe & l'Inde ont été également les pays les plus malheureux de la terre; tant les hommes fe font toujours éforcés de changer en calamités éfroyables tous les biens que la nature leur a faits. La Perfe & l'Inde ne furent plus, depuis la victoire & la mort de *Nadir*, qu'une anarchie fanglante. C'étaient les mêmes torrens de révolutions.

Tous ces bons mots prétendus, tous ces apophtegmes groffiffent des ana. On peut s'en amufer, & non les croire.

ARTICLE NEUVIEME.

Suite des révolutions.

UN jeune valet perfan, qui avoit fervi en qualité de porte-maffue dans la maifon du Sha-Nadir, fe fit voleur de grand'chemin, comme l'avait été fon maître. Il eut avis d'un convoi de trois mille chameaux chargés d'armes, de vivres & d'une grande partie de l'or emporté de Déli par les Perfans. Il tua l'efcorte, prit tout le convoi, leva des troupes & s'empara d'un royaume entier au nord-eft de Déli. (*d*). Ce royaume faifait autrefois une partie de la Bactriane; il confine d'un côté aux montagnes de la belle province de Cachemire, & de l'autre à Caboul.

Ce brigand, nommé *Abdala*, fut alors un grand prince, un héros; il marcha vers Déli en 1746, & ne fe promit pas moins que de conquérir tout l'Indouftan. C'était précifément dans le tems que la *Bourdonnaye* prenait Madras.

Le

Un voleur de grand chemin devient fouverain.

(*d*) Ce royaume s'apelle Ghifni. Nous n'avons trouvé ce nom ni dans les cartes de *Vaugondi*, ni dans nos dictionnaires : cependant il a exifté & il eft aujourd'hui démembré.

Le vieux mogol *Mahmoud*, dont la deſtinée fut d'être opprimé par des voleurs, ſoit rois, ſoit voulant l'être, envoya d'abord contre celui-ci ſon grand-viſir, ſous qui ſon petit-fils *Sha-Ahmed* fit ſes premieres armes. On livra bataille aux portes de Déli : la victoire fut indécise ; mais le grand-viſir fut tué. On aſſure que les omras, commandans des troupes de l'empereur étranglerent leur maître, & firent courir le bruit qu'il s'était empoiſonné lui-même.

Son petit-fils *Sha-Ahmed* lui ſuccéda ſur ce trône ſi chancelant ; prince qu'on a peint brave, mais faible (e), voluptueux, indécis, inconſtant, défiant, deſtiné à être plus malheureux que ſon grand pere. Un raïa nommé *Gaſi*, qui tantôt le ſecourut, & tantôt le trahit, le prit priſonnier & lui fit arracher les yeux. L'empereur mourut des ſuites de ſon ſuplice. Le raïa *Gaſi*, ne pou-

Autre aſſaſſiné.

―――――――――――――

(e) Nous ne cherchons que le vrai, nous ne prétendons faire le portrait ni des princes, ni des hommes d'état qui ont vécu à ſix mille lieues de nous, comme on s'aviſe tous les jours de nous tracer juſqu'aux plus petites nuances du caractère de quelques ſouverains qui régnaient il y a deux mille ans, & des miniſtres qui régnaient ſous eux ou ſur eux. Le charlataniſme qui s'étend partout varie ces tableaux en mille manières ; on fait dire à ces hommes qu'on connait ſi peu ce qu'ils n'ont jamais dit, on leur attribue des harangues qu'ils n'ont jamais prononcées, ainſi que des actions qu'ils n'ont jamais faites. Nous ſerions bien en peine de faire un vrai portrait des princes que nous avons vus de près, & on veut nous donner celui de Numa & de Tarquin !

Fragm. ſur l'Inde.

vant se faire empereur, mit en sa place un descendant de *Tamerlan:* c'est *Alumgir*, qui n'a pas été plus heureux que les autres. Les omras semblables aux agas des janissaires veulent que la race de Tamerlan soit toujours sur le trône, comme les Turcs ne veulent de sultan que de la race ottomane : il ne leur importe qui règne ; incapable ou méchant ; pourvu qu'il soit de la famille. Ils le déposent, ils lui arrachent les yeux, ils le tuent sur un trône qu'ils tiennent sacré. C'est ainsi qu'ils en usent depuis *Aurengzeb.*

Autre idem.

On peut juger si pendant ces orages les souba, les nabab, les raïa du midi de l'Inde se disputèrent les provinces envahies par eux ; & si les factions anglaises & françaises faisaient leurs éforts pour partager la proye.

Nous avons fait voir comment un faible détachement d'Européans traînait au combat, ou dissipait des armées de Gentous. Ces soldats de Visapour, d'Arcate, de Tanjaour, de Golconde, d'Orixa, du Bengale, depuis le cap de Comorin jusqu'au promontoire des Palmiers & à l'embouchure du Gange, sont de mauvais soldats sans doute : point de discipline militaire, point de patience dans les travaux, nul attachement à leurs chefs, uniquement ocupés de leur paye qui est toujours fort au-dessus du salaire des laboureurs & des ouvriers, par un usage directement contraire à celui de toute l'Europe : ni eux, ni leurs oficiers ne s'inquiètent jamais de l'intérêt du prince qu'ils servent seulement de la caisse de son tréforier. Mais enfin, Indiens contre Indiens vont aux coups, & leur force ou leur faiblesse est égale ; leurs corps, qui soutiennent rarement la fatigue, affrontent la mort. Les cailles se combattent & se tuent aussi bien que les dogues.

Il faut excepter de ces faibles troupes les montagnards apellés Marates, qui tiennent un peu plus de la constitution robuste de tous les habitans des lieux escarpés. Ils ont plus de dureté, plus de courage & plus d'amour de la liberté, que les habitans de la plaine. Ces Marates sont précisément ce que furent les Suisses dans les guerres de *Charles VIII* & de *Louis XII* : quiconque les pouvait soudoyer était sûr de la victoire, & on payait chérement leurs services. Ils se choisissent un chef auquel ils n'obéissent que pendant la guerre. Et encor lui obéissent-ils très-mal, les Européans ont apellé roi ce capitaine de brigands ; tant on prodigue ce nom. On les vit armés tantôt pour les empereurs, & tantôt contr'eux. Ils ont servi tour-à-tour nabab contre nabab, & Français contre Anglais.

Au reste, on ne doit pas croire que ces Gentous Marates, quoique de la religion des brames, en observent les rites rigoureux : eux & presque tous les soldats mangent de la viande & du poisson ; ils boivent même

Marates.

des liqueurs fortes, quand ils en trouvent. On acommode par-tout pays fa religion avec fes paſſions.

Ces Marates empêchèrent *Abdala* de conquérir l'Inde. Il aurait été fans eux un *Tamerlan*, un *Alexandre*. Nous venons de voir le petit-fils de *Mahmoud* livré à la mort par un de fes fujets. Son fucceſſeur *Alumgir* éprouva les mêmes révolutions dans une courte vie, & finit par le même fort. Les Marates déclarés contre lui entrèrent dans Déli, & la faccagèrent pendant fept jours. Abdala revint encor augmenter la confuſion & le déſaſtre en 1757. L'empereur *Alumgir* tombé en démence, gouverné & maltraité par fon viſir, implora la protection de cet *Abdala* même; le viſir indigné mit en priſon fon maître & bientôt après lui fit couper la tête. Cette dernière cataſtrophe arriva peu d'années après. Nos mémoires, qui s'accordent fur le fonds, fe contrediſent fur les dates : mais qu'importe pour nous en quel mois, en quelle année on ait tué dans l'Inde un mogol efféminé, tandis qu'on aſſaſſinait tant de fouverains en Europe.

Cet amas de crimes & de malheurs qui fe fuivent fans interruption, dégoûte enfin le lecteur : leur nombre & l'éloignement des lieux diminuent la pitié que les calamités inſpirent.

ARTICLE DIXIEME.

Description sommaire des côtes de la presqu'isle, où les Français & les Anglais ont commercé & fait la guerre.

APrès avoir fait voir quels étaient les empereurs, les grands, les peuples, les soldats, les prêtres, avec qui le général *Lalli* avait à combattre & à négocier, il faut montrer en quel état se trouvait la fortune des Anglais, auxquels on l'opposait, & commencer par donner quelque idée des établissemens formés par tant de nations d'Europe sur les côtes occidentales & orientales de l'Inde.

Il est désagréable de ne point mettre ici une carte géographique sous les yeux du lecteur : nous n'en avons ni le tems ni la commodité ; mais quiconque voudra lire avec fruit ces mémoires, poura aisément en consulter une. S'il n'en a point, qu'il se figure toutes les côtes de la presqu'isle de l'Inde couvertes d'établissemens de marchands d'Europe, fondés par les concessions des naturels du pays, ou les armes à la main. Commencés par le nord-ouest. Vous trouvés d'abord sur la côte la presqu'isle de Cambaye, où l'on a prétendu que les hommes vivaient communément deux-cents an-

<small>Cambaye fables.</small>

nées. Si cela était, elle aurait cette eau d'immortalité qui a fait le sujet des romans de l'Asie, ou cette fontaine de Jouvence connue dans les romans de l'Europe. Les Portugais y ont conservé *Diü* ou *Diou* une de leurs anciennes conquêtes.

Surate.   Au fond du golfe de Cambaye est Surate, ville immédiatement gouvernée par le grand mogol, dans laquelle toutes les nations commerçantes de la terre avaient des comptoirs, & surtout les Arméniens qui sont les facteurs de la Turquie, de la Perse & de l'Inde.

La côte de Malabar, proprement dite, commence par une petite isle qui apartenait aux jésuites; elle porte encor leur nom; & par un singulier contraste, l'isle de Bombai qui suit, est aux Anglais. Cette isle de Bombai est le séjour le plus mal sain de l'Inde & le plus incommode. C'est pourtant pour la conserver, que les Anglais ont eu une guerre avec le nabab de Décan qui afecte la souveraineté de ces côtes. Il faut bien qu'ils trouvent leur profit à garder un établissement si triste; & nous verrons com-

A l'article Angria.   ment ce poste a servi à une des plus étonnantes avantures qui ayent jamais rendu le nom Anglais respectable dans l'Inde.

Plus bas est la petite isle de Goa. Tous les navigateurs disent qu'il n'y a point de plus beau port au monde : ceux de Naples

Goa.   & de Lisbonne ne sont ni plus grand ni plus commodes. La ville est encor un monument de la supériorité des Européans sur les Indiens, ou plutôt du canon que ces peuples ne connaissaient pas. Goa est malheureusement célèbre par son inquisition, également contraire à l'humanité & au commerce. Les moines portugais firent accroire que le peuple adorait le diable, & ce sont eux qui l'ont servi.

Descendez vers le Sud, vous rencontrez Cananor, que les Hollandais ont enlevé aux Portugais qui l'avaient ravi aux propriétaires.

On trouve, après, cet ancien royaume de Calicut, qui couta tant de sang aux Portugais. Ce royaume est d'environ vingt de nos lieues en tout sens. Le souverain de ce pays s'intitulait *Zamorin*, roi des rois; & les rois ses vassaux possédaient chacun environ cinq à six lieues. C'était l'étape du plus grand commerce; ce ne l'est plus, les marchands ne fréquentent plus Calicut. Un Anglais, qui a longtems voyagé sur toutes ces côtes, nous a confirmé que ce terrein est le plus agréable de l'Asie, & le climat le plus salubre; que tous les arbres y conservent un feuillage perpétuel; que la terre y est en tout tems couverte de fleurs & de fruits. Mais l'avidité humaine n'envoye pas les marchands dans l'Inde pour respirer un air doux & pour cueillir des fleurs.

Un moine Portugais écrivit autrefois que quand le roi de ce pays se marie, il prie

Calicut.

Mensonges imprimés.

d'abord les prêtres les plus jeunes de coucher avec sa femme; que toutes les dames & la reine elle-même, peuvent avoir chacune sept maris; que les enfans n'héritent point, mais les neveux; & qu'enfin tous les habitans y font de pompeux sacrifices au diable. Ces absurdités ridicules sont répétées dans vingt histoires, dans vingt livres de géographie, dans *la Martinière* lui-même. On s'indigne contre cette foule de compilateurs qui transcrivent de sang froid tant d'inepties en tout genre, comme si ce n'était rien de tromper les hommes (*f*).

(*f*) Le fameux jésuite *Tachard* conte qu'on lui a dit que les dames nobles de Calicut peuvent avoir jusqu'à dix maris à la fois (tome 3 des lettres édifiantes, page 158.) *Montesquieu* cite cette niaiserie, comme s'il citait un article de la coutume de Paris, & ce qu'il y a de pis c'est qu'il rend raison de cette loi. L'auteur de ces fragmens, ayant avec quelques amis envoyé un vaisseau dans l'Inde, s'est informé soigneusement si cette loi étonnante existe dans le Calicut. On lui a répondu en haussant les épaules & en riant. En éfet, comment imaginer que le peuple le plus policé de toute la côte de Malabar ait une coutume si contraire à celle de tous ses voisins, aux loix de sa religion & à la nature humaine! comment croire qu'un homme de qualité, un homme de guerre, puisse se résoudre à être le dixième favori de sa femme! à qui apartiendraient les enfans? quelle source abominable de querelles & de meurtres continuels! Il serait moins ridicule de dire qu'il y a une basse-cour où dix coqs se partagent tranquillement la jouissance d'une poule. Ce conte est aussi absurde que celui dont *Hérodote* amusait les Grecs quand il leur disait que toutes les dames de Babilonne étaient obligées d'aller au temple vendre leurs faveurs au premier étranger qui

Nous regardons comme un devoir de redire ici que les premiers bracmanes, ayant inventé la sculpture, la peinture, les hiérogliphes, ainsi que l'arithmétique & la géométrie, représentèrent la vertu sous l'emblème d'une femme à laquelle ils donnaient dix bras pour combattre dix monstres qui sont les dix péchés auxquels les hommes sont le plus sujets. Ce sont ces figures allégoriques que des aumoniers de vaisseaux, ignorans, trompés & trompeurs, prenaient pour des statues de satan & de *Belzebuth*, anciens noms persans qui jamais n'ont été connus dans la presqu'isle (*g*). Mais que diraient les descendans de ces bracmanes, premiers précepteurs du genre-humain, s'ils avaient la curiosité de voir nos pays si longtems barbares, comme nous avons la rage d'aller chez eux par avarice !

Tanor qui suit est encor apellé royaume par nos géographes : c'est une petite terre de quatre lieues sur deux, une maison de plaisance, située dans un lieu délicieux, où les voisins vont acheter quelques denrées précieuses.

Tanor.

Immédiatement après, est le royaume de Cranganor, à-peu-près de la même étendue. La plupart des relations peuplent cette côte

Cranganor.

---

voulait les acheter. Un suppôt de l'université de Paris a voulu justifier cette sottise : il n'y a pas réussi.

(*g*) Voyez l'article brames.

d'autant de rois, que nous voyons en Italie & en France de marquis fans marquifat, de comtes fans comté, & en Allemagne de barons fans baronie.

Si Cranganor eſt un royaume, Coulan, qui eſt auprès, peut s'apeller un vaſte empire ; car il a environ douze lieues fur près de trois en largeur. Les Hollandais, qui ont chaſſé les Portugais des capitales de ces états, ont établi dans Cranganor un comptoir dont ils ont fait une forterefſe imprenable à tous ces monarques réunis. Ils font un commerce immenſe à Cranganor qui eſt dit-on un jardin de délices.

En allant toujours au midi fur le rivage de cette péninfule, qui ſe refſerre de plus en plus, les Hollandais ont encor pris aux Portugais la forterefſe qu'ils avaient dans le royaume de Cochin, petite province qui dépendait autrefois de ce roi des rois *Zamorin* de Calicut. Il y a près de trois ſiècles que ces ſouverains voyent des marchands armés venus d'Europe s'établir dans leurs territoires, ſe chafſer les uns les autres, & s'emparer tour-à-tour de tout le commerce du pays, fans que les habitans de trois-cent lieues de côte ayent jamais pu y mettre obſtacle.

Travancor.
Travancor eſt la dernière terre qui termine la pointe de la preſqu'iſle. On eſt furpris de la faibleſſe des voyageurs & des miſſionnaires qui ont titré de royaume le petit pays de Travancor auſſi-bien que tous

ces autres assemblages des riches bourgades que nous venons de parcourir. Pour peu que ces royaumes eussent occupé chacun cinquante lieues seulement le long de la côte, il y aurait plus de douze-cents lieues depuis Surate jusqu'au cap Comorin ; & si on avait converti la centième partie des Indiens parmi lesquels il n'y a pas un chrétien, il y en aurait plus d'un million (*b*).

―――――

(*b*) Un jésuite nommé *Martin*, raconte dans le cinquième volume des lettres curieuses & édifiantes, que c'est une coutume vers Travancor, de faire un fond tous les ans pour le distribuer par le sort. Un indien, dit-il, fit vœu à saint *François Xavier* de donner une somme aux jésuites s'il gagnait à cette espèce de loterie. Il eut le gros lot. Il fit encor un vœu & eut le second lot. Cependant, ajoute le jésuite *Martin*, cet indien ainsi que tous ses compatriotes conserva une horreur invincible pour la religion des Francs, qu'ils apellent le franguinisme. C'était un ingrat. Qu'on joigne à tous ces traits dont les lettres curieuses sont remplies, les miracles atribués à saint *François Xavier*, les sermons dans tous les idiomes de l'Inde & du Japon dès qu'il débarquait dans ces pays, les neuf morts ressuscités par lui, les deux vaisseaux dans lesquels il se trouva en même tems à cent lieues l'un de l'autre, & qu'il préserva de la tempête, son crucifix qui tomba dans la mer & qui lui fut raporté par un cancre ; & qu'on juge si une religion aussi sainte que la nôtre doit être continuellement mêlée de semblables contes.

Ce même *Martin* qui a pourtant demeuré longtems dans l'Inde, ose dire qu'il y a un petit peuple nommé les Coléries dont la loi est, que dans leurs querelles & dans leurs procès la partie adverse est obligée de faire tout ce que fait l'autre. Celle-ci se crève-t-elle un œil, celle-là est obligée de s'en aracher un. Si un Colerie égorge sa femme & la mange, son adversaire aussitôt

Arbre senfitif, phénomène unique s'il eft vrai.

Avant de quitter le Malabar, quoi qu'il n'entre point du tout dans notre plan de faire l'hiftoire naturelle de ce pays délicieux, qu'on nous permette feulement d'admirer les cocotiers & l'arbre fenfitif. On fait que les cocotiers fourniffent à l'homme tout ce qui lui eft néceffaire, nouriture & boiffon agréable, vêtement, logement & meubles. C'eft le plus beau préfent de la nature. L'arbre fenfitif moins connu produit des fruits qui s'enflent & qui bondiffent fous la main qui les touche. Notre herbe fenfitive, auffi inexplicable, a beaucoup moins de propriétés. Cet arbre, fi nous en croyons quelques naturaliftes, fe reproduit de lui-même en quelque fens qu'on le coupe. On ne l'a point pourtant mis au rang des animaux zoophites, comme *Leuvenhæk* y a mis ces petits joncs nommés polypes d'eau-douce qui croiffent dans quelques marais, & fur lefquels on a débité tant de fables trop légèrement accréditées. On cherche du merveilleux, il eft par tout, puifque les moindres ouvrages de la nature font incompréhenfibles. Il n'eft pas befoin d'ajouter des fables à ces miftères réels qui frapent nos yeux & que nous foulons aux pieds.

---

affaffine & mange la fienne. Monfieur *Orm* favant anglais qui a vu beaucoup de ces Coleries affure en propres mots, que ces coutumes diaboliques font abfolument inconnues, & que le père *Martin* en a menti.

ARTICLE ONZIEME.

Suite de la connaissance des côtes de l'Inde.

ENfin, on double ce fameux cap de Comor, ou Comorin, connu des anciens romains dès le tems d'*Auguste*, & alors on est sur cette côte des perles qu'on apelle la pêcherie. C'est de là que les plongeurs indiens fournissaient des perles à l'orient & l'occident. On en trouvait encor beaucoup lorsque les Portuguais découvrirent & envahirent ce rivage dans notre seizième siècle. Depuis ce tems-là cette branche immense de commerce a diminué de jour en jour, soit que les mers plus orientales produisent aujourd'hui des perles d'une plus belle eau, soit que la matière qui les forme ait changé sur la plage de ce promontoire de l'Inde, comme tant de mines d'or, d'argent & de tous les métaux se sont épuisées dans tant de terres.

Vous allez alors un peu au nord du huitième degré de l'équateur où vous êtes, & vous voyez à votre droite la Trapobane ou Taprobane des anciens, nommée depuis par les Arabes l'isle de Serindib & enfin Ceylan. C'est assez pour la faire connaitre, de dire que le roi de Portugal *Emmanuel* demandant à un de ses capitaines de

<small>Fameuse ile de Céylan.</small>

vaiſſeau qui en revenait, ſi elle méritait ſa réputation. Cet officier lui répondit, „ j'y „ ai vu une mer ſemée de perles, des riva- „ ges couverts d'ambre gris, des forêts d'é- „ benne & de canelle, des montagnes de „ rubis, des cavernes de criſtal de roche, & je vous en aporte dans mon vaiſſeau. Quelle réponſe! & il n'exagerait pas.

Les Hollandais n'ont pas manqué de chaſ- ſer les Portugais de cette île des tréſors. Il ſemblait que le Portugal n'eut entrepris tant de pénibles voyages, & conquis tant d'états au fond de l'Aſie que pour les Hol- landais. Ceux-ci s'étant rendus maitres de toutes les côtes du Ceylan, en interdiſent l'abord à tous les peuples. Ils ont fait le ſouverain de l'iſle leur tributaire; & il n'eſt jamais tombé dans l'eſprit des raïa, des na- bab & des ſouba de l'Inde de tenter ſeule- ment de les en dépoſſeder.

Vous remontez de la côte de Malabar que nous avons parcourue, à celles de Co- romandel & de Bengale, théatres des guer- res entre les princes du pays, & entre la France & l'Angleterre.

Nous ne parlerons plus ici de monar- ques & de Zamorins rois des rois. Mais de ſouba, de nabab, de raïa. Cette côte de Coromandel eſt peuplée d'Européans comme celle de Malabar. Ce ſont d'abord les Hol- landais à Négapatam qu'ils ont encor enle- vé au Portugal, & dont ils ont fait, dit- on, une ville aſſez floriſſante.

Plus haut c'eſt Tranquebar, petit terrein que les Danois ont acheté & où ils ont fondé une ville plus belle que Négapatam. Près de Tranquebar les Français avaient le comptoir & le fort de Karical. Les Anglais au deſſus celui de Goudelour & celui de ſaint David.

Tout près du fort ſaint David, dans une plaine aride & ſans port, les Français ayant comme les autres acheté du ſouba de la province de Décan un petit territoire où ils bâtirent une loge, ils firent avec le tems de cette loge une ville conſidérable. C'eſt Pondicheri dont nous avons déja parlé. Ce n'était d'abord qu'un comptoir entouré d'une forte haye d'acacias, de palmiers, de cocotiers, d'aloës & on apellait cette place la haye des limites. *Pondicheri.*

A trente lieues au nord eſt Madras, comme nous l'avons vu, ce chef lieu du grand commerce des Anglais. La ville eſt bâtie en partie des ruines de Méliapour; & cet ancien Méliapour avait été changé par les Portugais en *ſaint Thomé*, en l'honneur de *ſaint Thomas Dydime* apôtre. On trouve encor dans ces quartiers des reſtes de Syriens nommés d'abord chrétiens de *Thomas*, parce qu'un *Thomas* marchand de Syrie & neſtorien était venu s'y établir avec ſes facteurs au ſixième ſiècle de notre ère. Bientôt après on ne douta pas que ce neſtorien n'eut été *ſaint Thomas Dydime* lui-même. On a vu par tout des traditions des croyan- *Madras.*

ces publiques, des monumens, des uſages fondés ſur de telles équivoques. Les Portugais croyaient que *ſaint Thomas* était venu à pied de Jéruſalem à la côte de Coromandel en qualité de charpentier bâtir un palais magnifique pour le roi Gondafer. Le jéſuite *Tachard* a vu près de Madras l'ouverture que fit *ſaint Thomas* au milieu d'une montagne pour s'échaper par ce trou des mains d'un bracmane qui le pourſuivait à grands coups de lance quoique les bracmanes n'ayent jamais donné de coups de lance à perſonne. Les chrétiens anglais, & les chrétiens français ſe ſont détruits de nos jours à coup de canon ſur ce même terrein que la nature ne ſemblait pas avoir fait pour eux. Du moins les prétendus chrétiens de *ſaint Thomas* étaient des marchands paiſibles.

Plus loin eſt le petit fort de Paliacate apartenant aux Hollandais. C'eſt de là qu'ils vont acheter des diamans dans la nababie de Golconde.

Mazulipatan.
A cinquante lieues plus au nord, les Anglais & les Français ſe diſputaient Mazulipatan, où ſe fabriquent les plus belles toiles peintes, & où toutes les nations commerçaient. Monſieur *Dupleix* obtint du nabab cet établiſſement entier. On voit que des étrangers ont partagé tout ce rivage, & que les Indiens n'ont rien gardé pour eux ſur leur propre territoire.

Quand on a franchi la côte de Coromandel,

del, on est à la hauteur de la grande nababie de Golconde, où sont les plus grands objets de l'avarice, les mines de diamans. Les nabab avaient longtems empêché les nations étrangères de se faire des établissemens fixes dans cette province. Les facteurs Anglais & Hollandais y venaient d'abord acheter les diamans qu'ils vendaient en Europe.

Les Anglais possédaient au nord de Golconde, la petite ville de Calcuta bâtie par eux sur le Gange dans le Bengale, province qui passe pour la plus belle, la plus riche, & la plus délicieuse contrée de l'univers. Pour les Français, ils avaient Chandernagor & un autre petit comptoir sur le Gange. C'est à Chandernagor que monsieur *Dupleix* commença sa grande fortune, qu'il perdit depuis. Il y avait équipé pour son compte quinze vaisseaux qui allaient dans tous les ports de l'Asie, avant qu'il fût nommé gouverneur de Pondichéri.

Calcuta.

Chandernagor.

Les Hollandais ont la ville d'Ougli entre Calcuta & Chandernagor. Il est bien à remarquer que dans toutes ces dernières guerres qui ont bouleversé l'Inde, qui ont mis les Anglais sur le penchant de leur ruine, & qui ont détruit les Français, jamais les Hollandais n'ont pris ouvertement de parti: ils ne se sont point exposés, ils ont joui tranquillement des avantages de leur commerce, sans prétendre former des empires. Ils en possédent un assez beau à Batavia. On les vit agir en grands guerriers contre

Ougli.

Fragm. sur l'Inde. E

les Espagnols & les Portugais, mais dans ces dernières guerres ils se sont conduits en négocians habiles.

Observons surtout que tant de peuples de l'Europe ayant de grands vaisseaux armés en guerre sur tous les rivages de l'Inde, il n'y a que les Indiens qui n'en ayent point eu, si nous exceptons un seul pirate. Est-ce faiblesse & ignorance du gouvernement? Est-ce mollesse, est-ce confiance dans la bonté de leurs vastes & fertiles terres qui n'ont aucun besoin de nos denrées? c'est tout cela ensemble.

ARTICLE DOUZIEME.

Ce qui se passait dans l'Inde avant l'arrivée du général Lalli. *Histoire d'Angria; Anglais détruits dans le Bengale.*

AYant fait connaître autant que nous l'avons pu dans ce précis, les côtes de l'Inde qui intéressent les nations commerçantes de l'Europe & de l'Asie, commençons par rendre compte d'un service que les Anglais leur rendirent à toutes.

Qui était Angria. Il y a cent ans qu'un marate nommé Conogé Angria; qui avait commandé quelques barques de sa nation contre les barques de l'empereur des Indes, se fit pirate; &

s'étant retranché vers Bombai, il pilla indiféremment ſes compatriotes, ſes voiſins & tous les commerçans qui navigeaient dans cette mer. Il s'était aiſément emparé ſur cette côte de quelques petites iſles qui ne ſont que des rochers inabordables. Il en fortifia une en creuſant des foſſés dans le roc. Ses baſtions étaient ſoutenus par des murs épais de dix à douze pieds, & garnis de canons. C'était-là qu'il renfermait ſon butin. Son fils & ſon petit-fils continuèrent le même métier & avec plus de ſuccès. Une province entière derrière Bombai était ſoumiſe à ce dernier Angria. Mille vagabons marates, indiens, renégats chrétiens, négres, étaient venus augmenter cette république de brigands ; preſque ſemblable à celle d'Alger. Les Angria feſaient bien voir que la terre & la mer apartiennent à qui fait s'en rendre maître. Nous voyons tour à tour deux voleurs ſe former de grandes dominations au nord & au ſud de l'Inde. L'un eſt Abdala vers Caboul, l'autre Angria vers Bombai. Et combien de grandes puiſſances n'ont pas eu d'autres commencemens !

Il fallut que l'Angleterre armât conſécutivement deux flottes contre ces nouveaux conquérans. L'amiral *James* en 1755 commença cette guerre qui en éfet en méritait le nom, & l'amiral *Watſon* l'acheva. Le capitaine *Clive* depuis ſi célèbre, y ſignala ſes talens militaires. Toutes les retraites de ces illuſtres voleurs furent priſes l'une après l'autre. On trouva dans le rocher qui leur ſervait de capitale, des amas immenſes de marchandiſes, deux cents canons, des arſenaux d'armes de toute eſpèce, la valeur de cent cinquante millions monnaye de France, en or, en diamans, en perles, en aromates; ce qu'on raſſemblerait à peine dans toute la côte de Coromandel, & dans celle du Pérou, était caché dans ce rocher. Angria échapa. L'amiral *Watſon* prit ſa mère, ſa femme & ſes enfans priſonniers. Il les traita avec humanité, comme on peut bien le croire. Le plus jeune des enfans entendant dire qu'on n'avait pu trouver Angria, ſe jetta au cou de l'amiral, & lui dit, *ce ſera donc vous qui me ſervirez de père*. Monſieur *Watſon* ſe fit expliquer ces paroles par un interprète; elles l'atendrirent juſqu'aux larmes, & en éfet il ſervit de père à toute la famille. Cette action & ce bonheur mémorable étaient compenſés dans le chef lieu des établiſſemens anglais au Bengale par un déſaſtre plus ſenſible.

<small>Anglais exterminés.</small>

Il s'éleva une querelle entre leur comptoir de Calcuta ſur le Gange, & le ſouba du Bengale. Ce prince crut que les Anglais avaient à Calcuta une garniſon conſidérable puiſqu'ils l'avaient bravé. Cette ville ne renfermait pourtant qu'un conſeil de marchands, & environ trois cents ſoldats. Le plus grand prince de l'Inde marcha contre

CALCUTA.

eux avec soixante mille soldats, trois cents canons & trois cents élephans.

Le gouverneur de Calcuta nommé *Drak* était bien diférent du fameux amiral *Drak*. On a dit, on a écrit qu'il était de cette religion nazaréenne primitive, professée par ces respectables Pensilvaniens que nous connaissons sous le nom de quakres. Ces primitifs dont la patrie est Philadelphie dans le nouveau monde, & qui doivent faire rougir le nôtre, ont la même horreur du sang que les brames. Ils regardent la guerre comme un crime. *Drak* était un marchand très habile & un honnête homme. Il avait jusques là caché sa religion; il se déclara, & le conseil le fit embarquer sur le Gange pour le mettre à couvert.

Gouverneur quakre 1756.

Qui croirait que les Mogols au premier assaut perdirent douze mille hommes ? les rélations l'ont assuré. Si le fait est vrai, rien ne peut mieux confirmer ce que nous avons tant dit de la supériorité de l'Europe. Mais on ne pouvait résister longtems : la ville fut prise; tout fut mis aux fers. Il y eut parmi les captifs, cent quarante-six Anglais, oficiers & facteurs, conduits dans une prison qu'on apelle le *Trou noir*. Ils firent une funeste expérience des éfets de l'air enfermé & échaufé; ou plutôt, des vapeurs continuellement exhalées de tous les corps, & auxquelles on a donné le nom d'air & d'élément. Cent vingt-trois hommes en moururent en peu d'heures.

Fatal éfet de l'air renfermé.

E 3

Bourhave (*i*), dans fa chymie, raporte un exemple plus fingulier : c'eft celui d'un homme qui tomba fur le champ en pouriture dans une rafinerie de fucre à l'inftant qu'on en eut fermé la porte. Ce pouvoir des vapeurs fait voir la néceffité des ventilateurs, furtout dans les climats chauds, & les dangers mortels qui menacent les corps humains non feulement dans les prifons, mais dans les fpectacles où la foule eft preffée, & furtout dans les églifes où l'on a l'infâme coutume d'enterrer les morts, & dont il s'exhale une odeur peftilencielle (*k*).

Monfieur *Holwell*, gouverneur en fecond de Calcuta, fut un de ceux qui échapèrent à cette contagion fubite. On le mena lui & vingt-deux oficiers de la factorie mou-

---

(*i*) Les Hollandais écrivent & impriment *Bær-have*, *œ* chez eux fe prononce *ou*. Mais nous devons écrire fuivant notre prononciation. On imprime tous les jours *Weftphalie*, *Wirtemberg*, *Wirsbourg* ; on ne fait pas que ce caractère *W* eft l'*v* confonne des Allemands. Les Allemands prononcent Veftphalie, Virtemberg, Virsbourg.

(*k*) A Saulien en Bourgogne, au mois de Juin 1773, les enfans étant affemblés dans l'églife au nombre de foixante pour faire leur première communion, on s'avifa de creufer une foffe dans cette églife pour y enterrer le foir même un cadavre : il s'éleva de la foffe où étaient entaffés d'anciens cadavres une exhalaifon fi maligne, que le curé, le vicaire, quarante enfans, & plufieurs paroiffiens qui entraient alors, en moururent, fi on en croit les papiers publics. Ce terrible avertiffement de ne plus fouiller les temples de corps morts fera-t-il encor inutile en France ? c'était autrefois un facrilège : jufqu'à quand cette horreur fera-t-elle un acte de piété ?

rans, à Maxadabad, capitale du Bengale. Le fouba eut pitié d'eux & leur fit ôter leurs fers. *Holwell* lui ofrit une rançon. Le prince la refufa, en lui difant qu'il avait trop foufert, fans être encor obligé de payer fa liberté.

C'eft ce même *Holwell* qui avait apris non feulement la langue des brames modernes, mais encor celle des anciens bracmanes. C'eft lui qui a écrit depuis des mémoires fi précieux fur l'Inde ; & qui a traduit des morceaux fublimes des premiers livres écrits dans la langue facrée, plus anciens que ceux du *Sanconiaton* de Phénicie, du mercure de l'Egypte, & des premiers légiflateurs de la Chine. Les favans brames de Bénarès attribuent à ces livres environ cinq mille ans d'antiquité.

Holwell feul Européan qui ait bien connu les dogmes des anciens bracmanes.

Nous faififfons avec reconnaiffance cette occafion de rendre ce que nous devons à un homme qui n'a voyagé que pour s'inftruire. Il nous a dévoilé ce qui était caché depuis tant de fiécles ; il a fait plus que les Pythagore & les Apollonius de Thiane. Nous exhortons quiconque veut s'inftruire comme lui à lire attentivement les anciennes fables allégoriques, fources primitives de toutes les fables qui ont depuis tenu lieu de vérités en Perfe, en Caldée, en Egypte, en Grèce, & chez les plus petites & les plus méprifables hordes, comme chez les plus grandes & les plus floriffantes nations. Ces objets font plus dignes de l'étude du fage (*l*), que les querelles de quelques commis pour de la mousseline & des toiles peintes, dont nous serons obligés, malgré nous de dire un mot dans le cours de cet ouvrage.

Pour revenir à cette révolution dans l'Inde, le souba, qui s'apellait *Suraia-Doula* était un Tartare d'origine. On disait qu'à l'exemple d'*Aurengseb*, son dessein était de s'emparer de l'Inde entière : on ne peut douter qu'il ne fût très ambitieux, puisqu'il était à portée de l'être : on ajoute qu'il méprisait son empereur faible & dur, inapliqué & sans courage ; & qu'il haïssait également tous ces marchands étrangers qui venaient profiter des troubles de l'empire & les augmenter. Dès qu'il eut pris le fort des Anglais, il menaça ceux des Hollandais & des Fran-

---

(*l*) Ce n'est pas que nous ayons une foi aveugle pour tout ce que nous débite monsieur *Holwell*: il ne faut l'avoir pour personne ; mais enfin il nous a démontré que les Gangarides avaient écrit une mythologie bonne ou mauvaise il y a cinq mille ans, comme le savant & judicieux jésuite *Parennin* nous a démontré que les Chinois étaient réunis en corps de peuple vers ces tems là. Et s'ils l'étaient alors, il fallait bien qu'ils le fussent auparavant ; de grandes peuplades ne se forment pas en un jour. Ce n'est donc pas à nous, qui n'étions que des sauvages barbares, quand ces peuples étaient policés & savans, à leur contester leur antiquité. Il se peut que dans la foule des révolutions, qui ont dû tout changer sur la terre, l'Europe ait cultivé des arts & connu des sciences avant l'Asie ; mais il n'en reste aucun vestige ; & l'Asie est pleine d'anciens monumens.

çais : ils se rachetèrent pour des sommes d'argent, très modiques dans ce pays ; les Français, pour environ six-cents mille livres ; les Hollandais, pour douze-cents mille francs ; parce qu'ils sont plus riches. Ce prince ne s'occupa point alors à les détruire. Il avait dans ses armées un rival de son ambition, son parent & parent du grand-mogol, plus à craindre pour lui qu'une société de marchands. *Suraia-Doula* pensait d'ailleurs comme plus d'un visir turc & plus d'un sultan de Constantinople qui ont voulu chasser quelquefois tous les ambassadeurs des princes d'Europe & toutes leurs factories, mais qui leur ont fait payer chèrement le droit de résider en Turquie.

A peine eut-on reçu à Madras la nouvelle du danger où les Anglais étaient sur le Gange, qu'on envoya par mer à leur secours tout ce qu'on put ramasser d'hommes portant les armes. *Anglais vengés.*

Monsieur de *Bussi*, qui était dans ces quartiers avec quelques troupes profita de cette conjoncture, lui & monsieur *Lass* s'emparèrent de tous les comptoirs anglais par delà Mazulipatan, sur la côte de la grande province d'Orixa, entre celles de Golgonde & de Bengale. Ce succès rendit quelques forces à la compagnie afaiblie qui devait bientôt succomber.

Cependant l'amiral *Watson* & le colonel *Clive*, vainqueurs d'Angria & libérateurs de toute la côte de Malabar, venaient aussi au

Bengale par la mer de Coromandel. Ils aprirent dans leur route qu'il n'y avait plus de retour pour eux dans leur ville de Calcuta, qu'en combattant; & ils firent forces de voiles. Ainsi la guerre fut par tout en peu de tems depuis Surate jusqu'aux bouches du Gange dans un contour d'environ milles lieues, comme elle l'est si souvent en Europe entre tant de princes chrétiens dont les intérèts se croisent & changent continuellement pour le malheur des hommes.

Quand l'amiral *Watson* & le colonel *Clive* arrivèrent à la rade de Calcuta, ils trouvèrent ce bon quakre gouverneur de la ville, & ceux qui s'étaient sauvés avec lui, retirés dans des barques délabrées sur le Gange: on ne les avait point poursuivis. Le souba avait cent-mille soldats, des canons, des éléphans, mais point de bateaux. Les Anglais, chassés de Calcuta, attendaient patiemment sur le Gange, qu'on vint de Madras à leur secours; l'amiral leur donna des vivres dont ils manquaient. Le colonel, aidé des oficiers de la flotte & des matelots qui grossissaient sa petite armée, courut afronter toutes les forces du souba; mais il ne rencontra qu'un raïa, gouverneur de la ville, qui venait à lui à la tête d'un corps considérable; il le mit en fuite. Cet étrange gouverneur, au lieu de se retirer dans sa place, s'en alla porter l'allarme au camp de son prince, en lui disant que les Anglais, qu'il avait rencontrés, étaient d'une espèce bien diférente de ceux qui avaient été pris dans Calcuta.

Le colonel *Clive* confirma le prince dans cette idée, en lui écrivant ces propres mots, si nous en croyons les mémoires du tems & les papiers publics. " Un amiral anglais „ qui commande une flotte invincible, & „ un soldat, dont le nom est assez connu „ de vous, sont venus vous punir de vos „ cruautés. Il vaut mieux pour vous nous „ faire satisfaction, que d'atendre notre „ vengeance ". Il pouvait hazarder ce stile audacieux & oriental. Le souba savait bien que son compétiteur, dont nous avons parlé, raïa très puissant dans son armée, & qu'il n'osait faire arrêter, négociait déja secrettement avec les Anglais. Il ne répondit à cette lettre qu'en livrant une bataille ; elle fut indécise entre une armée d'environ quatre-vingt mille combattans, & une d'environ quatre-mille, moitié Anglais, moitié Cipayes. Alors on négocia, & ce fut à qui ferait le plus adroit. Le souba rendit Calcuta & les prisonniers ; mais il traitait sous main avec monsieur de *Bussy* ; & le colonel, ou plutôt le général *Clive*, traitait sourdement de son côté avec le rival du souba. Ce rival s'apellait *Jaffer* ; il voulait perdre le souba son parent & le détrôner. Le souba voulait perdre les Anglais par les Français ses nouveaux amis, pour exterminer ensuite ses amis mêmes. Voici les articles

Singulière lettre du colonel Clive à un souverain.

du traité singulier que le prince mogol *Jaffer* signa dans sa tente.

<small>Marché fait pour un royaume & juré sur l'alcoran.</small>

„ En présence de Dieu & de son prophète, je
„ jure d'observer cette convention tant que je
„ vivrai, moi *Jaffer* &c.

„ Les ennemis des Anglais seront les miens, &c.

„ Pour les indemniser de la perte que *Levia-*
„ *Oda* (*m*) leur a fait souffrir, je donnerai cent
„ laks, (c'est vingt-quatre millions de nos livres.)

„ Pour les simples habitans, cinquante autres
„ laks (douze millions.)

„ Pour les Maures & les Gentous au service
„ des Anglais, vingt laks, (quatre millions huit
„ cents mille livres.)

„ Pour les Arméniens, qui trafiquent à Calcuta,
„ sept laks, (seize-cents quatre-vingt mille.) Le
„ tout faisant environ quarante-deux millions,
„ quatre-cents quatre-vingt mille.)

„ Je payerai comptant sans délai toutes ces
„ sommes dès qu'on m'aura fait *souba* de ces
„ provinces.

„ L'amiral, le colonel & quatre autres oficiers
„ (qu'il nomme) pourront disposer de cet argent
„ comme il leur plaira ".

Cet article était stipulé pour les mettre à couvert de tout reproche.

(*m*) C'est le nom de son général qui prit Calcuta.

Outre ces préfens, le fouba, défigné par le colonel *Clive*, étendait prodigieufement les terres de la compagnie. Monfieur *Dupleix* n'avait pas à beaucoup près obtenu les mêmes avantages, quand il créait des nabab.

On ne voit pas que les oficiers Anglais ayent juré ce traité fur l'évangile : peut-être ne s'en trouva-t-il point; & d'ailleurs c'était plutôt un billet au porteur, qu'un traité.

Le fouba *Suraia-Doula* de fon côté envoyait des fecours réels d'argent à meffieurs de *Buffy* & *Laff*, tandis que fon rival *Jaffer* ne donnait que des promeffes. Il voulut faire tuer *Jaffer*; mais ce prince fe fefait trop bien garder. L'un & l'autre, dans l'excès de leurs haines & de leurs défiances fe jurèrent fur l'alcoran une amitié inviolable.

Le fouba, trompé & voulant tromper, mena *Jaffer* contre la troupe anglaife, que nous n'ofons apeller une armée. Enfin, le 30 Juin, la bataille décifive fe donna entre lui & le colonel *Clive*. Le fouba la perdit : on lui prit fon canon, fes éléphans, fon bagage, fon artillerie. *Jaffer* était à la tête d'un camp féparé; il ne combattit point; c'eft la prudence des perfides : fi le fouba était vainqueur, il s'uniffait à lui, fi les Anglais l'emportaient, il marchait avec eux. Les vainqueurs pourfuivirent le fouba; ils entrèrent après lui dans Mouxadabad fa capitale. Le fouba s'enfuit, & fut errant miférablement pendant quelques jours. Le co-

Victoire du lord Clive.

lonel *Clive* falua *Jaffer* fouba des trois provinces, Bengale, Golconde, & Orixa, qui compofaient un des plus beaux royaumes de la terre.

Suraia-Doula, ce prince détrôné, fuyait feul fans fecours, fans efpérance. Il aprit qu'il y avait une grotte où vivait un faint faquir (ce font des moines, des hermites mahométans.) *Doula* fe réfugia dans la caverne de ce faint. Sa furprife fut extrême, quand il reconnut dans le faquir un fripon auquel il avait fait autrefois couper le nez & les deux oreilles. Le prince & le faint fe réconcilièrent au moyen de quelque argent; mais pour en avoir davantage, le faquir dénonça le fugitif à fon vainqueur. *Doula* fut pris & condamné à

Souverain condamné à mort.

la mort par *Jaffer*: fes prières & fes larmes ne le fauvèrent pas; il fut exécuté impitoyablement, après qu'on lui eut jetté de l'eau fur la tête, par une cérémonie bizare, établie de tems immémorial fur le bord du Gange, dont les peuples ont attribué toujours à l'eau de fingulières propriétés. C'eft une efpèce de purification imitée depuis par les Egyptiens; c'eft l'origine de l'eau luftrale chez les Grecs, & chez les Romains, & d'une cérémonie pareille chez des peuples plus nouveaux. On trouva dans les papiers de ce malheureux prince toute fa correfpondance avec meffieurs de *Buffy* & *Laff*.

Les Fran-   C'eft pendant le cours de cette expédition que le général *Clive* courut à la conquête de Chandernagor, le poste alors le plus important que les Français eussent dans l'Inde, rempli d'une quantité prodigieuse de marchandises, & défendu par cent soixante pièces de canon, cinq-cents soldats Français & sept-cents noirs.

Çais perdent Chandernagor.

Clive & *Watson* n'avaient que quatre cents hommes de plus: cependant au bout de cinq jours il fallut se rendre. La capitulation fut signée d'un côté par le général & l'amiral; & de l'autre, par les préposés *Fournier*, *Nicolas*, *la Potière* & *Caillot*, le 23 Mars 1757. Ces commissaires demandèrent que le vainqueur laissât les jésuites dans la ville. *Clive* répondit; les jésuites peuvent aller par tout où ils voudront, hors chez nous.

Les marchandises qu'on trouva dans les magasins furent vendues cent-vingt-cinq mille livres sterling : (environ deux millions huit cents soixante mille francs. Tous les succès des Anglais dans cette partie de l'Inde furent dûs principalement aux soins de ce célèbre *Clive*. Son nom fut respecté à la cour du grand mogol, qui lui envoya un éléphant chargé de présens magnifiques, & une patente de raïa. Le roi d'Angleterre le créa pair en Irlande. C'est lui qui dans les derniers débats, qui s'élevèrent au sujet de la compagnie des Indes, répondit à ceux qui lui demandaient compte des millions qu'il avait ajoutés à sa gloire: j'en ai donné un à mon ſecrétaire, deux à mes amis, & j'ai gardé le reſte pour moi.

Dans une autre ſéance il dit : nul n'ataquera mon honneur impunément: mes juges doivent garder le leur. Preſque tous les principaux agens de la compagnie angloiſe en ont uſé de même. Leurs profuſions ont égalé leurs richeſſes. Les actionnaires y perdent, l'Angleterre y gagne; puiſqu'au bout de quelques années chacun vient répandre dans ſa patrie ce qu'il a pu amaſſer ſur les bords du Gange & ſur les côtes de Coromandel & de Malabar : ainſi que les tréſors immenſes conquis par l'amiral *Anſon* en faiſant le tour du monde; & ceux que tant d'autres amiraux acquirent par tant de priſes, augmentaient l'opulence de la nation.

Depuis les victoires du lord *Clive*, les Anglais ont régné dans le Bengale; les nabab, qui ont voulu les ataquer, ont été repouſſés. Mais enfin, on a craint à Londres que la compagnie ne périt par l'excès de ſon bonheur, comme la compagnie françaiſe a été détruite par la diſcorde, la diſette, la modicité des ſecours venus trop tard, les changemens continuels de miniſtres, qui ne pouvant avoir ſur l'Inde que des idées confuſes & fauſſes changeaient au hazard des ordres donnés aveuglément par leurs prédéceſſeurs.

Tous les malheurs de la France retombaient néceſſairement ſur la compagnie.
On

On ne pouvait la secourir éficacement, quand on était battu en Allemagne; qu'on perdait le Canada, la Martinique, la Guadeloupe en Amérique, la Gorée en Afrique, tous ses établissemens sur le Sénégal; que tous les vaisseaux étaient pris, & qu'enfin le roi & les citoyens vendirent leur vaisselle pour payer des soldats; faible ressource dans de si grandes calamités.

ARTICLE TREIZIEME.

Arrivée du général Lalli: ses succès, ses traverses. Conduite d'un jésuite nommé Lavaur.

CE fut dans ces circonstances que le général *Lalli* & le chef d'escadre d'*Aché*, après avoir séjourné quelque tems à l'isle de Bourbon, entrèrent dans la rade de Pondicheri, le 28 Avril 1758. Le vaisseau, nommé le comte de Provence, qui portait le général fut salué de coups de canon à boulets, dont il fut très endommagé. Cette étrange méprise, ou cette méchanceté de quelques subalternes, fut d'un très mauvais augure pour les matelots toujours superstitieux, & même pour *Lalli* qui ne l'était pas.

Ce commandant avait en perspective le bâton de maréchal de France, qu'il croyait

Fragm. sur l'Inde.   F

pouvoir obtenir, s'il opérait une grande révolution dans l'Inde, & s'il réparait l'honneur des armes françaises peu soutenu alors dans les autres parties du monde. Sa seconde passion était d'humilier la grandeur anglaise, dont il était l'ennemi implacable.

Lalli commence par le siége de trois places & les prend.

Dès qu'il fut arrivé, il assiégea trois places; l'une était Goudelour, petit fort à quatre lieues de Pondicheri : la seconde saint David, citadelle bien plus considérable; la troisième Divicotey, qui se rendit à son aproche. Il était flateur pour lui d'avoir sous ses ordres, dans ses premières expéditions, un comte d'*Estaing*, descendant de ce d'*Estaing* qui sauva la vie à *Philippe Auguste* à la bataille de Bovine, & qui transmit à sa maison les armoiries des rois de France : un *Crillon* arrière petit fils de ce *Crillon* surnommé le brave, digne d'être aimé du grand *Henri IV* : un *Montmorenci*: un *Conflans*, dont la maison est si ancienne & si illustre : un la *Fare*, & plusieurs autres oficiers de la première qualité. Ce n'était pas l'usage qu'on fît servir des jeunes gens d'un grand nom dans l'Inde. Il est vrai qu'il eût fallu avec eux plus de troupes & plus d'argent. Cependant le comte d'*Estaing* avait pris Goudelour en un jour; & le lendemain le général, suivi de cette florissante jeunesse, était allé mettre le siége devant l'importante place de saint David.

Il n'y avait pas un moment de perdu chez les deux nations rivales pendant que le comte d'*Eſtaing* prenait Goudelour, une flotte angloiſe, commandée par l'amiral *Pokok*, attaquait celle du comte d'*Aché*, à la rade de Pondicheri. Des hommes bleſſés ou tués, des mâts briſés, des voiles déchirées, des agrêts rompus furent tout l'éfet de cette bataille indéciſe. Les deux flottes endommagées reſtèrent dans ces parages également hors d'état de ſe nuire. La françaiſe était la plus mal traitée: elle n'avait que quarante morts; mais cinq-cents hommes étaient bleſſés: le comte d'*Aché* & ſon capitaine l'étaient auſſi; & après la bataille on eut encor le malheur de perdre un vaiſſeau de ſoixante & quatorze canons qui échoua ſur la côte. Mais une preuve évidente que l'amiral françaîs (*n*) partagea avec l'amiral anglais l'honneur de la journée, c'eſt que l'Anglais ne tenta point de jetter du ſecours dans le fort ſaint David aſſiégé.

Bataille navale entre l'amiral Pocok & l'amiral Daché 29 Avril 1758.

Tout s'opoſait dans Pondicheri à l'entrepriſe du général. Rien n'était prêt pour le ſeconder. Il demandait des bombes, des mortiers, des outils de toute eſpèce; on n'en avait point. Le ſiége traînait en longueur; on commençait à craindre l'afront de l'abandonner; l'argent même manquait. Les deux millions aportés ſur la flotte, &

(*n*) Nous donnons le nom d'amiral au chef d'eſcadre parce que c'eſt le titre des chefs d'eſcadre anglais. Le grand amiral eſt en Angleterre ce qu'eſt l'amiral en France.

remis au tréfor de la compagnie étaient déja confommés; le confeil marchand de Pondicheri avait cru néceffaire de payer des dettes preffantes pour ranimer un crédit expiré: il avait mandé à Paris que fi on ne le fecourait pas de dix millions, tout était perdu. Le gouverneur de Pondicheri, pour l'adminiftration marchande, fucceffeur de *Godeheu*, écrivait au général le 24 May ce billet qu'il reçut à la tranchée.

[1758.]

„ Mes reffources font épuifées, & nous
„ n'avons plus rien à attendre que d'un fuc-
„ cès. Où en trouverais-je de fufifantes
„ dans un pays ruiné par quinze ans de
„ guerres, pour fournir aux dépenfes de
„ votre armée, & aux befoins d'une efca-
„ dre, par laquelle nous attendions bien
„ des efpèces de fecours, & qui fe trouve
„ au contraire dénuée de tout"?

Ce feul billet explique la caufe de tous les défaftres qu'on avait éprouvés, & de tous ceux qui fuivirent. Plus la difette de toutes les chofes néceffaires fe faifait fentir dans la ville, plus on blamait le général d'avoir entrepris le fiége de faint David.

13 Juin 1758.

Malgré tant de traverfes & tant d'obftacles, le général força le commandant anglais à fe rendre. On trouva dans faint David cent-quatre-vingt canons, des provifions de toute efpèce, dont on manquait à Pondicheri, & de l'argent dont on manquait encor davantage. Il y avait trois-cents-mille livres en efpèces, & autant en éfets qui furent remis au tréforier de la compagnie. Nous ne fpécifions ici que les faits dont tous les partis conviennent.

Le comte de *Lalli* fit démolir cette forte‑reffe & toutes les métairies voifines. C'était un ordre du miniftère: ordre dangereux qui attira bientôt de triftes repréfailles. Le fort faint David pris, le général difpofa tout fur le champ pour la conquête de Madras. Il écrivit à monfieur de *Buffy*, qui était alors au fond du Décan: " Dès que je ferai
" maître de Madras, je me porte fur le
" Gange foit par terre foit par mer. Ma
" politique eft dans ces cinq mots: *plus*
" *d'Anglais dans la péninfule* ". Son ar‑deur ne put alors être fatisfaite; la flotte n'était pas en état de le feconder. Elle ve‑nait d'effuyer un fecond combat naval, à la vue de Pondicheri plus défavantageux encor que le premier. Le comte d'*Aché* y avait reçu deux bleffures; & dans ce com‑bat meurtrier, il avait foutenu avec cinq vaiffeaux délabrés les éforts d'une armée navale deux fois plus forte que la fienne. Il demande après ce combat au confeil de la ville, mâtures, vivres, agrèts, ouvriers. Il n'obtient rien. Le général de mer n'eft pas plus fecouru par cette compagnie épuifée que le général de terre. Il va chercher à l'ifle de France vis-à-vis les côtes d'Afrique ce qu'il ne peut trouver dans l'Afie.

A l'entrée de la côte de Coromandel eft une affez belle province qu'on nomme Tan‑

2e. Juillet 1758. Lalli met ce combat le 3e. Août ou Augufte dans fes mémoi‑res. C'eft une mé‑prife.

jaour. Le raïa de ce pays, à qui les Français & les Anglais donnaient le nom de roi, était un prince très-riche. La compagnie prétendait que ce prince lui devait environ treize millions de France.

Le gouverneur de Pondicheri pour la compagnie exigea du général qu'il allât redemander cet argent, l'épée à la main. Un jésuite français, nommé *Lavaur*, supérieur de la mission des Indes, lui disait & lui écrivait *que la providence bénissait ce projet d'une manière sensible*. Nous serons obligés de parler encor de ce jésuite qui a joué un grand & funeste rôle dans toutes ces avantures. Il sufit de dire à présent que le général, dans sa route, passa sur les terres d'un autre petit prince, dont les neveux avaient ofert depuis peu à la compagnie quatre laks de roupies, environ un million, pour avoir le petit état de leur oncle, & le chasser du pays. Le jésuite exhorta vivement le comte de *Lalli* à cette bonne œuvre. Voici mot pour mot une de ses lettres. " La loi des successions dans ce pays-ci est la loi du plus fort. Il ne faut pas regarder l'expulsion d'un prince sur le même pié qu'on la regarderait en Europe ".

Il lui disait dans une autre lettre " il ne faut pas travailler pour la seule gloire des armes de la majesté. A bon entendeur, demi mot ". Ces traits font connaître l'esprit du pays & celui du jésuite.

Le prince de Tanjaour eut recours aux

[marginal note: Conduite, lettres, discours du jésuite Lavaur.]

Anglais de Madras. Ils se disposèrent à faire une diversion; il eut le tems de faire entrer d'autres troupes auxiliaires dans sa ville capitale menacée d'un siége. La petite armée française ne reçut de Pondicheri ni les vivres, ni les munitions nécessaires; on fut forcé d'abandonner cette entreprise; la Providence ne la bénissait pas autant que le jésuite le prétendait. La compagnie n'eut ni l'argent du prince, ni celui des deux neveux qui voulaient déposséder leur oncle.

Comme on préparait la retraite, un négre du pays, commandant d'une troupe de cavaliers négres dans le Tanjaour vint se présenter à la garde avancée du camp des Français, suivi de cinquante cavaliers; il dit qu'il voulait parler au général & prendre parti à son service. Le comte qui était au lit, sortit de sa tente presque nud, tenant un bâton d'épine à la main. Le capitaine négre lui porte sur le champ un coup de sabre qu'à peine il put parer: les autres cavaliers négres fondent sur lui. La garde du général accourut dans l'instant même; on tua presque tous ces assassins. Ce fut l'unique fruit de cette expédition du Tanjaour.

Danger singulier du général Lalli

ARTICLE QUATORZIEME.

Le comte Lalli *assiége Madras. Commencement de ses malheurs.*

ENfin, après des courses & des tentatives inutiles dans cette partie de l'Inde, malgré l'éloignement de la flotte française, conduite par le comte d'*Aché* aux isles de Bourbon & de France, qu'on croyait menacées par les Anglais, le général reprit son projet favori d'assiéger Madras.

Vous avez trop peu d'argent & de vivres, lui disait-on : il répondait nous en prendrons dans la ville. Quelques membres du conseil de Pondicheri prêtèrent trente-quatre-mille roupies, environ quatre-vingt-deux-mille livres. Les fermiers des villages (*o*), ou aldées, de la compagnie avancèrent quelque argent. Le général y mit du sien. On fit des marches forcées; on arriva devant cette ville qui ne s'y attendait pas.

Madras comme on sait est partagée en

(*o*) Aldée est un mot arabe conservé en Espagne. Les Arabes qui allèrent dans l'Inde y introduisirent plusieurs termes de leur langue. Une étimologie bien avérée sert quelquefois à prouver les émigrations des peuples.

deux parties fort diférentes l'une de l'autre; la première, où eſt le fort ſaint George était très-bien fortifiée; depuis l'expédition de *la Bourdonnaye*. La ſeconde beaucoup plus grande eſt peuplée de négocians de toutes les nations. On l'apelle la ville-noire, parce qu'en éfet les noirs y ſont les plus nombreux. Le grand eſpace qu'elle ocupe n'a pas permis qu'on la fortifiât; une muraille & un foſſé faiſaient ſa défenſe. Cette grande ville très-riche fut ſurpriſe & pillée. Madras pris le 13 Décemb. 1758.

On imagine aſſez tous les excès, toutes les barbaries où s'emporte alors le ſoldat, qui n'a plus de frein, & qui regarde comme ſon droit inconteſtable le meurtre, le viol, l'incendie, la rapine. Les oficiers les continrent autant qu'ils le purent: mais ce qui les arrêta le plus, c'eſt qu'à peine étaient-ils entrés dans cette ville baſſe qu'il fallut s'y défendre. La garniſon de Madras tomba ſur eux; on ſe battit de rue en rue; maiſons, jardins, temples chrétiens, indiens, & maures, furent autant de champ de batailles, où les aſſaillans, chargés de butin, combataient en déſordre ceux qui venaient leur arracher leur proye. Le comte *d'Eſtaing* accourut le premier contre une troupe angloiſe qui marchait dans la grande rue. Le bataillon de Lorraine, qu'il commandait, n'était pas encor raſſemblé; il combattait preſque ſeul, & fut fait priſonnier: malheur qui lui en attira de plus grands; car étant depuis pris par les An- Comte d'Eſtaing pris en pourſuivant les Anglais.

glais fur mer, & tranfporté en Angleterre, il fut plongé à Portfmouth dans une prifon afreufe : traitement indigne de fon nom, de fon courage, de nos mœurs, & de la générofité anglaife.

La prife du comte d'*Eftaing*, au commencement du combat, pouvait entraîner la perte de la petite armée, qui, après avoir furpris la ville-noire était furprife à fon tour. Le général, accompagné de toute cette nobleffe françaife dont nous avons parlé, rétablit l'ordre. On pouffa les Anglais jufqu'à un pont établi entre le fort faint George & la ville-noire. Le chevalier de *Crillon* courut à ce pont, où il tua cinquante Anglais ; on y fit trente-trois prifonniers ; on refta maître de la ville.

L'efpérance de prendre bientôt le fort faint George, ainfi que l'avait pris *la Bourdonnaye* anima tous les oficiers, & ce qui eft fingulier, cinq ou fix-mille habitans de Pondicheri acoururent à cette expédition par curiofité, comme on va à une fête. Les affiégeans n'étaient compofés que de deux-mille fept-cents Européans d'infanterie, & de trois cents cavaliers. Ils n'avaient que dix mortiers & vingt-canons. La ville était défendue par feize-cents Européans, & deux-mille cinq-cents Cipayes. Ainfi les affiégés étaient plus fort d'onze-cents hommes. Il eft reçu dans la tactique qu'il faut d'ordinaire cinq affiégeans contre un affiégé. Les exemples d'une prife de ville par un nombre égal au nombre qui la défend font très rares : réussir sans provisions est plus rare encore.

Ce qu'il y eut de plus triste, c'est que deux-cents déserteurs français passèrent dans le fort saint George. Il n'est point d'armées, où la désertion soit plus fréquente que dans les armées françaises, soit inquiétude naturelle de la nation, soit espérance d'être mieux traité ailleurs. Ces déserteurs paraissaient quelquefois sur les remparts tenant une bouteille de vin dans une main, & une bourse dans l'autre ; ils exhortaient leurs compatriotes à les imiter. On voyait pour la premiere fois la dixième partie d'une armée assiégeante réfugiée dans la ville assiégée.

Le siége de Madras, entrepris avec allégresse, fut bientôt regardé comme impraticable par tout le monde. Monsieur *Pigot* mandataire de la compagnie anglaise, & gouverneur de la ville, promit cinquante mille roupies à la garnison si elle se défendait bien, & il tint parole. Celui qui récompense ainsi, est mieux servi que celui qui n'a point d'argent. Le comte de *Lalli* n'eut d'autre ressource que de tenter un assaut. Mais, dans le tems même qu'on se préparait à une action si audacieuse, il parut dans le port de Madras six vaisseaux de guerre, détachés de la flotte anglaise, qui était alors vers Bombay. Ces vaisseaux aportaient des renforts d'hommes & de munitions. A leur vue, l'oficier, qui commandait la tranchée, la quitta. Il fallut lever le fiége en hâte, & aller défendre Pondicheri, que les Anglais pouvaient attaquer plus aifément encor que l'on n'avait attaqué Madras.

Siége du fort faint George levé le 17 Février 1759.

Il ne s'agiffait plus alors d'aller faire des conquêtes auprès du Gange. *Lalli* ramena fa petite armée diminuée & découragée, dans Pondicheri plus découragé encore. Il n'y trouva que des ennemis de fa perfonne qui lui firent plus de mal que les Anglais ne lui en pouvaient faire. Prefque tout le confeil & tous les employés de la compagnie, irrités contre lui, infultaient à fon malheur. Il s'était attiré leur haine par des reproches durs & violens, par des lettres injurieufes que lui dictait le dépit de n'être pas affez fecondé dans fes entreprifes. Ce n'eft pas qu'il ne fut très bien que tout commandant, qui n'a qu'une autorité limitée, doit ménager un confeil qui la partage; que s'il fait des actions de vigueur, il doit avoir des paroles de douceur. Mais les contradictions continuelles l'aigriffaient, & la place même qu'il occupait lui attirait la mauvaife volonté de prefque toute une colonie, qu'il était venu défendre.

Déchainement contre le général.

On eft toujours ulcéré, fans même qu'on s'en aperçoive, de fe voir fous les ordres d'un étranger. L'aliénation des efprits augmentait, par les inftructions mêmes envoyées de la cour au général. Il avait ordre de veiller sur la conduite du conseil; les directeurs de la compagnie des Indes à Paris lui avaient donné des nottes sur les abus inséparables d'une administration si éloignée. Eut-il été le plus doux des hommes il aurait été haï. Sa lettre écrite le 14 Février à monsieur de *Leirit* gouverneur de Pondicheri avant la levée du siége, rendait cette haine implacable. La lettre finissait par ces mots. *J'irais plutôt commander les Caffres de Madagascar que de rester dans vôtre Sodome, qu'il n'est pas possible que le feu des Anglais ne détruise tôt ou tard au défaut de celui du ciel.*

Le mauvais succès de Madras envénima toutes ces playes. On ne lui pardonna point d'avoir été malheureux; & de son côté il ne pardonna point à ceux qui le haïssaient. Des oficiers joignirent bientôt leurs voix à ce cri général; surtout ceux du bataillon de l'Inde, troupe apartenante à la compagnie, furent les plus aigris. Ils furent malheureusement ce que portait l'instruction du ministère. *Vous aurez l'attention de ne confier aucune expédition aux seules troupes de la compagnie. Il est à craindre que l'esprit d'insubordination, d'indiscipline & de cupidité leur fasse commettre des fautes, & il est de la sagesse de les prévenir pour n'avoir pas à les punir.* Tout concourut donc à rendre le général odieux sans le faire respecter.

Avant d'aller à Madras, toujours rempli

du projet de chasser les Anglais de l'Inde, mais manquant de tout ce qui était nécessaire pour de si grands éforts, il pria le brigadier de *Bussy* de lui prêter cinq millions dont il serait la seule caution. Monsieur de *Bussy* en homme sage ne jugea point à propos de hazarder une somme si forte, payable sur des conquêtes si incertaines; il prévit qu'une lettre de change signée *Lalli* remboursable dans Madras ou dans Calcuta ne serait jamais acceptée par les Anglais. Il est des circonstances où si vous prêtez votre argent vous vous faites un ennemi secret; refusez-le, vous avez un ennemi ouvert. L'indiscrétion de la demande, & la nécessité du refus, firent naître entre le général & le brigadier une aversion qui dégénéra en une haine irréconciliable, & qui ne servit pas à rétablir les afaires de la colonie. Plusieurs autres oficiers se plaignirent amèrement. On se déchaîna contre le général, on l'acabla de reproches, de lettres anonimes, de satires. Il en tomba malade de chagrin : quelque tems après la fièvre & de fréquens transports au cerveau le troublèrent pendant quatre mois; & pour consolation, on lui insultait encore.

ARTICLE QUINZIEME.

Malheurs nouveaux de la compagnie des Indes.

Dans cet état, non moins triste que celui de Pondicheri, le général formait de nouveaux projets de campagne. Il envoya au secours de l'établissement très considérable de Mazulipatan à soixante lieues au nord de Madras, monsieur de *Moracin*, oficier dans le civil & dans le militaire, homme de tête & de résolution, capable d'afronter la flotte anglaise, maîtresse de la mer, & de lui échaper. *Moracin* était un de ses ennemis les plus déclarés & les plus ardens. Le général était réduit à ne pouvoir guères en employer d'autres. Cet oficier, membre du conseil, partit avec cinq-cents hommes, tant cipayes que matelots; mais Mazulipatan était déjà pris (*p*). *Moracin* alla, quatre-vingt lieues plus loin, sur un vaisseau qui lui apartenait, faire la guerre

---

(*p*) Nous nous gardons bien d'entrer dans tous les petits détails des querelles entre messieurs de *Lalli* & de *Moracin*, entre messieurs de *Moracin* & de *Leirit*, entre tant de plaintes réciproques. S'il fallait détailler toutes ces misères de tant d'Européans transplantés dans l'Inde, on ferait un livre beaucoup plus gros que l'encyclopédie. On ne saurait trop étendre les sciences, & resserrer le tableau des faiblesses humaines.

à un raïa qui devait de l'argent à la compagnie : il perdit quatre-cents hommes & son argent.

Quels étaient donc ces princes, à qui un particulier d'Europe venait redemander quelques milliers de roupies à main armée ?

Un autre exemple bien plus étrange du gouvernement indien mérite plus d'attention.

Pondicheri & Madras font, comme on l'a déja dit, sur la côte de la grande nababie de Carnate, que les Européans apellent toujours un royaume. Le parti anglais, avec cinq ou six-cents hommes de sa nation tout au plus ; & le parti français avec le même nombre de la sienne protégeaient depuis longtems chacun son nabab ; & c'était toujours à qui ferait un souverain.

Le chevalier de *Soupire*, maréchal de camp, était depuis longtems dans cette province d'Arcate avec quelques soldats français, quelques noirs & quelques cipayes mal armés & mal payés. Le chevalier de *Soupire* se plaignait aussi qu'ils ne fussent point vétus ; mais ce n'est pas un grand mal dans la zône-torride. Il y a dans cette province un poste qu'on dit de la plus grande importance : c'est la forteresse de Vandavachi, qui couvrait les établissemens des Français. Vandavachi est situé dans une petite isle formée par des rivières. La colonie française était encor maîtresse de cette place : les Anglais vinrent l'ataquer : le chevalier de *Soupire*

pire les repoussa dans un combat assez vif : c'était du moins éloigner la ruine prochaine. Septemb. 1759.

Une chose qu'on ne voit guères que dans ce pays-là, c'est que les deux nabab, pour lesquels on combattait, étaient chacun à cent lieues du champ de bataille. Pondicheri respirait un peu après ce petit succès. Mais l'armée navale du comte *d'Aché* ayant reparu sur la côte, elle fut encor attaquée par l'amiral *Pocok* & plus mal traitée dans cette troisième bataille que dans les premières ; car un de ses grands vaisseaux de guerre prit feu & la mâture fut brûlée ; quatre vaisseaux de la compagnie s'enfuirent. Cependant l'amiral français échapa à l'amiral anglais, qui, malgré la supériorité du nombre & de la marine, ne put prendre aucun de ses vaisseaux.

Troisième bataille navale. Flotte française encor maltraitée Sept. 1759.

Le comte *d'Aché* alors voulut repartir pour les isles de Bourbon & de France qui étaient toujours menacées. Il fallait combattre sur toutes les mers pour les intérêts du commerce. Le conseil de Pondicheri protesta contre le départ de l'amiral, & le rendit responsable de la ruine de la compagnie, comme si cet oficier commandait aux élémens & aux flottes anglaises. L'amiral laissa les marchands protester ; il leur donna le peu d'argent qu'il avait aporté, & débarqua environ huit-cents hommes ; aussitôt il alla se radouber à l'isle de France. Pondicheri sans munitions, sans vivres, resta dans la discorde & dans la consternation.

16 Sept. 1759.

Fragm. sur l'Inde. G

Le passé, le présent & l'avenir étaient éfrayans.

Révolte des troupes. Octobre 1759.

Les troupes qui couvraient Pondicheri se révoltèrent. Ce ne fut point une de ces séditions tumultueuses qui commencent sans raison & qui finissent de même. La nécessité sembla les plonger dans ce parti, le seul qui leur restait pour être payés & pour avoir de quoi subsister. Donnez nous, disaient-elles, du pain & notre solde; ou nous allons en demander aux Anglais. Les soldats en corps écrivirent au général qu'ils attendraient quatre jours; mais qu'au bout de ce tems, toutes leurs ressources étant épuisées, ils passeraient à Madras.

On a prétendu que cette révolte avait été fomentée par un jésuite missionnaire nommé saint *Estevan*, jaloux de son supérieur le père *Lavaur*, qui de son côté trahissait le général autant que le missionnaire saint *Estevan* les trahissait tous deux. Cette conduite ne s'acorde pas avec ce zèle pur qui éclate dans les *lettres édifiantes*, & avec la foule de miracles dont le Seigneur a récompensé ce zèle.

Quoiqu'il en soit, il fallut trouver de l'argent: on n'apaise point les séditions dans l'Inde avec des paroles. Le directeur de la monnaye, nommé *Boyelau*, donna le peu qui lui restait de matiere d'or & d'argent. Le chevalier de *Crillon* prêta quatre mille roupies, monsieur de *Gadeville* autant. Monsieur de *Lalli*, qui avait heureusement cinquante mille francs chez lui, les donna, & engagea même le jésuite *Lavaur*, son ennemi secret, à prêter trente-six-mille livres de l'argent qu'il réservait pour son usage, ou pour ses missions, le tout remboursable par la compagnie, si elle était en état de le faire. On devait aux troupes dix mois de paye, & cette paye était forte : elle montait à plus d'un écu par jour pour chaque cavalier, & à treize sous pour les soldats. Nous savons combien ces détails sont petits ; mais nous sentons qu'ils sont nécessaires.

La révolte ne fut apaisée qu'au bout de sept jours ; la bonne volonté du soldat en fut afaiblie. Les Anglais revinrent à ce lieu fatal de Vandavachi : ils livrèrent dans cet endroit une seconde bataille qu'ils gagnèrent complettement. Monsieur de *Buſſy*, l'homme le plus nécessaire à la colonie & à l'armée, y fut fait prisonnier : tout fut désespéré alors. *22 Janv. 1760.*

Après cette défaite, la cavalerie se révolta encore, & voulut passer aux Anglais, aimant mieux servir les vainqueurs, dont elle était sûre d'être bien payée, que les vaincus qui lui devaient encor une grande partie de sa solde. Le général la ramena une seconde fois avec son argent ; mais il ne put empêcher que plusieurs cavaliers ne désertassent (*q*). *Autre révolte.*

―――――――――

(*q*) Quelle est donc cette fureur de désertion ? L'a-

Les défastres se suivirent rapidement pendant une année entière. La colonie perdit tous ses postes; les troupes noires, les Cipayes, les Européans désertaient en foule. On avait eu recours à ces Marates, que chaque parti employe tour à tour dans tout le mogol: nous les avons comparés aux Suisses; mais s'ils vendent comme eux leurs services, & s'ils ont quelque chose de leur valeur, ils n'en ont pas la fidélité.

Les missionnaires se mêlent de tout dans

---

mour de la patrie se perd-il à mesure qu'on s'éloigne d'elle? Le soldat, qui tirait hier sur les ennemis, tire demain sur ses compatriotes. Il s'est fait un nouveau devoir de tuer d'autres hommes, ou d'être tué par eux. Mais pourquoi y avait-il tant de Suisses dans les troupes anglaises, & pas un dans les troupes de France? pourquoi parmi ces Suisses, unis à la France par tant de traités, s'est-il trouvé tant d'oficiers & de soldats qui ont servi les Anglais contre cette même France en Amérique & en Asie.

D'où vient enfin qu'en Europe, pendant la paix même, des milliers de Français ont quitté leurs drapeaux pour toucher la même paye de l'étranger? les Allemands désertent aussi, les Espagnols rarement, les Anglais presque jamais. Il est inouï qu'un Turc & un Russe désertent.

Dans la retraite des dix-mille, au milieu des plus grands dangers & des fatigues les plus décourageantes, aucun Grec ne déserta. Ils n'étaient pourtant que des mercénaires, oficiers & soldats, qui s'étaient vendus pour un peu d'argent au jeune *Cyrus*, à un rebelle, à un usurpateur. C'est au lecteur, & surtout au militaire éclairé, de trouver la cause & le remède de cette maladie contagieuse, plus commune aux Français qu'aux autres nations depuis plusieurs années, en paix & en guerre.

cette partie de l'Inde: un d'eux, qui était Portugais & décoré du titre d'évêque d'Halicarnasse, avait amené deux mille Marates. Ils ne combattirent point à la journée de Vandavachi; mais pour faire quelque exploit de guerre, ils pillèrent tous les villages apartenants encor à la France, & partagèrent le butin avec l'évêque (*r*).

Nous ne prétendons pas faire un journal de toutes les minuties du brigandage, & détailler les malheurs particuliers qui précédèrent la prise de Pondicheri & le malheur général. Quand une peste a détruit une peuplade, à quoi bon fatiguer les vivans du récit de tous les symptomes qui ont emporté tant de morts? il nous sufira de dire que le général *Lalli* se retira dans Pondicheri, & que les Anglais bloquèrent bientôt cette capitale.

C'est ce que monsieur de Bussy raporte dans son mémoire pag. 98. & 184.

(*r*) Un évêque latin de la ville grecque d'Halicarnasse qui apartient aux Turcs! un évêque d'Halicarnasse qui prêche & qui pille! & qu'on dise, après cela, que ce monde ne se gouverne pas par des contradictions. Cet homme s'apellait *Norogna*, c'était un cordelier de Goa qui s'était enfui à Rome, où il avait obtenu un titre d'évêque missionnaire. Monsieur de *Lalli* lui disait quelquefois, *mon cher prélat, comment as-tu fait pour n'être pas brûlé ou pendu?*

ARTICLE SEIZIEME.

Avanture extraordinaire dans Surate. Les Anglais y dominent.

PEndant que la colonie française était dans le trouble & dans la détresse, les Anglais donnèrent dans l'Inde, à cinq-cents lieues de Pondicheri, un exemple qui tint toute l'Asie attentive.

Surate, ou Surat, au fond du golfe de Cambaye, était, depuis Tamerlan, le grand marché de l'Inde, de la Perse, & de la Tartarie. Les Chinois même y avaient envoyé souvent des marchandises. Elle conservait encor un très-grand lustre, habitée principalement par des Arméniens & par des juifs, courtiers de toutes les nations, & chaque nation y avait son comptoir. C'était là que se rendaient tous les sujets mahométans du grand mogol qui voulaient faire le pélerinage de la Mecque. Un seul grand vaisseau que l'empereur entretenait à l'embouchure de la rivière qui passe à Surate, transportait de là les pélerins à la mer rouge. Ce vaisseau & les autres petits navires indiens étaient sous les ordres d'un Caffre, qui avait amené une colonie de Caffres à Surate.

Cet étranger mourut, & son fils obtint

sa place. Deux Caffres, amiraux du grand mogol l'un après l'autre, sans qu'on ait pu savoir de quelle côte d'Afrique étaient ces hommes! rien ne démontre mieux combien le mogol était mal gouverné, & par conséquent malheureux. Le fils exerçait un empire tyrannique dans Surate. Le gouverneur ne pouvait lui résister. Tous les marchands gémissaient sous les redoublemens continuels de ses extorsions. Il rançonnait tous les pélerins de la Mecque. Telle était la faiblesse du grand mogol *Allumgi* dans toutes les parties de l'administration, & c'est ainsi que les empires périssent.

Enfin les pélerins de la Mecque, les Arméniens, les juifs, tous les habitans se réunirent pour demander aux Anglais leur protection contre un Caffre que le successeur de Tamerlan n'osait punir. L'amiral *Pokok* qui était alors à Bombai envoya deux vaisseaux de guerre à Surate. Ce secours sufit avec les troupes commandées par le capitaine *Maitland*, qui marcha à la tête de huit cents Anglais & de quinze cents Cipayes.

L'amiral & son parti se retranchèrent dans les jardins du comptoir français, au delà d'une porte de la ville. Il était naturel que les Anglais le poursuivant, les Français lui donnassent un azyle.

On canona, on bombarda cette retraite. Il y avait plusieurs factions dans Surate; & il était à craindre qu'une de ces factions n'apellât les Marates qui sont toujours prêts à profiter des divisions de l'empire. Enfin on s'acommoda, on se réunit avec les Anglais; les portes du château leur furent ouvertes. Le comptoir de France dans la ville ne fut pas garanti du pillage, mais aucun des employés ne fut tué, & la journée ne coûta la vie qu'à cent personnes du parti de l'amiral, & à vingt soldats du capitaine *Maitland*.

<small>Mars 1759.</small>

Les Caffres se retirèrent où ils purent. S'il était rare qu'un homme de cette nation eut été amiral de l'empire, il y eut une chose plus rare encore, c'est que l'empereur donna le titre & les apointemens d'amiral à la compagnie anglaise. Cette place valait trois laks de roupies & quelques droits. Le tout montait à huit cents mille francs par an. La facilité d'attirer à elle tout le commerce de Surate lui valait vingt fois d'avantage.

Cette avanutre étrange semblait afermir la puissance & l'élévation des Anglais dans l'Inde, du moins pour un très-longtems; & la compagnie de Pondicheri descendait à grands pas vers sa destruction.

ARTICLE DIX-SEPTIEME.

Prise & destruction de Pondicheri.

PEndant que l'armée anglaise s'avançait vers l'occident, & qu'une nouvelle flotte menaçait la ville à l'orient, le comte de *Lalli* avait peu de soldats. Il se servit d'une ruse assez ordinaire dans la guerre & dans la vie civile : c'est de paraître avoir plus qu'on n'a. Il commanda une parade sous les murs de la ville du côté de la mer. Il ordonna que tous les employés de la compagnie y parussent comme soldats en uniforme pour en imposer à la flotte ennemie, qui était à la rade. 20 Mars 1760.

Le conseil de Pondicheri & tous les employés vinrent lui déclarer qu'ils ne pouvaient obéir à cet ordre. Les employés dirent qu'ils ne reconnaissaient pour leur commandant que le gouverneur établi par la compagnie. Tout bourgeois d'ordinaire se croit avili d'être soldat; quoiqu'en éfet ce soyent les soldats qui donnent les empires. Mais la véritable raison est qu'on voulait contrarier en tout celui qui avait encouru la haine publique. Troisième révolte.

Ce fut la troisième révolte qu'il essuya en peu de jours. Il ne punit les chefs de la cabale qu'en les faisant sortir de la ville;

mais il les outragea par des paroles acablantes qui ne s'oublient jamais, & qui reviennent bien fortement au cœur, lorsqu'on peut s'en venger. De plus, le général défendit au conseil de s'assembler sans son ordre. L'animosité de cette compagnie fut aussi grande que celle des parlemens de France l'était alors contre les commandans qui leur aportaient des ordres sévères de la cour & souvent des ordres contradictoires. Il eut donc à combattre les citoyens & les ennemis.

La place manquait de vivres. Il fit rechercher dans toutes les maisons le peu de superflu qu'on y pourait trouver pour fournir aux troupes une subsistance nécessaire. Ceux qui furent chargés de ce triste détail n'en usèrent pas avec assez de discrétion chez des oficiers principaux, dont le nom & la personne méritaient les plus grands ménagemens. Les cœurs, déjà trop irrités, furent ulcérés au dernier point : on criait à la tyrannie. Monsieur *Dubois*, intendant de l'armée, qui remplit ce devoir, devint l'objet de l'exécration publique. Quand des ennemis vainqueurs ordonnent une telle recherche, personne n'ose murmurer ; mais lorsque le général l'ordonnait pour sauver la ville, tout s'élevait contre lui.

L'oficier était réduit à une demi-livre de riz par jour, le soldat à quatre onces. La ville n'avait plus que trois cents soldats noirs & sept cents français pressés par la faim, pour se défendre contre quatre mille soldats d'Europe & dix mille noirs. Il fallait bien se rendre. *Lalli* désespéré, agité de convulsions, l'esprit acablé & égaré, voulut renoncer au commandement, & en charger le brigadier de *Landivisiau*, qui se garda bien d'accepter un poste si délicat & si funeste. *Lalli* fut réduit à ordonner le malheur & la honte de la colonie. Au milieu de toutes ces crises, il recevait chaque jour des billets anonymes, qui le menaçaient du fer & du poison. Il se crut en éfet empoisonné; il tomba en épilepsie; & le missionnaire *Lavaur* alla dire dans toute la ville qu'il fallait prier Dieu pour ce pauvre irlandais qui était devenu fou.

Cependant le péril croissait: les troupes anglaises avaient abatu la malheureuse haye qui entourait la ville. Le général voulut assembler le conseil mixte du civil & du militaire qui tâcherait d'obtenir une capitulation suportable pour la ville & pour la colonie. Le conseil de Pondicheri ne répondit que par un refus. *Vous nous avez cassés*, disait-il: *nous ne sommes plus rien.* — *Je ne vous ai point cassés*, répondait le général: *je vous ai défendu de vous assembler sans ma permission; & je vous commande, au nom du roi, de vous assembler & de former un conseil mixte, qui cherche les moyens d'adoucir le sort de la colonie entière & le vôtre.* Le conseil répliqua par cette sommation qu'il lui fit signifier.

„ Nous vous fommons, au nom de tous
„ les ordres religieux, de tous les habi-
„ tans & au nôtre de demander dans l'inf-
„ tant une fufpenfion d'armes à monfieur
„ Cootes; (c'était le commandant anglais,)
„ & nous vous rendons refponfable envers
„ le roi de tous les malheurs que des dé-
„ lais hors de faifon pouraient occafionner ".

Le général affembla alors un confeil de guerre, compofé de tous les principaux oficiers qui faifaient encor le fervice, ils conclurent à fe rendre; mais ils diféraient fur les conditions. Le comte de *Lalli*, outré contre les Anglais, qui avaient, difait-il, violé en plus d'une occafion le cartel établi entre les deux nations, fit une déclaration particulière, dans laquelle il leur reprochait leurs infractions aux traités. Ce n'était pas une politique prudente de parler de leurs torts à des vainqueurs, & d'aigrir ceux qu'il fallait fléchir; mais tel était fon caractère. Après leur avoir expofé fes plaintes, il demandait qu'on laiffât un azile à la mère & aux fœurs d'un raïa, qui s'étaient réfugiées à Pondicheri, lorfque ce raïa eut été affaffiné dans le camp des Anglais mêmes. Il leur reprochait vivement, felon fa coutume, d'avoir foufert cette barbarie. Le colonel *Cootes* ne fit aucune réponfe à cette déclaration hardie. Le confeil de Pondicheri envoya de fon côté au commandant anglais des articles de capitulation rédigés par le jé-

Le jéfuite fuite *Lavaur*. Ce miffionnaire les porta lui-même. Cette démarche aurait été bonne au Paraguai, mais non pas avec des Anglais. Si *Lalli* les ofenfait en les acufant d'injuftice & de cruauté, on les ofenfait davantage en députant un jéfuite intrigant, pour négocier avec des guerriers victorieux. Le colonel ne daigna pas feulement lire les articles du jéfuite ; mais il donna les fiens. Les voici. {Lavaur propofe une capitulation.}

„ Le colonel *Cootes* veut que les Français fe rendent prifonniers de guerre, pour être traités comme il conviendra aux intérêts du roi fon maître. Il aura pour eux toute l'indulgence qu'exige l'humanité.

„ Il enverra demain matin, entre huit & neuf heures, les grenadiers de fon régiment prendre poffeffion de la porte Vilnour.

„ Après demain à la même heure, il prendra poffeffion de la porte faint Louis.

„ La mère & les fœurs du raïa feront efcortées à Madras. On aura tout le foin poffible d'elles, & on ne les livrera point à leurs ennemis. Fait à notre quartier général, près de Pondicheri, le 15 Janvier 1761."

Il fallut obéir aux ordres du colonel *Cootes*. Il entra dans la ville. La petite garnifon mit bas les armes. Le colonel ne dina point avec le général, contre lequel il était piqué, mais chez le gouverneur de la com- {16 Janv. 1761.}

pagnie, nommé monsieur *Duval de Leirit*, avec plusieurs membres du conseil.

Les Anglais entrent dans la ville. Monsieur *Pigot*, gouverneur de Madras pour la compagnie anglaise, réclama son droit sur Pondicheri : on ne put le lui disputer, parce que c'était lui qui payait les troupes. Ce fut lui qui régla tout, après la conquête. Le général *Lalli* était toujours très-malade ; il demanda à ce gouverneur anglais la permission de rester encor quatre jours à Pondicheri ; il fut refusé ; on lui signifia qu'il fallait partir le lendemain pour Madras.

Nous pouvons remarquer, comme une chose assez singulière, que *Pigot* était d'une origine française, comme *Lalli* d'une origine irlandaise ; l'un & l'autre combattait contre son ancienne patrie.

Lalli maltraité par les siens. Cette rigueur fut la plus légère que le général essuya. Les employés de la compagnie, les officiers de ses troupes, qu'il avait mortifiés sans ménagemens, se réunirent tous contre lui. Les employés surtout l'insultèrent jusqu'au moment de son départ, afichant contre lui des placards, jettant des pierres à ses fenêtres, l'apellant à grands cris traitre & scélerat. La troupe grossissait par les indiférens qui s'y joignaient & qui étaient bientôt échaufés de la fureur des autres. On l'atendit à la place par laquelle on devait le transporter, couché sur un palanquin, suivi au loin de quinze houzards anglais nommés pour l'escorter pendant sa route jusqu'à Madras. Le colonel *Cootes* lui avait permis de se faire accompagner de quatre de ses gardes jusqu'à la porte; les séditieux environnèrent son lit en le chargeant d'injures, & en le menaçant de le tuer. On eut cru voir des esclaves qui voulaient assommer de leurs fers un de leurs compagnons. Il continua sa marche au milieu d'eux, tenant de ses mains afaiblies deux pistolets. Ses gardes & les houzards anglais lui sauvèrent la vie.

Les séditieux s'en prirent à monsieur *Dubois*, ancien & brave oficier, âgé de soixante & dix ans, intendant de l'armée, qui passa un moment après. Cet intendant, l'homme du roi, fut assassiné; on le vola; on le dépouilla nud; on l'enterra dans un jardin: ses papiers furent saisis sur le champ dans sa maison, & on ne les a jamais revus.

L'intendant de l'armée assassiné.

Pendant que le général *Lalli* était conduit à Madras, des employés de la compagnie obtinrent à Pondicheri la permission d'ouvrir ses cofres, comptant y trouver des trésors en or, en diamans, en lettres de change: ils n'y trouvèrent qu'un peu de vaisselle, des hardes, des papiers inutiles, & ils n'en furent que plus acharnés.

Acablé de chagrins & de maladies, *Lalli* prisonnier dans Madras demanda vainement qu'on diférât son transport en Angleterre: il ne put obtenir cette grace. On le mena de force à bord d'un vaisseau marchand, dont le capitaine le traita inhumainement pen-

5e. Mars 1761.

dant toute la traversée. On ne lui donnait pour tout foulagement que du bouillon de porc. Ce patron anglais croyait devoir traiter ainfi un irlandais au fervice de France. Bientôt les oficiers, le confeil de Pondicheri & les principaux employés furent obligés de le fuivre; mais avant d'être transférés, ils eurent la douleur de voir commencer la démolition de toutes les fortifications qu'ils avaient faites à leur ville, la deftruction de leurs immenfes magazins, de leurs halles, de tout ce qui pouvait fervir au commerce, comme à la défenfe; & jufqu'à leurs propres maifons.

Monfieur *Dupré*, nommé gouverneur de Pondicheri par le confeil de Madras, preffait cette deftruction. C'était (à ce qu'on nous a mandé) le petit fils d'un de ces français que la rigueur de la révocation de l'édit de Nantes força de s'exiler de leur patrie & de fervir contre elle. *Louis XIV* ne s'attendait pas qu'au bout d'environ quatre-vingts ans la capitale de fa compagnie des Indes ferait détruite par un français.

Le jéfuite *Lavaur* eut beau lui écrire: ,, Monfieur, êtes-vous également preffé de ,, détruire la maifon où nous avons un autel ,, domeftique pour y continuer en cachette ,, l'exercice de notre religion "? &c.

Dupré fe fouciait fort peu que *Lavaur* dit la meffe *en cachette*: il lui répondit que le général *Lalli* avait razé faint David & n'avait donné que trois jours aux habitans
pour

pour transporter leurs éfets; que le gouverneur de Madras avait acordé trois mois aux habitans de Pondichéri; que les Anglais égalaient au moins les Français en générosité; mais qu'il fallait partir, & aller dire la messe ailleurs. Alors la ville fut impitoyablement razée, sans que les Français pussent avoir le droit de se plaindre.

13 Avril 1760.

ARTICLE DIX-HUITIEME.

Lalli & les autres prisonniers conduits en Angleterre relâchés sur leur parole. Procès criminel de Lalli.

LEs prisonniers continuèrent dans la route & en Angleterre leurs reproches mutuels que le désespoir aigrissait encore. Le général avait ses partisans, surtout parmi les oficiers du régiment de son nom: presque tous les autres étaient ses ennemis déclarés; chacun écrivait aux ministres de France; chacun acusait le parti oposé d'être la cause du désastre. Mais la véritable cause était la même que dans les autres parties du monde; la supériorité des flottes anglaises, l'opiniâtreté attentive de la nation, son crédit, son argent comptant, & cet esprit de patriotisme, qui est plus fort à la

Fragm. sur l'Inde. H

longue que l'esprit mercantile & que la cupidité des richesses.

Octobre 1761.

Le général *Lalli* obtint de l'amirauté d'Angleterre la permission de repasser en France sur sa parole. La plûpart de ses ennemis eurent la même grace: ils arrivèrent précédés de toutes les plaintes, des acusations formées de part & d'autre, & de mille écrits dont Paris était inondé. Les partisans de *Lalli* étaient en très petit nombre & ses adversaires innombrables.

Un conseil entier; deux cents employés sans ressources; les directeurs de la compagnie des Indes voyant leur grand établissement anéanti; les actionnaires tremblant pour leur fortune, des oficiers irrités, tous se déchaînaient avec d'autant plus d'animosité contre *Lalli*, qu'ils croyaient qu'en perdant Pondicheri, il avait gagné des millions. Les femmes, toujours moins modérées que les hommes dans leurs terreurs & dans leurs plaintes, criaient au traître, au concussionaire, au criminel de lézemajesté.

Le conseil de Pondicheri en corps présenta une requète contre lui au controlleur général. Il disait dans cette requète, *ce n'est point le desir de venger nos injures & notre ruine personnelle qui nous anime, c'est la force de la vérité, c'est le sentiment pur de nos consciences, c'est le cri général.*

Il paraissait pourtant que le sentiment pur des consciences était un peu corrompu par la douleur d'avoir tout perdu, par une haine perfonnelle, peut-être excufable, & par la foif de la vengeance qu'on ne peut excufer.

Un très-brave oficier de la nobleffe la plus antique, fort mal à propos outragé par le général, & même dans fon honneur, écrivait en termes beaucoup plus violens que le confeil de Pondicheri. *Voilà*, difait-il, *ce qu'un étranger fans nom, fans actions devers lui, fans naiffance, fans aucun titre, enfin, comblé cependant des honneurs de fon maître, prépare en général à toute cette colonie. Rien n'a été facré pour fes mains facrileges; ce chef les a portées jufqu'à l'autel en s'apropriant fix chandeliers d'argent & un crucifix que le général anglais lui a fait rendre à la follicitation du fupérieur des capucins &c. &c.*

Le général s'était attiré par fes fougues indifcreettes, & par fes reproches injuftes, une acufation fi cruelle: il eft vrai qu'il avait fait porter chez lui ces chandeliers & ce crucifix, mais fi publiquement qu'il n'était pas poffible qu'au milieu de tant de grands intérêts, il voulût s'emparer d'un objet fi mince. Auffi l'arrêt qui le condamna ne parle point de facrilege.

Le reproche d'une baffe naiffance était bien injufte: nous avons fes titres munis du grand fçeau du roi *Jaques*. Sa maifon était très-ancienne. On paffait donc les bornes avec lui comme il les avait paffées avec tant d'autres. Si quelque chofe doit infpirer aux hommes la modération, c'eft fans doute cette fatale avanture.

Le miniftre des finances devait naturellement protéger une compagnie de commerce dont la ruine femblait fi préjudiciable au royaume : il y eut un ordre fecret d'enfermer *Lalli* à la Baftille. Lui-mème ofrit de s'y rendre ; il écrivit au duc de *Choifeul : j'aporte ici ma tête & mon innocence. J'attends vos ordres.*

Le duc de *Choifeul*, miniftre de la guerre & des afaires étrangères, était généreux à l'excès, bienfaifant & jufte ; la hauteur de fon ame était égale à la grandeur de fes vues ; mais dans une afaire fi effentielle & fi compliquée il ne pouvait s'opofer aux clameurs de tout Paris, ni négliger la foule des imputations faites à l'acufé. *Lalli* fut enfermé à la Baftille dans la mème chambre où avait été *la Bourdonnaye*, & n'en fortit pas de mème.

Il s'agiffait d'abord de voir quels juges on lui donnerait. Un confeil de guerre femblait le tribunal le plus convenable ; mais on lui imputait des malverfations, des concuffions, des crimes de péculat dont les maréchaux de France ne font pas juges. Le comte de *Lalli* avait d'abord formé fes plaintes : ainfi fes adverfaires ne firent en quelque forte que récriminer. Ce procès était fi compliqué, il fallait faire venir tant de témoins, que le prifonnier refta quinze mois à la

Baſtille, ſans être interrogé, & ſans ſavoir devant quel tribunal il devait répondre. C'eſt là, diſaient quelques juriſconſultes, le triſte deſtin des citoyens d'un royaume célèbre par les armes & par les arts, mais qui manque encor de bonnes loix, ou plutôt chez qui les ſages loix anciennes ſont quelquefois oubliées.

Le jéſuite *Lavaur* était alors à Paris; il demandait au gouvernement une modique penſion de quatre-cents francs, pour aller prier Dieu le reſte de ſes jours au fond du Périgord où il était né. Il mourut, & on lui trouva douze-cents-cinquante mille livres dans ſa caſſette, en or, en diamans, en lettres de change. Cette avanture d'un ſupérieur des millions de l'orient, & la banqueroute de trois millions que fit en ce tems là le ſupérieur des millions de l'occident, nommé *la Valette*, excitèrent dans toute la France une indignation égale à celle qu'on inſpirait contre *Lalli*, & fut une des cauſes qui produiſirent enfin l'aboliſſement des jéſuites: mais en même tems la caſſette de *Lavaur* prépara la perte de *Lalli*. On trouva dans ce cofre deux mémoires, l'un en faveur du comte; l'autre, qui le chargeait de tous les crimes. Il devait faire uſage de l'un ou de l'autre de ces écrits, ſelon que les afaires tourneraient. De ce couteau tranchant à double lame, on porta au procureur-général celle qui bleſſait l'acuſé. Cet homme du roi fit ſa plainte au parlement

Le jéſuite Lavaur meurt. 1250000 liv. dans ſa caſſette.

contre le comte, de vexations, de concuſſions, de trahiſons, de crimes de lèze-majeſté. Le parlement renvoya l'afaire au châtelet en première inſtance. Et bientôt après des lettres patentes du roi renvoyèrent à la grand'-chambre & à la tournelle aſſemblées *la connaiſſance de tous les délits commis dans l'Inde, pour être le procès fait & parfait aux auteurs deſdits délits, ſelon la rigueur des ordonnances.* Le mot de juſtice conviendrait mieux peut-être que celui de rigueur.

Comme le procureur général avait inſéré dans ſa plainte les termes de crimes de haute trahiſon, de lèze-majeſté, on refuſa un conſeil à l'acuſé. Il n'eut pour ſa défenſe d'autre ſecours que lui-même. On lui permit d'écrire : il ſe ſervit de cette permiſſion pour ſon malheur. Ses écrits irritèrent encor ſes adverſaires & lui en firent de nouveaux. Il reprochait au comte d'*Aché* d'avoir été cauſe de la perte de l'Inde, en ne reſtant pas devant Pondicheri. Mais ce chef d'eſcadre avait des ordres précis de défendre les iſles de Bourbon & de France contre une invaſion dont elles étaient menacées. Il acuſait en lui un homme qui, ayant combattu trois fois contre la flotte anglaiſe, avait été bleſſé dans ces trois batailles. Il faiſait des reproches ſanglans au chevalier de *Soupire*, qui lui répondit, & qui dépoſa contre lui avec une modération auſſi eſtimable qu'elle eſt rare.

Enfin ſe rendant à lui-même le témoignage, qu'il avait toujours fait rigoureusement son devoir, il se livra avec la plume aux mêmes emportemens qu'il avait eus quelquefois dans ses discours. Si on lui eut donné un conseil, ses défenses auraient été plus circonspectes: mais il pensa toujours qu'il lui sufisait de se croire innocent. Il força sur-tout monsieur de *Bussy* à lui faire une réponse aussi mortifiante que bien écrite. Tous les hommes impartiaux virent avec douleur deux braves oficiers, tels que messieurs de *Lalli* & de *Bussy*, tous deux d'une valeur éprouvée, & qui avaient cent fois prodigué leur vie, afecter de se soupçonner l'un l'autre d'avoir manqué de courage. *Lalli* en avait trop en insultant tous ses adversaires dans ses mémoires. C'était se battre seul contre une armée; il n'était guères possible que cette multitude ne l'acablât pas; tant les discours de toute une ville font impression sur les juges lors même qu'ils croyent être en garde contre cette séduction.

ARTICLE DIX-NEUVIEME.

Fin du procès criminel contre Lalli. *Sa mort.*

Par une fatalité singulière, & qui ne se voit peut-être qu'en France, le ridicule se mêle presque toujours aux événemens funestes. C'était un très-grand ridicule en éfet de voir des hommes de paix, qui n'etaient jamais sortis de Paris que pour aller à leurs maisons de campagne interroger avec un gréfier des oficiers généraux de terre & de mer sur leurs opérations militaires.

Les membres du conseil marchand de Pondicheri, les actionnaires de Paris, les directeurs de la compagnie des Indes, les employés, les commis, leurs femmes, leurs parens, criaient aux juges & aux amis des juges contre le commandant d'une armée qui consistait à peine en mille soldats, & contre celui d'une flotte qui n'avait qu'un vaisseau de roi. Les actions étaient tombées, parce que le général était un traitre, & que l'amiral s'était allé radouber au lieu de livrer un quatrième combat naval ! On répétait les noms de Trichenapali, de Vandavachi, de Chétoupet. Les conseillers de la grand'-chambre achetaient de mauvaises cartes de l'Inde où ces places ne se trouvaient pas.

On faisait un crime à *Lalli* de ne s'être pas emparé de ce poste, nommé Chétoupet, avant d'aller à Madras. Tous les maréchaux de France assemblés auraient eu bien de la peine à décider de si loin si on devait assiéger Chétoupet ou non; & on portait cette question à la grand'-chambre! les acusations étaient si multipliées qu'il n'était pas possible que parmi tant de noms indiens un juge de Paris ne prit souvent une ville pour un homme, & un homme pour une ville.

Le général de terre acusait le général de mer d'être la première cause de la chûte des actions, tandis que lui-même était acusé par tout le conseil de Pondicheri d'être l'unique principe de tous les malheurs.

Le chef d'escadre fut assigné pour être ouï. On l'interrogeait, après serment de dire la vérité, pourquoi il avait mis le *Cap au sud*, au lieu de s'être *embossé* au nord-est entre *Alamparvé* & *Goudelour?* noms qu'aucun Parisien n'avait entendu prononcer auparavant.

A l'égard du général *Lalli*, on le chargeait d'avoir assiégé Goudelour, au lieu d'assiéger d'abord saint David; de n'avoir pas marché aussi-tôt à Madras; d'avoir évacué le poste de Chéringan; de n'avoir pas envoyé trois cents hommes de renfort noirs ou blancs à Mazulipatan; d'avoir capitulé à Pondicheri, & de n'avoir pas capitulé (*s*).

Il fut queſtion de ſavoir ſi monſieur de *Soupire*, maréchal de camp, avait continué ou non le ſervice militaire depuis la perte de Cangivaron; poſte aſſez inconnu à la Tournelle. Il eſt vrai qu'en interrogeant *Lalli* ſur de tels faits, on avait ſoin de lui dire que c'étaient des opérations militaires ſur leſquelles on n'inſiſtait pas. Mais on n'en tirait pas moins des inductions contre lui. A ces chefs d'acuſation que nous avons entre les mains en ſuccédaient d'autres ſur ſa conduite privée. On lui reprochait de s'etre mis en colère contre un conſeiller de Pondicheri, & d'avoir dit à ce conſeiller qui ſe vantait de donner ſon ſang pour la compagnie, avez-vous aſſez de ſang pour fournir du boudin aux troupes du roi qui manquent de pain? N°. 74.

On l'acuſait d'avoir dit des ſottiſes à un autre conſeiller . . . . N°. 87.

D'avoir condamné un perruquier qui avait brûlé de ſon fer chaud l'épaule d'une négreſſe, à recevoir un coup du même fer ſur

---

(*s*) Le maréchal *Keit* diſait à une impératrice de Ruſſie; madame, ſi vous envoyez en Allemagne un général traître & lâche, vous pouvez le faire pendre à ſon retour. Mais s'il n'eſt qu'incapable, tant pis pour vous, pourquoi l'avez-vous choiſi? c'eſt votre faute, il a fait ce qu'il a pu, vous lui devez encor des remerciemens.

son épaule. . . . . N°. 88.
De s'être enyvré quelquefois. N°. 104.
D'avoir fait chanter un capucin dans la rue. . . . . N°. 105.
D'avoir dit que Pondicheri ressemblait à un bordel, où les uns careſſaient les filles, & où les autres les voulaient jetter par les fenêtres. . . . . N°. 106.
D'avoir rendu quelques viſites à madame *Pigot* qui s'était échapée de chez ſon mari. . . . . N°. 108.
D'avoir fait donner du ris à ſes chevaux dans le tems qu'il n'avait point de chevaux. . . . . . . N°. 112.
D'avoir donné une fois aux ſoldats du punche fait avec du coco. N°. 131.
De s'être fait traiter d'un abcès au foye ſans que cet abcès eut crevé. Et ſi l'abcès eut crevé il en ſerait heureuſement mort. . . . . . N°. 147.

Ces griefs étaient mêlés d'acuſations plus importantes. La plus forte était d'avoir vendu Pondicheri aux Anglais ; & la preuve en était que pendant le blocus il avait fait tirer des fuſées ſans qu'on en ſût la raiſon, & qu'il avait fait la ronde la nuit tambour battant. N°. 144 & 145.

On voit aſſez que ces acuſations étaient intentées par des gens fâchés, & mauvais raiſonneurs. Leur énorme extravagance ſemblait devoir décréditer les autres imputations. Nous ne parlerons point ici de cent petites afaires d'argent qui forment un chaos plus aifé à débrouiller par un marchand que par un hiftorien. Ses défenfes nous ont paru très plaufibles, & nous renvoyons le lecteur à l'arrêt même qui ne le déclara pas concuffionaire.

Il y eut cent foixante chefs d'acufation contre lui, les cris du public en augmentaient encor le nombre & le poids : ce procès devenait très-férieux malgré fon extrême ridicule ; on aprochait de la cataftrophe.

Le célèbre d'*Aguesseau* a dit dans une de fes mercuriales, en adreffant la parole aux magiftrats en 1714. *Juftes par la droiture de vos intentions, êtes-vous toujours exemts de l'injuftice des préjugés ? Et n'eft-ce pas cette efpèce d'injuftice que nous pouvons apeller l'erreur de la vertu, & fi nous l'ofons dire, le crime des gens de bien ?*

Le terme de *crime* eft bien fort, un honnête homme ne commet point de crime ; mais il fait fouvent des fautes pernicieufes, & quel homme, quelle compagnie n'a pas commis de telles fautes ?

Le raporteur paffait pour un homme dur, préocupé & fanguinaire. S'il avait mérité ce reproche, dans toute fon étendue, le mot de *crime* alors n'aurait pas été peut-être trop violent. Il aimait la juftice ; mais il la voulait toujours rigoureufe, & enfuite il s'en repentait. Ses mains étaient encor teintes du sang d'un enfant (l'on peut donner ce nom à un jeune gentilhomme d'environ dix-sept ans ; coupable d'un excès dont l'âge l'aurait corrigé, & que six mois de prison auraient expié. C'était lui qui avait déterminé quinze juges contre dix à faire périr cette victime par la mort la plus afreuse, réservée aux paricides (*t*). Cette scène se passait chez un peuple réputé sociable, dans le tems même où le monstre de l'inquisition s'aprivoisait ailleurs, & où les anciennes loix des tems barbares s'adoucissaient dans les autres états. Tous les princes, tous les peuples de l'Europe eurent horreur de cet éfroyable assassinat juridique. Ce magistrat même en eut des remords ; mais il n'en fut pas moins impitoyable dans le procès du comte *Lalli*.

Quelques autres juges & lui étaient persuadés de la nécessité des suplices dans les afaires les plus graciables ; on eut dit que c'était un plaisir pour eux. Leur maxime était qu'il faut toujours en croire les délateurs plus que les acusés; & que s'il sufi-

―――――――――

(*t*) Cinq voix ont donc sufi pour condamner un enfant aux suplices acumulés de la torture ordinaire & extraordinaire, de la langue arrachée avec des tenailles, du poing coupé, & d'être jetté dans les flammes. Un enfant ! un petit fils d'un lieutenant général qui avait bien servi l'état ! & cet événement plus horrible que tout ce qu'on a jamais raporté ou inventé sur les Cannibales, s'est passé chez une nation qui passe pour éclairée & humaine.

fait de nier, il n'y aurait jamais de coupables. Ils oubliaient cette réponfe de l'empereur *Julien* le philofophe, qui avait lui-même rendu la juftice dans Paris: *s'il fufifait d'acufer, il n'y aurait jamais d'innocens.*

Il fallait lire & relire un tas énorme de papiers, mille écrits contradictoires d'opérations militaires faites dans des lieux dont la pofition & le nom étaient inconnus aux magiftrats; des faits dont il leur était impoffible de fe former une idée exacte, des incidens, des objections, des réponfes qui coupaient à tout moment le fil de l'afaire. Il n'eft pas poffible que chaque juge examine par lui-même toutes ces pièces; & quand on aurait la patience de les lire, combien peu font en état de démêler la vérité dans cette multitude de contradictions! on s'en repofe prefque toujours fur le raporteur dans les afaires compliquées; il dirige les opinions; on l'en croit fur fa parole; la vie & la mort, l'honneur & l'oprobre font dans fa main.

Un avocat général ayant lû toutes les pièces avec une attention infatigable fut pleinement convaincu que l'acufé devait être abfous. — C'était monfieur *Séguier*, de la même famille que ce chancelier qui fe fit un nom dans l'aurore des belles lettres, cultivées trop tard en France ainfi que tous les arts; homme d'ailleurs de beaucoup d'efprit, & plus éloquent encor que le raporteur dans un goût diférent. Il était fi persuadé de l'innocence du comte, qu'il s'en expliquait hautement devant les juges & dans tout Paris, monsieur *Pellot* ancien conseiller de grand'-chambre, le juge peut-être le plus apliqué & du plus grand sens, fut entièrement de l'avis de monsieur *Séguier*.

On a cru que l'ancien parlement, aigri par ses fréquentes querelles avec des oficiers généraux chargés de lui annoncer les ordres du roi; exilé plus d'une fois pour sa résistance, & résistant toujours; devenu enfin, sans presque le savoir, l'ennemi naturel de tout militaire élevé en dignité; pouvait gouter une secrette satisfaction en déployant son pouvoir sur un homme qui avait exercé un pouvoir souverain. Il humiliait en lui tous les commandans. On ne s'avoue pas ce sentiment caché au fond du cœur: mais ceux qui le soupçonnent peuvent ne se pas tromper.

Le vice-roi de l'Inde française fut, après plus de cinquante ans de services, condamné à la mort à l'âge de soixante & huit ans. 5e. May 1766.

Quand on lui prononça son arrêt, l'excès de son indignation fut égal à celui de sa surprise. Il s'emporta contre ses juges, ainsi qu'il s'était emporté contre ses acusateurs, & tenant à la main un compas qui lui avait servi à tracer des cartes géographiques dans sa prison, il s'en frapa vers le cœur: le coup ne pénétra pas assez pour lui ôter la vie. Réservé à la perdre sur l'échafaut, on le traina, par ordre du raporteur, dans un tombereau de boue, ayant dans la bouche un large baillon, qui débordant fur fes lèvres & défigurant fon vifage, formait un fpectacle afreux. Une curiofité cruelle attire toujours une foule de gens de tout état à un tel fpectacle. Plufieurs de fes ennemis fubalternes vinrent en jouir. On lui baillonait ainfi la bouche, de peur que fa voix ne s'élevât contre fes juges fur l'échafaut, & qu'étant fi vivement perfuadé de fon innocence, il n'en perfuadât le peuple. Ce tombereau, ce baillon foulevèrent les efprits de tout Paris; & la mort de l'infortuné ne les révolta pas.

6e. May 1766.

L'arrêt portait *que* Thomas Arthur Lalli *était condamné à être décapité, comme duement atteint & convaincu d'avoir trahi les intérêts du roi, de l'état & de la compagnie des Indes, d'abus d'autorité, vexations & exactions.*

On a déjà remarqué ailleurs que ces mots *trahir les intérêts* ne fignifient point une perfidie, une trahifon formelle, un crime de lèze-majefté, en un mot la vente de Pondicheri aux Anglais, dont on l'avait acufé. Trahir les intérêts de quelqu'un veut dire les mal ménager, les mal conduire. Il était évident que dans tout ce procès il n'y avait pas l'ombre de trahifon, ni de péculat. L'ennemi implacable des Anglais, qui les brava toujours, ne leur avait pas vendu la ville. S'il l'avait fait, on le faurait aujourd'hui. De plus, les Anglais n'auraient pas acheté
une

une ville qu'ils étaient sûrs de prendre. Enfin *Lalli* aurait joui à Londres du fruit de sa trahison, & ne fut pas venu chercher la mort en France parmi ses ennemis. A l'égard du péculat, comme il ne fut jamais chargé de l'argent du roi, ni de celui de la compagnie, on ne pouvait l'acuser de ce crime, qu'on dit trop commun.

Abus d'autorité, vexations, exactions, sont aussi des termes vagues & équivoques, à la faveur desquels il n'y a point de présidial qui ne pût condamner à mort un général d'armée, un maréchal de France. Il faut une loi précise & des preuves précises. Le général *Lalli* usa sans doute très-mal de son autorité, en outrageant de paroles tant de braves oficiers, en manquant toujours d'égards, de circonspection, de bienséance; mais, comme il n'y a point de loi qui dise: *Tout maréchal de France, tout général d'armée, qui sera un brutal, aura la tête tranchée;* plusieurs personnes impartiales pensèrent que c'était l'ancien parlement qui paraissait abuser de son autorité.

Le mot d'exaction est encor un terme qui n'a pas un sens bien déterminé. *Lalli* n'avait jamais imposé une contribution d'un denier ni sur les habitans de Pondichéri, ni sur le conseil. Il ne demanda même jamais au trésorier de ce conseil le payement de ses apointemens de général: il comptait les recevoir à Paris, & il n'y reçut que la mort.

Nous savons de science certaine (autant

Fragm. sur l'Inde. I

qu'il est permis de prononcer ce mot de *certaine*) que trois jours après sa mort, un homme très-respectable, ayant demandé à un des principaux juges sur quel délit avait porté l'arrêt : *il n'y a point de délit particulier*, répondit le juge en propres mots : *c'est sur l'ensemble de sa conduite qu'on a assis le jugement*. Cela était très-vrai ; mais cent incongruités dans la conduite d'un homme en place, cent défauts dans le caractère, cent traits de mauvaise humeur, mis ensemble, ne composaient pas un crime digne du dernier suplice. S'il était permis de se battre contre son général, il méritait peut-être de mourir de la main des oficiers outragés par lui, mais non du glaive de la justice qui ne connaît ni haine, ni colère. On peut assurer qu'aucun militaire ne l'eut acusé si violemment, s'ils avaient prévu que leurs plaintes le conduiraient à l'échafaut. Au contraire, ils l'auraient excusé. Tel est le caractère des oficiers Français.

Cet arrêt semble aujourd'hui d'autant plus cruel, que dans le tems même, où l'on avait instruit ce procès, le châtelet, chargé par ordre du roi de punir les concussions évidentes faites en Canada par des gens de plume, ne les avait condamnés qu'à des restitutions, à des amandes, & à des bannissemens. Les magistrats du châtelet avaient senti que dans l'état d'humiliation & de désespoir, où la France était réduite en ce tems malheureux, ayant perdu ses troupes, ses vaisseaux, son argent, son commerce, ses colonies, sa réputation; on ne lui aurait rien rendu de tout cela, en faisant pendre dix ou douze coupables, qui n'étant point payés par un gouvernement alors obéré, s'étaient payés par eux-mêmes. Ces acusés n'avaient point contr'eux de cabale; & il y en avait une acharnée & terrible contre un Irlandais qui paraissait avoir été bizare, capricieux, emporté, jaloux de la fortune d'autrui, apliqué à son intérêt sans doute comme tout autre; mais point voleur, mais brave, mais attaché à l'état, mais innocent. Il falut du tems pour que la pitié prit la place de la haine : on ne revint en faveur de *Lalli* qu'après plusieurs mois, quand la vengeance assouvie laissa rentrer l'équité dans les cœurs avec la commisération.

Ce qui contribua le plus à rétablir sa mémoire dans le public, c'est qu'en éfet, après bien des recherches, on trouva qu'il n'avait laissé qu'une fortune médiocre. L'arrêt portait qu'on prendrait sur la confiscation de ses biens cent mille écus pour les pauvres de Pondichéri. Il ne se trouva pas de quoi payer cette somme, dettes préalables aquitées. Les vrais pauvres intéressans étaient ses parens. Le roi leur accorda des graces qui ne réparerent pas le malheur de la famille. La plus grande grace qu'elle espérait était de faire revoir s'il était possible, par le nouveau parlement, le procès jugé par l'ancien, ou d'en faire remettre la décision à un conseil de guerre, aidé de magistrats.

Il parut enfin aux hommes sages & compatissans que la condamnation du général *Lalli* était un de ces meurtres commis avec le glaive de la justice. Il n'est point de nation civilisée chez qui les loix faites pour protéger l'innocence n'ayent servi quelquefois à l'oprimer. C'est un malheur attaché à la nature humaine, faible, passionnée, aveugle. Depuis le suplice des *Templiers*, point de siécle où les juges en France n'ayent commis plusieurs de ces erreurs meurtrières. Tantôt c'était une loi absurde & barbare qui commandait ces iniquités judiciaires; tantôt c'était une loi sage qu'on pervertissait (*v*).

(*v*) La maréchale d'*Ancre* fut acusée d'avoir sacrifié un coq blanc à la lune, & brulée comme sorcière.

On prouva au curé *Gaufredy* qu'il avait eu de fréquentes conférences avec le diable. Une des plus fortes charges contre *Vanini* était qu'on avait trouvé chez lui un grand crapaud, & en conséquence il fut déclaré sorcier & athée.

Le jésuite *Girard* fut acusé d'avoir ensorcelé la *Cadière*. Le curé *Grandier* d'avoir ensorcelé tout un couvent.

L'ancien parlement défendit d'écrire contre *Aristote* sous peine des galères.

Montécuculi chambellan, échanson du dauphin *François*, fut condamné comme séduit par l'empereur *Charle-quint* pour empoisonner ce jeune prince, parce qu'il se mélait un peu de chymie. Ces exemples d'absurdité & de barbarie sont innombrables.

Qu'il soit permis de remettre ici sous les yeux ce que nous avons dit autrefois, que si on avait diféré les suplices de la plûpart des hommes en place, un seul à peine aurait été exécuté. La raison en est que cette même nature humaine, si cruelle quand elle est échaufée, revient à la douceur, lorsqu'elle se refroidit.

ARTICLE VINGTIEME.

Destruction de la compagnie française des Indes.

LA mort de *Lalli* ne rendit pas la vie à la compagnie des Indes : elle ne fut qu'une cruauté inutile. S'il est triste de s'en permettre de nécessaires, combien doit-on s'abstenir de celles qui ne servent qu'à faire dire aux nations voisines : ce peuple auparavant généreux & redoutable n'était en ce tems-là dangereux que pour ceux qui le servaient.

Ce fut depuis un grand problème à la cour, dans Paris, dans les provinces maritimes, parmi les négocians, parmi les ministres, s'il falait soutenir, ou abandonner ce cadavre à deux têtes qui avait fait également mal à la fois le commerce & la guerre, & dont le corps était composé de membres qui changeaient tous les jours. Les ministres, qui penchaient vers le dessein de lui ôter son privilège exclusif, employèrent la plume de monsieur l'abbé *Morrelet*, à la vérité docteur de sorbonne, mais homme très instruit, d'un esprit net & méthodique, plus propre à rendre service à l'état dans des afaires sérieuses, qu'à disputer sur des fadaises de l'école. Il prouva que dans l'état où se trouvait la compagnie, il n'était pas possible de lui conserver un privilège qui l'avait ruinée. Il voulut prouver aussi qu'il eut fallu ne lui en jamais donner. C'était dire en éfet que les Français ont dans leur caractère, & trop souvent dans leur gouvernement quelque chose qui ne leur permet pas de former de grandes associations heureuses; car les compagnies anglaise, hollandaise & même danoise prospéraient avec leur privilège exclusif. Il fut prouvé que les diférens ministères depuis 1725, jusqu'à 1769, avaient fourni à la compagnie des Indes aux dépens du roi & de l'état la somme étonnante de trois-cents-soixante & seize millions, sans que jamais elle eut pu payer ses actionnaires du produit de son commerce, comme on ne peut trop le redire.

Enfin le phantôme de cette compagnie, qui avait donné de si grandes espérances, fut anéanti. Il n'avait pu réussir par les soins du cardinal de *Richelieu*, ni par les libéralités de *Louis XIV*, ni par celles du duc d'*Orléans*, ni sous aucun des ministres de *Louis XV*. Il fallait cent millions pour lui donner une nouvelle exiſtence; & cette compagnie aurait encor été expoſée à les perdre. Les actionnaires & les rentiers continuèrent à être payés ſur la ferme du tabac; de ſorte que ſi le tabac paſſait de mode, la banqueroute ſerait inévitable.

La compagnie anglaiſe mieux dirigée, mieux ſecourue par des flottes maitreſſes des mers, animée d'un eſprit plus patriotique, s'eſt vue au comble de la puiſſance & de la gloire qui peuvent être paſſagères. Elle a eu auſſi ſes querelles avec les actionnaires & avec le gouvernement; mais ces querelles étaient des diſputes de vainqueurs, qui ne s'acordaient pas ſur le partage des dépouilles: & celles de la compagnie françaiſe ont été des plaintes & des cris de vaincus, s'acuſant les uns les autres de leurs infortunes, au milieu de leurs débris.

On a voulu, dans le parlement d'Angleterre, ravir au lord *Clive* & à ſes oficiers les richeſſes immenſes aquiſes par leurs victoires. On a prétendu que tout devait apartenir à l'état & non à des particuliers; ainſi que le parlement de Paris ſemblait l'avoir préjugé. Mais la diférence entre le parlement d'Angleterre & celui de Paris était infinie, malgré l'équivoque du nom: l'un repréſentait légalement la nation entière, l'autre était un ſimple tribunal de judicature chargé d'enrégiſtrer les édits des rois. Le parlement anglais décida le vingt-quatre Mai 1773, qu'il était honteux de redemander dans Londres au lord *Clive* & à tant de braves gens le prix légitime de leurs belles actions dans l'Inde : que cette baffesse ferait auffi injufte que fi on avait voulu punir l'amiral *Anson* d'avoir fait le tour du globe en vainqueur : & qu'enfin le plus fûr moyen d'encourager les hommes à fervir leur patrie était de leur permettre de travailler auffi pour eux-mêmes. Ainfi il y eut en tout une diférence prodigieufe entre le fort de l'Anglais *Clive* & celui de l'Irlandais *Lalli* : mais l'un était vainqueur, & l'autre vaincu : l'un s'était fait aimer, & l'autre s'était fait détefter.

De favoir à préfent ce que deviendra la compagnie anglaife ; de dire fi elle établira fa puiffance dans le Bengale, & fur la côte de Coromandel fur d'auffi bons fondemens, que les Hollandais en ont jetté à Batavia ; ou fi les Marates & les Patanes trop aguerris prévaudront contr'elle : fi l'Angleterre dominera dans l'Inde comme dans l'Amérique feptentrionale, ... c'est ce que le tems doit aprendre à notre poftérité. Ce que nous favons de certain jufqu'à préfent, c'eft que tout change fur la terre.

ARTICLE VINGT-ET-UNIEME.

De la science des Bracmanes.

C'Est une consolation de quiter les ruines de la compagnie française des Indes, l'échafaut sur lequel le meurtre de *Lalli* fut commis, & les malheureuses querelles de nos marchands & de nos oficiers. On sort avec plaisir d'un chaos si triste pour retourner à la contemplation philosophique de l'Inde, & pour examiner avec attention cette vaste & ancienne partie de la terre, que certainement les prévarications du jésuite *Lavaur*, & les mensonges imprimés du jésuite *Martin*, & même les miracles atribués à *François Xavero*, apellé chez nous *Xavier*, ne nous feront jamais connaître.

C'est d'abord une remarque tres importante que *Pythagore* alla de Samos au Gange pour aprendre la géométrie il y a environ deux mille cinq-cents ans au moins, & plus de sept-cents ans avant notre ère vulgaire, si récemment adoptée par nous. Or certainement *Pythagore* n'aurait pas entrepris un si étrange voyage, si la réputation de la science des bracmanes n'avait été dès longtems établie de proche en proche en Europe, & si plusieurs voyageurs n'avaient déja enseigné la route.

On fait avec quelle lenteur tout s'établit : ce ne font pas des prêtres égyptiens qui auront d'abord couru dans l'Inde pour s'inftruire. Ils étaient trop infatués du peu qu'ils favaient. Leurs intrigues & leurs propres fuperftitions ocupaient toute leur vie fédentaire. La mer leur était en horreur ; c'était leur typhon. Nul auteur ne parle d'aucun prêtre d'Egypte qui ait voyagé. Ennemis des étrangers, ils fe feraient crus fouillés de manger avec eux ; il falait qu'un étranger fe fit couper le prépuce pour être admis à leur parler. Un levite n'était pas plus infociable.

Des premiers voyageurs dans l'Inde.

Il eft vraifemblable que des marchands arabes furent les premiers qui pafférent dans l'Inde, dont ils étaient voifins. L'intérêt eft plus ancien que la fcience. On alla chercher des épiceries pendant des fiècles, avant de chercher des vérités.

Chapitre XXVIII. ỳ. 16.

Nous avons obfervé ailleurs que dans l'hiftoire allégorique de *Job*, écrite en arabe longtems avant le pentateuque, que ce *Job* parle du commerce des Indes, & de fes toiles peintes.

De Bacchus.

Nous avons raporté que l'hiftoire de *Bacchus*, né en Arabie, était fort antérieure à *Job*. Son voyage dans l'Inde eft auffi certain qu'une ancienne hiftoire peut l'être ; mais il eft encor plus certain que les Arabes chargèrent cet événement de plus de fables qu'ils n'en mirent depuis dans leurs mille & une nuits. Ils firent de *Bacchus* un conquérant, muſicien, débauché, ivrogne, magicien & dieu. Des rayons de lumière lui ſortaient de la tête. Une colonne de feu marchait devant ſon armée pendant la nuit. Il écrivait ſes loix en chemin ſur des tables de marbre. Il traverſait à pied la mer rouge, avec une multitude d'hommes, de femmes & d'enfans. D'un coup de baguette, il faiſait jaillir d'un rocher une fontaine de vin. Il arrêtait à la fois d'un ſeul mot la lune qui marche & le ſoleil qui ne marche pas. Toutes ces merveilles peuvent être des figures emblématiques ; mais il eſt dificile d'en pénétrer le ſens. C'eſt ainſi que longtems après, quand les Grecs ayant équipé un vaiſſeau pour aller trafiquer en Mingrelie, leurs prophètes poëtes embellirent cette entrepriſe utile, en y mêlant des oracles, des miracles, des dieux, des demi-dieux, des héros & des proſtituées. Enfin des ſages voyagèrent pour s'inſtruire.

Le premier qui ſoit connu pour être venu chercher la ſcience dans l'Inde eſt l'un de ces anciens *Zerduſt* que les Grecs apellaient *Zoroaſtre*. Le ſecond eſt *Pythagore*. Monſieur *Holwell* nous aſſure qu'il a vû leurs noms conſacrés dans les annales des bracmanes à la ſuite des noms des autres diſciples venus à l'école de Bénarès ſur la frontière ſeptentrionale du Bengale. Ils ont auſſi dans leurs regiſtres le nom d'*Alexandre* ; mais il eſt parmi les deſtructeurs, tout grand homme qu'il était ; & les *Pythagores*

De Zoroaſtre & de Pythagore.

& les *Zoroastres* sont parmi les anciens précepteurs du genre humain qui étudièrent chez les bracmanes, & qui raportèrent dans leur patrie le peu de vérités & la foule des erreurs qu'ils avaient aprises.

Nous avons déja reconnu que l'arithmétique, la géométrie, l'astronomie étaient enseignées chez les bracmanes. Les douze signes de leur zodiaque & leurs vingt-sept constellations en étaient une preuve évidente.

De l'astronomie. Les bracmanes connaissaient la précession des équinoxes de tems immémorial, & ils se trompèrent bien moins que les Grecs dans leur calcul; car ce mouvement aparent des étoiles était chez eux, & est encor de cinquante-quatre secondes par an; desorte que cette période était pour eux de vingt-quatre mille ans, au lieu que les Grecs la firent de trente-six mille. Elle est chez nous de vingt-cinq mille neuf-cent-vingt ans; ainsi les bracmanes se raprochaient plus de la vérité que les Grecs qui vinrent longtems après eux.

Monsieur *le Gentil*, savant astronome, qui a demeuré quelque tems à Pondicheri, a rendu justice aux brames modernes qui ne sont que les faibles échos des premiers bracmanes. Il a très-ingénieusement résolu le problème de la durée du monde, fixée par ces anciens philosophes de l'Inde, à quatre millions trois cent vingt mille ans, dont il y a trois millions, huit cent quatre-vingt dix-sept mille huit cent quatre-vingt un d'écoulés en l'an 1773 de notre ère. Ainsi notre monde n'aurait plus que quatre cent vingt-deux mille cent dix-neuf ans à subsister.

Monsieur *Le Gentil* s'est très-bien aperçu que ce nombre qui semble prodigieux, & qui n'est rien par raport au tems nécessairement éternel, n'est qu'une combinaison des révolutions de l'équinoxe à peu près comme la période julienne de *Jules Scaliger*, qui est une multiplication des cycles du soleil par ceux de la lune & par l'indiction.

Mais en même tems monsieur *Le Gentil* a reconnu avec admiration la science des bracmanes, & l'immensité des tems qu'il falut à ces Indiens pour parvenir à des connaissances dont les Chinois même n'ont jamais eu l'idée, & qui ont été inconnues à l'Egypte & à la Caldée qui enseigna l'Egypte.

Egyptum docuit Babilon, Egyptus Achivos.

ARTICLE VINGT-DEUXIEME.

De la religion des bracmanes, & surtout de l'adoration d'un seul Dieu.

Le gouvernement chinois accusé d'athéisme.

LA théogonie des bracmanes s'enfonce dans des tems qui doivent encor plus étonner l'espèce humaine dont la vie n'est qu'un instant.

De messieurs Dow & Holwell.

Monsieur *Dow*, monsieur *Holwell* sont d'accord dans l'exposition de cette antique théogonie (x). Tous deux savaient la langue sacrée du hanscrit, ou sanscrit ; tous deux avaient demeuré longtems dans le Bengale, où la première école des bracmanes subsiste encor.

Ces deux hommes, également utiles à l'Angleterre par leurs services, & au genre humain par leurs découvertes, conviennent de ce que nous avons dit & de ce que nous ne pouvons trop répéter, que les bra-

---

(x) On en trouvera quelque chose dans l'*essai sur l'histoire générale des mœurs & de l'esprit des nations*; mais c'est surtout chez messieurs *Holwell* & *Dow* qu'il faut s'instruire. Consultez aussi les judicieuses réflexions de monsieur *Sinner*, dans son *essai sur les dogmes de la métempsycose & du purgatoire*.

UNITÉ DE DIEU. 143

mes ont conservé des livres écrits depuis près de cinq mille années, lesquels prouvent nécessairement une suite prodigieuse de siècles précédens.

Que les Indiens ayent toujours adoré un seul Dieu, ainsi que les Chinois, c'est une vérité incontestable. On n'a qu'à lire le premier article de l'ancien shasta traduit par monsieur *Holwell*. La fidélité de la traduction est reconnue par monsieur *Dow*, & cet aveu a d'autant plus de poids que tous deux diférent sur quelques autres articles; voici cette profession de foi; nous n'avons point sur la terre d'hommage plus antique rendu à la divinité.

De l'ancien livre du shasta ou chastabad.

„ Dieu est celui qui fut toujours: il créa
„ tout ce qui est; une sphère parfaite, sans
„ commencement ni fin, est sa faible ima-
„ ge. Dieu anime & gouverne toute la créa-
„ tion par la providence générale de ses
„ principes invariables & éternels. Ne son-
„ de point la nature de l'existence de celui
„ qui fut toujours : cette recherche est vai-
„ ne & criminelle ; c'est assez que jour par
„ jour & nuit par nuit ses ouvrages t'an-
„ noncent sa sagesse, sa puissance & sa mi-
„ séricorde. Tâche d'en profiter".

Quand nous écririons mille pages sur ce simple passage, selon la méthode de nos commentateurs d'Europe, nous n'y ajouterions rien : nous ne pourions que l'afaiblir. Qu'on songe seulement que dans le tems où ce morceau sublime fut écrit, les habitans de l'Europe, qui font aujourd'hui fi fupérieurs au refte de la terre, difputaient leurs alimens aux animaux, & avaient à peine un langage groffier.

Les Chinois étaient, à peu près dans ce tems, parvenus à la même doctrine que les Indiens. On en peut juger par la déclaration de l'empereur *Kam-hi*, tirée des anciens livres, & raportée dans la compilation de *Du Halde* (*y*).

„ Au vrai principe de toutes chofes.
„ Il n'a point eu de commencement, &
„ il n'aura point de fin. Il a produit tou-
„ tes chofes dès le commencement. C'eft
„ lui qui les gouverne & qui en eft le vé-
„ ritable feigneur. Il eft infiniment bon,
„ infiniment jufte; il éclaire, il foutient,
„ il règle tout avec une fuprême autorité
„ & une fouveraine juftice ".

Que le gouvernement chinois a toujours reconnu un feul Dieu.

L'empereur *Kien-long* s'exprime avec la même énergie dans fon poëme de Moukden, compofé depuis peu d'années. Ce poëme eft fimple: il célèbre fans enthoufiafme les bienfaits de Dieu & les beautés de la nature. Combien d'ouvrages moraux la Chine n'a-t-elle pas de fes premiers empereurs! *Confucius* était vice-roi d'une grande province. Avons-nous, parmi nous, beaucoup d'hommes pareils?

Quand le gouvernement chinois n'aurait montré d'autre prudence que celle d'adorer

---

(*y*) Page 41. édition d'Amfterdam.

un seul Dieu sans superstition, & de contenir toujours les bonzes aux rêveries desquels il abandonne la populace, il mériterait nos plus sincères respects. Nous ne prétendons point inférer de-là que ces nations orientales l'emportent sur nous dans les sciences & dans les arts ; que leurs mathématiciens ayent égalé *Archimède* & *Newton*; que leur architecture soit comparable à saint Pierre de Rome, à saint Paul de Londres, à la façade du Louvre ; que leurs poèmes aprochent de *Virgile* & de *Racine*; que leur musique soit aussi savante, aussi harmonieuse que la nôtre. Ces peuples seraient aujourd'hui nos écoliers en tout ; mais ils ont été en tout nos maîtres.

Les monumens les plus irréfragables sur l'unité de Dieu qui nous restent des deux nations les plus anciennement policées de la terre, n'ont pas empêché nos disputeurs de l'occident de donner à des gouvernemens si sages le nom ridicule d'idolâtres. Ils étaient bien loin de l'être; & il faut avouer, avec le père *le Comte*, qu'*ils ofraient à Dieu un culte pur dans les plus anciens temples de l'univers.*

C'est ainsi que les premiers Persans adorèrent un seul Dieu, dont le feu était l'emblème, comme le savant *Hyde* l'a démontré dans un livre qui méritait d'être mieux digéré.

C'est ainsi que les Sabéens reconnurent aussi un Dieu suprême, dont le soleil & les étoiles étaient les émanations, comme le

Fragm. sur l'Inde.   K

prouve le sage & méthodique *Salles*, le seul bon traducteur de l'alcoran.

Les Egyptiens, malgré la consécration de leurs bœufs, de leurs chats, de leurs singes, de leurs crocodiles & de leurs oignons, malgré leurs fables d'*Ishet*, d'*Osireth* & de *Typhon*, adorèrent un Dieu suprême, désigné par une sphère posée sur le frontispice de leurs principaux temples. Les mystères d'Egypte, de Thrace, de Grèce, de Rome, eurent toujours pour objet l'adoration d'un seul Dieu.

Nous avons raporté ailleurs mille preuves de cette vérité évidente. Les Grecs & les Romains, en adorant le Dieu très-bon & très-grand, rendaient aussi leurs hommages à une foule de divinités secondaires; mais nous répéterons ici qu'il est aussi absurde de leur reprocher l'idolâtrie, parce qu'ils reconnaissaient des êtres supérieurs à l'homme, & subordonnés à Dieu, qu'il serait injuste de nous acuser d'être idolâtres, parce que nous vénérons des saints (z).

Les métamorphoses d'*Ovide* n'étaient point la religion de l'empire romain; & ni *la fleur*

(z) Que pouraient en éfet penser des Chinois, des Tartares, des Arabes, des Persans, des Turcs, s'ils voyaient tant d'églises dédiées à St. Janvier, à St. Antoine, à St. François, à St. Fiacre, à St. Roch, à Ste. Claire, à Ste. Ragonde, & pas une au maître de la nature, à l'essence suprême & universelle par qui nous vivons.

UNITÉ DE DIEU. 147

des saints, ni le *pensez-y bien*, ne sont la religion des sages chrétiens.

Toutes les nations ont toujours élevé les unes contre les autres des acusations fondées sur l'ignorance & sur la mauvaise foi. On a hautement imputé l'athéisme au gouvernement chinois; & les ennemis des jésuites les ont acusés à Paris & à Rome de fomenter l'athéisme à Pékin. Il y a sans doute à la Chine & dans l'Inde comme ailleurs des philosophes, qui, ne pouvant concilier le mal physique & le mal moral, dont la terre est inondée, avec la croyance d'un Dieu, ont mieux aimé ne reconnaître dans la nature qu'une nécessité fatale. Les athées sont par-tout; mais aucun gouvernement ne le fut par principe, & ne le sera jamais: ce n'est l'intérêt ni des royaumes, ni des républiques, ni des familles; il faut un frein aux hommes. *Des athées.*

D'autres jésuites, missionnaires aux Indes, moins éclairés que leurs confrères de la Chine, & soldats crédules n'a guères d'un despote artificieux, ceux-là ont pris les bramés, adorateurs d'un seul Dieu, pour des idolâtres. Nous avons déja vu avec quelle simplicité ils croyaient que le diable était un des dieux de l'Inde. Ils l'écrivaient à notre Europe; ils le persuadaient dans Pondichéri, dans Goa, dans Diu, à des marchands plus ignorans qu'eux. L'idée d'adorer le diable n'est jamais tombée dans la tête d'aucun homme; encore moins d'un *Des jésuites.* *Du diable.*

K 2

bracmane, d'un gymnosophiste. Nous ne pouvons ici adoucir les termes : il faut avoir bien peu de raison & beaucoup de hardiesse pour croire qu'il soit possible de prendre pour son dieu un être qu'on supose condamné par Dieu même à des suplices & à des oprobres éternels, un phantôme abominable & ridicule ocupé à nous faire tomber dans l'abîme de ses tourmens. Recherchons dans la mythologie indienne ce qui peut avoir donné un prétexte à l'ignorance de calomnier si brutalement l'antiquité.

ARTICLE VINGT-TROISIÈME.

De l'ancienne mythologie philosophique avérée, & des principaux dogmes des anciens bracmanes sur l'origine du mal.

LEs anciens bracmanes sont, sans contredit, les premiers qui osèrent examiner pourquoi sous un Dieu bon il y a tant de mal sur la terre. Et ce qui est très-remarquable, c'est que ces mêmes philosophes, qu'on dit avoir vécu dans la tranquilité la plus heureuse, & dans une apathie uniquement animée par l'étude, furent les premiers qui se fatiguèrent à rechercher l'origine d'un malheur qu'ils n'éprouvaient guères. Ils virent des révolutions dans le nord de l'Inde, des crimes & des calamités amenées par ces peuples inconnus qui n'avaient pas même alors de nom, & que les Juifs, dans des tems plus récens, apellèrent Gog & Magog; termes qui ne pouvaient avoir aucune acception précise chez un peuple si ignorant.

Les crimes & les calamités des nations barbares, voisines de l'Inde, & probablement des provinces de l'Inde même, toutes les miseres du genre-humain, durent pénétrer profondément des esprits philosophiques. Il n'est pas étonnant que les inventeurs de tant d'arts & de ces jeux qui exercent & qui fatiguent l'esprit humain, ayent voulu sonder un abime que nous creusons encor tous les jours, & dans lequel nous nous perdons.

Peut-être était-il convenable à la faiblesse humaine de penser qu'il n'y a du mal sur la terre que parce qu'il est impossible qu'il n'y en ait pas; parce que l'Etre parfait & universel ne peut rien faire de parfait & d'universel comme lui; parce que des corps sensibles sont nécessairement soumis aux soufrances physiques; parce que des êtres qui ont nécessairement des désirs ont aussi nécessairement des passions, & que ces passions ne peuvent être vives sans être funestes.

Cette philosophie semblait devoir être d'autant plus adoptée par les bracmanes, que c'est la philosophie de la résignation.

Et les bracmanes dans leur apathie femblaient les plus réfignés des hommes.

Mais ils aimèrent mieux donner l'effor à leurs idées métaphyfiques que d'admettre le fyftème de la nécellité des chofes ; fyftème embraffé par tant de grands génies, mais dont l'abus peut conduire à cet athéïfme qu'on a reproché à beaucoup de Chinois, & dont nos philofophes d'Europe font encor aujourd'hui fi foupçonnés (*a*).

<small>Chute des anges chez les bracmanes.</small> Les premiers bracmanes imaginèrent donc une fable très-ingénieufe & très-hardie, qui femblait juftifier la providence divine, & rendre raifon du mal phifique & du mal moral. Ils fupofèrent que l'être fuprème n'avait créé d'abord que des êtres prefque femblables à lui, ne pouvant rien former qui l'égalàt. Il forma ces demi-dieux, ces génies, *debta*, auxquels les Perfes donnèrent depuis le nom de *péris*, ou *féris*, d'où vient le mot de *fée*. Nous n'avons pas de terme pour exprimer ce que les anciens entendaient précifément par demi-dieux en Afie, & même en Grèce & à Rome. Nous employons le mot d'ange qui ne fignifie que

---

(*a*) L'auteur des recherches philofophiques fur les Egyptiens & fur les Chinois raporte (Tome 2. page 93.) que le minime *Merfenne*, colporteur des rèveries de *Defcartes*, écrivit dans une de fes lettres qu'il y avait foixante-mille athées dans Paris de compte fait, & qu'il en connaiffait douze dans une feule maifon. La police fuprima cette lettre pour l'honneur du corps.

messager; & nous avons atribué mille faits miraculeux à ces messagers divins, dont il est parlé dans la sainte écriture : tant les hommes ont aimé également à la fois la vérité & le merveilleux (*b*).

Ces demi-dieux, ces génies, ces debta inventés dans l'Inde, reçurent la vie longtems avant que l'Eternel créat les étoiles, les planètes & notre terre. Dieu tenait lieu de tout, avec ses debta, qui partageaient autour de lui sa béatitude. Voici comme l'ancien livre atribué à Brama lui-même s'exprime.

„ L'Eternel.... absorbé dans la contem- *Passage*
„ plation de son essence, résolut de com- *admira-*
„ muniquer quelques rayons de sa grandeur *ble du*
„ & de sa félicité à des êtres capables de *shasta.*
„ sentir & de jouir.... ils n'existaient pas
„ encor. Dieu voulut, & ils furent.

Il faut avouer que ces mots, ce tour de phrase, cette exposition sont sublimes, & qu'on ne peut disputer sur ce passage com-

---

(*b*) *Aggelos*, chez les Grecs, ne signifiait que messager. Tous les commentateurs de la sainte écriture conviennent que les *meleachim* hébreux, qu'on a traduit par aggeloi, angeli, anges, n'ont été connus que lorsque les juifs furent captifs chez les Babyloniens. *Raphael* n'est nommé que dans le livre de Tobie, & *Tobie* était captif en Médie. *Michel* & *Gabriel* ne se trouvent pour la première fois que dans Daniel. C'est par ces recherches qu'on parvient à découvrir quelque chose dans la filiation des idées anciennes.

me *Boileau* disputa contre l'évèque d'Avranche & contre *Le Clerc* sur cet endroit de la genèse : *il dit que la lumière se fasse, & la lumière se fit* (*c*).

Quoiqu'il en soit, les debta, ces favoris de Dieu, abusant de leur bonheur & de leur

---

(*c*) *Longin*, ancien rhéteur grec ataché à *Zénobie* reine de Palmire, dit dans son traité du sublime chap. 7. „ *Moïse* législateur des juifs, qui n'était pas sans-doute „ un homme ordinaire, ayant fort bien conçu la grandeur „ & la puissance de Dieu, l'a exprimée dans toute sa di- „ gnité au commencement de ses loix par ces paroles: „ *Dieu dit, que la lumière se fasse, & la lumière se fit; que „ la terre se fasse, & la terre se fit*". Il faut que *Longin* n'eût pas lu le texte de *Moïse*, puisqu'il l'altère & qu'il l'alonge. On sait qu'il n'y a point, *que la terre se fasse & la terre se fit*. La création est sans-doute sublime : mais le récit de *Moïse* est très-simple, comme le stile de toute la Genèse l'est & le doit être. Le sublime est ce qui s'élève, & l'histoire de la Genèse ne s'élève jamais. On y raconte la production de la lumière, comme tout le reste, en répétant toujours la même formule ; *& la terre était informe & vide, & les ténèbres étaient sur la superficie de l'abime, & le vent de Dieu souflait sur les eaux, & Dieu dit que la lumière se fasse & la lumière se fit, & il vit que la lumière était bonne ; & il divisa la lumière des ténèbres, & il apella la lumière jour, & il fut fait un jour le soir & le matin*. Dieu dit aussi que le firmament se fasse au milieu des eaux ; & qu'il divise les eaux des eaux ; & Dieu fit le firmament, & il divisa les eaux sous le firmament des eaux sur le firmament ; & il apella le firmament ciel ; & il fut fait un second jour le soir & le matin &c. & Dieu dit, que les eaux qui sont sous le ciel se rassemblent en un seul lieu, & que l'aride paraisse ; & il fut fait ainsi. Et Dieu apella la terre l'aride, & il apella l'assemblage des eaux la mer, & il vit que cela était bon. Il est de la plus grande évidence que tout est également simple & uniforme dans ce récit, & qu'il n'y a pas un mot plus sublime qu'un autre.

Ce fut le sentiment de *Huet*. *Boileau* le combattit ru-

liberté (*d*), se révoltèrent contre leur créateur. Une partie de cette fable fut sans doute l'origine de la guerre des géants contre les dieux, des atentats de *Typhon* contre *Ishet* & *Oshiret*, que les Grecs apellèrent *Isis* & *Osiris*, & de la rebellion éternelle d'*Arimane* contre son créateur, *Orosmade*, ou *Oromase* chez les Perses. On sait assez que la fable se propage plus aisément, & plus loin que la vérité. Les extravagances théologiques des Indiens firent plus de progrès chez leurs voisins que leur géométrie.

Il ne paraît pas que les Syriens ayent jamais rien adopté de la théologie indienne. Ils avaient leur Astarté, leur Moloc, leur Adonis ou Adoni : ils n'entendirent jamais parler en Sirie de la révolte des debta dans le ciel. Le petit peuple juif n'en fut un peu informé que vers le premier siècle de notre ère, lorsque dans la foule de mille écrits apocriphes on en suposa un qu'on osa atribuer à *Enoc*, septième homme après *Adam*.

Première notion de la chute des anges chez les juifs.

---

dément avant que *Huet* fut évêque. Celui-ci répondit savamment, & *Boileau* se tut quand *Huet* fut promu à un évêché. *Le Clerc* ayant soutenu l'opinion de *Huet* & n'étant point évêque, *Boileau* tomba plus rudement encor sur *Le Clerc* qui lui répondit de même.

(*d*) Cet abus énorme de la liberté, cette révolte des favoris de Dieu contre leur maitre pouvait éblouir, mais ne résolvait pas la question : car on pouvait toujours demander, pourquoi Dieu donna à ses favoris le pouvoir de l'ofenser ? pourquoi il ne les nécessita pas à une heureuse impuissance de mal faire ? Il est démontré que cette dificulté est insoluble.

On fait dire à ce septième homme que les anges firent autrefois une conspiration ; mais c'était pour coucher avec des filles. Le prétendu *Enoc* nomme les anges coupables ; il ne nomme point leurs maîtresses. Il se contente de dire que les géants nâquirent de leurs amours (e). L'apôtre *saint Judde* ou *Juda*, ou *Lebée* ou *Tebeus*, ou *Thadeus*, cite ce faux *Enoc* comme un livre canonique dans la lettre qui lui est atribuée, sans qu'on sache à qui elle est adressée. *Saint Judde* dans cette lettre parle de la défection des anges.

Chap. I.
⅄. 5. & 6.

Voici ses paroles : " or je veux vous faire " souvenir de tout ce que vous savez, que " Jésu, sauvant le peuple de la terre d'E-" gypte, détruisit ensuite ceux qui ne crurent pas, & qu'il retient dans des chaînes éternelles & dans l'obscurité les anges qui n'ont pas gardé leur principauté, " mais qui ont quité leur domicile ".

Et dans un autre endroit, en parlant des méchans : " ce sont des nuées sans eau ; des " arbres d'automne sans fruit, deux fois

---

(e) *Don Calmet* était persuadé de l'existence de cette race de géans, comme de celle des vampires. Il se prévaut sur-tout dans sa dissertation sur cette matière, de la découverte que fit en 1613 un fameux chirurgien très-inconnu. Il trouva, dit *Calmet*, le tombeau & les os du roi *Teutoboc* qui avait trente pieds de long & douze pieds d'une épaule à l'autre : c'était en Dauphiné près de Montrigaut. Ce roi *Teutoboc* descendait évidemment des anges qui daignèrent faire des enfans aux filles.

„ morts & déracinés ; des flots de la mer agitée, écumant ses confusions ; des étoiles errantes, à qui la tempête des ténèbres est réservée pour l'éternité. Or c'est d'eux qu'a prophétisé *Enoc* le septième après *Adam* ". <small>Chap. I. ℣. 13 & 14.</small>

On s'est donc servi, dans notre occident, d'un livre apocriphe pour fonder la chute des anges, la première cause de la chute de l'homme. On a corompu aussi le sens naturel d'un passage d'*Isaïe* pour transformer le premier des anges en diable, en tordant singulièrement ces paroles: *comment es-tu tombé du ciel, Lucifer ?* Il est vrai que notre populace apelle notre diable *Lucifer;* mais le mot *Lucifer* n'est point dans *Isaïe:* c'est *Hélel:* c'est l'étoile du matin; c'est l'étoile de Vénus ; c'est une métaphore dont *Isaïe* se sert pour exprimer la mort du roi de Babylone: *comment as-tu pu mourir, malgré tes muzettes ? comment es-tu couché avec les vers ? comment es-tu tombée, étoile du matin ?* Les commentateurs figuristes ont imaginé cette équivoque pour faire acroire que le diable *Lucifer* est tombé du ciel; & cette erreur s'est longtems soutenue (*f*). <small>Equivoque de Lucifer. Isaïe Chap. 14.</small>

Mais la vérité est qu'il n'a jamais été question d'un génie, d'un demi-dieu, d'un ange, précipité du ciel que dans le shasta des

---

(*f*) Voyez l'article BEKER dans les questions sur l'encyclopédie.

bracmanes. Ni Lucifer, ni belzébut, ni satan n'étaient son nom. Il s'apellait *Moisasor*: c'était le chef de la bande rebelle ; il devint diable, si on veut, avec sa suite: il fut du moins damné en éfet. L'Eternel le précipita dans le vaste cachot de l'ondéra ; mais il ne fut point tentateur ; il ne vint point exciter les hommes au péché. Car ni les hommes, ni la terre n'existaient alors. Dieu l'enferma dans ce grand enfer de l'ondéra lui & les siens pour des milliers de monontours. Or il faut savoir qu'un *monontour* est une période de quatre cent vingt-six millions d'années. Chez nous, Dieu n'a pas encor pardonné au diable; mais chez les Indiens *Moisasor* & sa troupe obtinrent leur grace au bout d'un monontour. Ainsi l'enfer de l'ondéra n'avait été à proprement parler qu'un purgatoire (*g*).

Purgatoire des bracmanes.

Alors Dieu créa la terre & la peupla d'animaux. Il y fit venir les délinquans dont il adoucit les peines. Ils furent changés d'abord en vaches. C'est depuis ce tems que les vaches sont si sacrées dans la presqu'île de l'Inde, & que les dévots n'y mangent aucun animal. Ensuite les anges pénitens furent changés en hommes, & distingués en quatre castes. Comme coupables, ils

Anges changés en vaches.

(*g*) Vous retrouvez le purgatoire chez les Egyptiens, vous le retrouvez très-expressément dans le sixième chant de l'énéide. Nous avons tout pris des anciens, presque sans exception.

aportèrent dans ce monde le germe des vices : comme punis, ils aportèrent le principe de tous les maux phyſiques : voilà l'origine du bien & du mal.

On reprochera peut-être à ce ſyſtème que les animaux, n'ayant point péché, ſont pourtant auſſi malheureux que nous, qu'ils ſe dévorent tous les uns les autres, qu'ils ſont mangés par tous les hommes, excepté par les brames. C'eut été une faible objection du tems qu'il y avait des Cartéſiens.

Nous n'entrerons point ici dans les diſputes des théologiens de l'Inde ſur cette origine du mal. Les prêtres ont diſputé par-tout ; mais il faut avouer que les querelles des brames ont été toujours paiſibles.

Des philoſophes pourront s'étonner que des géomètres, inventeurs de tant d'arts, ayent forgé un ſyſtème de religion, qui quoiqu'ingénieux, eſt pourtant ſi peu raiſonnable. Nous pourions répondre qu'ils avaient à faire à des imbéciles ; & que les prêtres caldéens, perſans, égyptiens, grecs, romains, n'eurent jamais de ſyſtème ni mieux lié, ni plus vraiſemblable.

Il eſt abſurde ſans doute de changer des êtres céleſtes en vaches ; mais on voit chez toutes les nations policées & ſavantes la plus mépriſable folie marcher à côté de la plus reſpectable ſageſſe. Les vaiſſeaux d'*Enée* changés en nymphes chez les Romains, la fille d'*Inachus* devenue vache chez les

Grecs, & de vache devenue étoile, valaient bien les *debta* changés en vaches & en hommes. *Milton* n'a-t-il pas, chez un peuple à jamais célèbre pour les sciences exactes, transformé notre diable en crapaud, en cormoran, en serpent? quoique la sainte écriture dise positivement le contraire (*b*). De pareilles niaiseries eurent cours par tout, hors chez les sages Chinois & chez les Scithes, trop simples pour inventer des fables.

L'antre de *Trophonius* fut plus respecté en Grèce que l'académie : les augures à Rome eurent plus de crédit que les Scipions. La fable s'établit d'abord; ensuite vient la vérité, qui voyant la place prise est trop heureuse de trouver un azile obscur chez les sages.

―――――――――――――――

(*b*) Or le serpent était le plus fin de tous les animaux.

ARTICLE VINGT-QUATRIEME.

De la métempsycose.

LE dogme de la métempsycose suivait naturellement de la transformation des génies en vaches, & des vaches en hommes.

Des gens qui avaient été demi-dieux dans le ciel pendant des siècles innombrables, ensuite damnés dans l'ondéra pendant quatre cent vingt-six millions de nos années solaires, puis vaches douze ou quinze ans, & enfin hommes quatre-vingts ans tout au plus, devaient bien être quelque chose, quand ils cessaient d'être hommes. N'être rien du tout semblait trop dur. Les bracmanes croyaient qu'on avait une ame dans l'Inde aussi bien que par-tout ailleurs, sans être plus instruits que le reste du genre humain de la nature de cet être; sans savoir s'il est une substance ou une qualité; sans examiner si Dieu peut animer la matière; sans rechercher si, tout venant de lui, il ne peut pas communiquer la pensée à des organes formés par lui; en un mot, sans rien savoir. Ils prononçaient vaguement & au hazard le nom d'ame, comme nous le prononçons tous. Et puisqu'il est plus aisé à tous les hommes d'imaginer que de raisonner, ils se figurèrent que l'a-

De l'ame chez les bracmanes.

me d'un homme de bien pouvait paſſer dans le corps d'un perroquet ou d'un docteur, d'un éléphant ou d'un raïa; ou même retourner animer le corps du défunt dans le ciel ſa première patrie. C'eſt pour revoir cette patrie que tant de jeunes veuves ſe ſont jetées dans le bucher enflammé de leurs maris, & ſouvent ſans les avoir aimés. On a vu dans Bénarès des diſciples de brames, & juſqu'à des brames même, ſe brûler pour renaître bienheureux. C'eſt aſſez qu'une femme ſenſible & ſuperſtitieuſe, comme il y en a tant, ſe ſoit jetée dans les flammes d'un bucher, pour que cent femmes l'aient imitée; comme il ſufit qu'un faquir marche tout nud, chargé de fers & de vermine pour qu'il ait des diſciples (*i*).

Pourquoi les veuves ſe brûlent.

Le dogme de la métempſycoſe était d'ailleurs très-ſpécieux & même un peu philoſophique. Car, en admettant dans tous les animaux un principe moteur, intelligent, (chacun en raiſon de ſes organes) on ſupoſait

---

(*i*) Nous liſons dans la relation des deux Arabes qui voyagèrent aux Indes & à la Chine dans le neuvième ſiècle de notre ère, qu'ils virent ſur les côtes de l'Inde un faquir tout nud, chargé de chaînes, ayant le viſage tourné au ſoleil, les bras étendus, les parties viriles enfermées dans un étui de fer, & qu'au bout de ſeize ans en repaſſant au même endroit ils le virent dans la même poſture.

posait que ce principe intelligent étant distingué de sa demeure, ne périssait point avec elle. Cette ame était faite pour un corps, disaient les Indiens; donc elle ne pouvait exister que dans un corps. Si, après la dissolution de son étui, on ne lui en donne pas un autre, elle devient entièrement inutile. Il falait en ce cas que Dieu fût continuellement occupé à créer de nouvelles ames. Il se délivrait de ce soin en faisant servir les anciennes. Il en créait de nouvelles, quand les races se multipliaient. Le calcul était bon jusques là; mais lorsque les races diminuaient, il se trouvait une grande dificulté. Que faisait-on des ames qui n'avaient plus de logement (*k*)? Il n'était gueres possible de bien répondre à cette objection; mais quel est l'édifice bâti par imagination humaine qui n'ait des murs qui écroulent?

La doctrine de la métempsycose eut cours dans toute l'Inde, & autant au-delà du Gange que vers le fleuve Indus. Elle s'étendit jusqu'à la Chine chez le peuple gouverné par les bonzes; mais non pas chez les colao & chez les lettrés gouvernés par les loix. *Pithagore*, après une longue suite de siècles, l'ayant aprise dans la presqu'isle de l'Inde, put à peine l'établir à Crotone. Aparemment qu'il trouva la grande Grece atachée

La métempsycose embrassée par la populace à la Chine.

_____

(*k*) Voyez le catéchisme des bracmanes, article 26.

Fragm. sur l'Inde. L

à d'autres fables; car chaque peuple avait la sienne.

Les Egyptiens inventèrent une autre folie; ils imaginèrent qu'ils reſſuſciteraient au bout de trois mille ans: & même enfin trouvant le terme trop éloigné, ils obtinrent de leurs choen, de leurs prêtres, que leurs ames rentreraient dans leurs corps après dix ſiècles de mort ſeulement. Dans cette douce eſpérance ils eſſayèrent de ne perdre de leur corps que le moins qu'ils pouraient. L'art d'embaumer devint le plus grand art de l'Egypte. Une ame, à la vérité, devait être fort embaraſſée de ſe trouver ſans ſes entrailles & ſans ſa cervelle que les embaumeurs avaient arachées: mais les dificultés n'arétent jamais les ſyſtêmes. Nous avons bien eu parmi nous un philoſophe qui a dit que nous reſſuſciterions ſans derrière.

Etrange idée d'un philoſophe.

Platon enfin, qui avait puiſé quelques idées dans *Pithagore* & dans *Timée* de Locre, admit la métempſycoſe dans ſon livre d'une république chimérique, & dans ſon dialogue non moins chimérique de Phédre. Il ſemblerait que *Virgile* crut à ce ſyſtême dans ſon ſixième chant, s'il croyait quelque choſe.

Métempſycoſe dans Virgile.

O Pater! anne aliquas ad cælum hinc ire putandum eſt,
Sublimes animas, iterumque ad tarda reverti
Corpora? Quæ lucis miſeris tam dira cupido eſt?

Quel déſir inſenſé d'aſpirer à renaître!
D'afronter tant de maux, pour le vain plaiſir d'être?
De reprendre ſa chaîne, & d'éprouver encor
Les chagrins de la vie & l'horreur de la mort? (1)

On prétend que les Gaulois, les Celtes, avaient adopté la croyance de la métempsycose, quoiqu'ils ne connussent ni le léthé de *Virgile* ni les embaumemens de l'Egypte. *César* dit dans ses commentaires : *ils pensent que les ames ne meurent point ; mais qu'elles passent d'un corps à un autre. Cette idée, selon eux, inspire un courage qui fait mépriser la mort.*

Mais *César* qui était Epicurien, ne croyant point à l'immortalité de l'ame, avait encor plus de courage que les Gaulois. Que *César* ait eu tort, & que les Gaulois aient eu raison, il est toujours indubitable que les Indiens sont les inventeurs de la métempsycose, & les premiers auteurs de la théologie.

Il nous semble que c'est au grand *Thibet* que la sublime folie de la métempsycose a produit le plus grand éfet. Les lamas ont su persuader aux Tartares de ce pays, que leur grand prêtre était immortel, & la populace qui croit tout le croit encor. Le fait est que les lamas eux-mêmes étant imbus de l'idée fantasque que l'ame de leur pontife passait dans l'ame de son successeur, ils ont enté sur cette absurdité sacrée une autre folie plus respectée encor du peuple ; c'est que ce grand lama ne meurt jamais. On a vu ailleurs des opinions si bizares qu'un homme sage est en doute de savoir dans quel pays le bon sens a été le plus outragé. *Optimus ille est qui minimis urgetur.*

Du grand lama.

ARTICLE VINGT-CINQUIEME.

D'une trinité reconnue par les brames. De leur prétendue idolâtrie.

Personne ne doute aujourd'hui que les bracmanes & leurs successeurs n'ayent toujours reconnu un Dieu suprême, créateur, conservateur, rémunérateur, punisseur & miséricordieux. *Ces idolâtres*, dit le jésuite Bouchet (1), *reconnaissent un Dieu infiniment parfait, qui existe de toute éternité, & qui renferme en soi les plus excellens attributs.* Ensuite pour prouver qu'ils sont idolâtres, il dit que, selon eux, *il y a une distance infinie entre Dieu & tous les êtres, & qu'il a créé des substances intermédiaires entre lui & les hommes.* Le jésuite Bouchet n'est ni conséquent ni poli : il veut empêcher les brames d'ériger des temples à ces êtres subalternes supérieurs à l'homme, tandis que ces brames permettaient aux jésuites de bâtir des chapelles à *Ignace* & à *Xavier*, de baiser à genoux le prétendu cadavre de *Xavier*, de l'invoquer, & d'ofrir de l'encens à ses os vermoulus. Certes, si on avait demandé dans Goa à un voyageur chi-

---

(1) Recueil IXe, page 6.

nois, quel est l'idolâtre ou de ce jésuite ou de ce brame, il aurait répondu, en jugeant selon les aparences, c'est ce jésuite.

Tout le monde convient que les brames reconnurent toujours une espèce de trinité sous un Dieu unique. Il paraît qu'en ce point les théologiens des côtes de Malabar & de Coromandel diférent de ceux qui habitent vers le Gange & de l'ancienne école de Bénarès, mais où sont les théologiens qui s'acordent? tous admettent trois dieux sous un seul Dieu. Ces trois dieux sont brama, vishnou & sib. Mais ces trois dieux sont-ils des substances distinctes, ou simplement des attributs du grand Dieu créateur? c'est sur quoi les brames disputent.

Ils ne conviennent guères que sur le dogme de la création. Toutes les sectes & toutes les castes rassemblées une fois l'an dans le fameux temple de Jaganat, entre Orixa & le Bengale, y viennent célébrer le jour où le monde fut tiré du néant par la seule pensée de l'Eternel. C'est cette fête surtout que nos missionnaires ont apellée la grande fête du diable.

Les bracmanes représentèrent Dieu sous trois emblèmes. Brama est le dieu créateur; vishnou, ou bien vithnou, ou bichnou, est le dieu conservateur, qui s'est incarné tant de fois; sib est le dieu miséricordieux. D'autres théologiens indiens très-anciens l'apellent le dieu destructeur, tant il est di-

Trinité indienne.

ficile à ceux qui osent dogmatiser sur la nature divine de s'acorder ensemble.

Nous n'avons pas assez de monumens de l'antiquité pour oser afirmer que l'Isis, l'Osiris & l'Horus des Egyptiens soient une copie de la trinité indienne. Nous ne déciderons pas si les trois frères *Jupiter*, *Neptune* & *Pluton*, qui se partagèrent le monde, sont une fable imitée d'une autre fable. Nous répéterons seulement ici combien le nombre trois fut toujours mystérieux dans l'antiquité. Il semblait que dans l'orient un secret instinct eut pressenti quelques idées imparfaites d'une vérité encore ignorée.

Un dieu à quatre têtes.

Mais, comme tout se contredit chez les hommes, on ajouta bientôt une quatrième personne aux trois autres. Cette quatrième personne est *Routren* selon plusieurs docteurs, le dieu destructeur, celui que le grand *Origène* (m) apelle le dieu suplantateur.

On voit encor dans quelques anciens temples des bracmanes, cette représentation des quatre attributs de Dieu, figurée par

_____

(m) *Origène*, dans la réfutation qu'il publia de *Celse* après la mort de ce philosophe, assure que les conjurations de la magie ne peuvent réussir que quand le magicien se sert des noms propres convenables; que si l'on fait une conjuration par le nom de dieu *suplantateur*, destructeur, ou même par des noms traduits d'après les noms d'Adonaï & de Sabaoth, on n'opérera rien; mais que si on se sert des noms propres siriaques Adonaï, Sabaoth, la cérémonie magique aura son plain & entier éfet. *Origène contre Celse. Article* 20 *& article* 262.

quatre têtes sous une même couronne ; & c'est cet emblème de la divinité unique & multiforme, que nos aumôniers de vaisseau ne manquèrent pas de prendre pour le diable dès qu'ils furent descendus à terre.

Nous ne chargerons point cet abrégé de toutes les superstitions indiennes, mêlées dans ce pays comme dans d'autres avec la connaissance d'un être suprême. Nous ne parlerons point des mille noms de Dieu, des voyages de Dieu en homme sur la terre, des oracles, des prodiges, & de toutes les folies qui ont partout deshonoré la sagesse. Nous ne prétendons point faire la somme de la théologie des Gangarides.

Mais n'oublions pas d'observer que l'amour est un de leurs dieux ; il s'apelle Camdébo, on lui donne encor dix-huit noms qui nous sembleraient barbares, & dont aucun du moins, ne sonnerait si agréablement que celui d'amour à nos oreilles. Ce dieu d'amour est le propre fils de Vishnou, & par conséquent le petit-fils du Dieu suprême.

Ils ont des *usséra* ; ce sont des filles charmantes qui chantent dans la musique du ciel, & dont *Mahomet* pourait bien avoir emprunté ses houris.

Les Indiens paraissent aussi être les premiers qui ayent inventé les Salamandres, les Ondains, les Sylphes & les Gnomes ; si pourtant ce n'a pas été une idée naturelle à tous les hommes de peupler le ciel & les quatre élémens.

ARTICLE VINGT-SIXIEME,

Du catéchisme Indien.

Monsieur *Dow* nous assure que les bracmanes eurent depuis quatre mille ans un catéchisme, dont voici la substance. C'est un entretien entre la raison humaine, qu'ils apellent *narud*, & la sagesse de Dieu, qu'ils nomment *brim* ou *bram*.

La raison.

O premier né de Dieu! on dit que tu créas le monde. Ta fille la raison, étonnée de tout ce qu'elle voit, te demande comment tout fut produit?

La sagesse divine.

Mon fils, ne te trompe pas: ne pense point que j'aye créé le monde indépendamment du premier moteur. Dieu a tout fait. Je ne suis que l'instrument de sa volonté. Il m'apelle pour exécuter ses desseins éternels.

La raison.

Que dois-je penser de Dieu?

La sagesse divine.

Qu'il est immatériel, incompréhensible, invisible, sans forme, éternel, tout-puissant, qu'il connaît tout, qu'il est présent partout.

La raison.

Comment Dieu créa-t-il le monde ?

La sagesse divine.

La volonté demeura dans lui de toute éternité : elle était triple ; créatrice, conservatrice, exterminante..... Dans une conjonction des destins & des tems, la volonté de Dieu se joignit à sa bonté, & produisit la matière. Les actions oposées de la volonté qui crée, & de la volonté qui détruit, enfantèrent le mouvement qui naît & qui périt (*n*). Tout sortit de Dieu, & tout rentrera dans Dieu..... Il dit au *sentiment*, vien ; & il le logea chez tous les animaux ; mais il donna la réflexion à l'homme pour l'élever au-dessus d'eux.

La raison.

Qu'entends-tu par le sentiment ?

_____

(*n*) Nous passons quelques lignes, de peur d'être longs & obscurs.

La sagesse divine.

C'est une portion de la grande ame de l'univers ; elle respire dans toutes les créatures pour un tems marqué.

La raison.

Que devient-il après leur mort ?

La sagesse divine.

Il anime d'autres corps, ou il se replonge, comme une goutte d'eau, dans l'océan immense dont il est sorti.

La raison.

Les ames vertueuses seront-elles sans récompense, & les criminelles sans punition ?

La sagesse divine.

Les ames des hommes sont distinguées de celles des autres animaux. Elles sont raisonnables. Elles ont la conscience du bien & du mal. Si l'homme fait le bien, son ame, dégagée de son corps par la mort, sera absorbée dans l'essence divine, & ne ranimera plus un corps de terre. Mais l'ame du méchant restera revêtue des quatre élémens ; & après qu'elles auront été punies, elles reprendront un corps ; mais si elles ne reprennent leur première pureté, elles ne seront jamais abforbées dans le sein de Dieu.

La raison.

Quelle est la nature de cette infusion dans Dieu même ?

La sagesse divine.

C'est une participation à l'essence suprême : on ne connaît plus les passions : toute l'ame est plongée dans la félicité éternelle.

La raison.

O ma mère ! tu m'as dit que si l'ame n'est parfaitement pure, elle ne peut habiter avec Dieu. Les actions des hommes font tantôt bonnes, tantôt mauvaises. Où vont toutes ces ames mi-parties, immédiatement après la mort ?

La sagesse divine.

Elles vont subir, dans l'ondera, pendant quelque tems des peines proportionnées à leurs iniquités. Ensuite elles vont au ciel, où elles reçoivent *quelque tems* la récompense de leurs bonnes actions; enfin elles rentrent dans des corps nouveaux.

La raison.

Qu'est-ce que le tems, ma mère ?

La sagesse divine.

Il existe avec Dieu pendant l'éternité; mais on ne peut l'apercevoir & le compter que du point où Dieu créa le mouvement qui le mesure.

Tel est ce catéchisme, le plus beau monument de toute l'antiquité. Ce sont là ces idolâtres auxquels on a envoyé, pour les convertir, le jésuite *Lavaur*, le jésuite *saint Estevan*, & l'apostat *Norogna* (o).

Au reste, le lieutenant-colonel *Dow*, & le sous-gouverneur *Holwell*, ayant gratifié l'Europe des plus sublimes morceaux de ces anciens livres sacrés, ignorés jusqu'à présent, nous sommes bien éloignés de soupçonner leur véracité sous prétexte qu'ils ne sont pas d'acord sur des objets très-futiles, comme sur la manière de prononcer shasta-bad, ou shastra-beda, & si *beda* signifie science ou livre. Souvenons-nous que nous avons vu nier dans Paris les expériences de *Newton* sur la lumière, & lui faire des objections plus frivoles.

(o) Voyez l'article 15 page 98.

ARTICLE VINGT-SEPTIEME.
Du baptême indien.

IL n'est pas surprenant qu'un fleuve aussi bienfaisant que le Gange ait été regardé comme un don de Dieu, qu'il ait été réputé sacré, & qu'enfin on ait imaginé que ses eaux qui lavaient & rafraichissaient le corps en pussent faire autant à l'ame. Car tous les peuples de l'antiquité sans exception faisaient de l'ame une figure légère enfermée dans son logis. Et qui nétoyait l'un nétoyait l'autre.

Le bain expiatoire & sacré du Gange passa bientôt vers le fleuve Indus, ensuite vers le Nil, & enfin vers le Jourdain. Les prêtres juifs, imitateurs en tout des prêtres d'Egypte leurs maîtres & leurs ennemis, eurent des jours de bain comme eux. Les Isiaques ne pouvaient se baptiser, se plonger toujours dans le Nil à cause des crocodiles, & les lévites d'Hershalaïm, que nous nommons Jérusalem, étant éloignés dans leur petit pays d'une cinquantaine de milles du Jourdain, se plongeaient comme les prêtres isiaques dans de grandes cuves. Les prêtres de Babilone, de Sirie, de Phénicie en faisaient autant.

Nous avons remarqué ailleurs que les juifs avaient chez eux deux baptêmes. L'un était le baptême de justice pour ceux qui voulaient ajouter cette cérémonie à celle de la circoncision. L'autre était le baptême des prosélites pour les étrangers, pour leurs esclaves quand ils n'étaient pas esclaves eux-mêmes, & qu'ils en avaient quelques-uns qui voulaient embrasser la religion juive. On les circoncisait, & ensuite on les plongeait nuds ou dans le Jourdain, ou dans des cuves. On plongeait aussi des femmes nues, & trois prêtres étaient chargés de les baptiser. Enfin l'on sait comment notre religion sanctifia cet antique usage, & aposa le sceau de la vérité à ces ombres.

ARTICLE VINGT-HUITIÈME.

Du paradis terrestre des Indiens, & de la conformité aparente de quelques-uns de leurs contes avec les vérités de notre sainte écriture.

ON dit que dans la foule de ces opinions théologiques, quelques bramés ont admis une espèce de paradis terrestre; cela n'est pas étonnant. Il n'y a point de pays au monde où les hommes n'ayent vanté le passé aux dépends du présent. Partout on a regretté un tems où les hommes étaient plus robustes, les femmes plus belles, les saisons plus égales, la vie plus longue, & la lune plus lumineuse.

Si nous en croyons le jésuite *Boucher*, les Indiens eurent leur jardin *chorcam*, comme les juifs avaient eu leur jardin d'*Eden*. C'est à ce jésuite à voir si les bracmanes avaient été les plagiaires du pentateuque, ou s'ils s'étaient rencontrés avec lui, & quel est le plus ancien peuple, celui des vastes Indes, ou celui d'une partie de la Palestine (*p*).

Il prétend que brama est une copie d'*Abraham*, parce qu'*Abraham* s'était apellé *Abram* en première instance, & qu'*Abram* est évidemment l'anagrame de brama.

Vishnou est, selon lui, *Moïse*; quoiqu'il n'y ait pas le moindre raport entre ces deux personnages, & qu'il soit dificile de trouver l'anagrame de *Moïse* dans Vishnou.

A-t-il plus heureusement rencontré avec le fort *Samson*, qui assembla un jour trois-cents renards, les attacha tous par la queue & leur mit le feu au derrière, moyennant quoi toutes les moissons des Philistins, dont il était l'esclave, furent brûlées (*q*)?

_____

(*p*) Le Bengale est apellé paradis terrestre dans tous les rescrits du grand mogol & des soubas.

(*q*) A Rome le peuple se donnait tous les ans le plaisir de faire courir dans le cirque quelques renards, à la queue desquels on attachait des brandes. *Bochart* l'étimologiste ne manque pas de dire que c'était une commémoration de l'avanture de *Samson*, très-célèbre dans l'ancienne Rome.

Le *révérend père Bouchet* afirme dans sa lettre à *monseigneur Huet*, ancien évêque d'Avranches, qu'une espèce de dieu ou de génie ayant la guerre contre le roi de Serindib, leva contre lui une armée de singes, & ayant mis le feu à leurs queues, brûla toute la canelle & tout le poivre de l'isle.

<small>Ceilan.</small>

Notre *Bouchet* ne doute pas que les queues des renards n'ayent formé les queues de ces singes.

C'est ainsi qu'aux Indes, en Perse, à la Chine on lit mille histoires à peu près semblables aux nôtres, non-seulement sur les choses de la religion, mais en morale, & même en fait de romans. Le conte de la matrone d'Ephèse, celui de Joconde, sont écrits dans les plus anciens livres orientaux.

<small>Amphitrion dans l'Inde.</small>

On trouve l'avanture d'*Amphitrion* parmi les plus vieilles fables des bracmanes. Il y a même, ce me semble, plus de sagacité dans le dénouement de l'avanture indienne que dans celui de la grecque. Un homme d'une force extraordinaire avait une très-belle femme; il en fut jaloux, la battit, & s'en alla. Un égrillard de dieu, non pas un bramà ou un vishnou, mais un dieu du bas étage & cependant fort puissant, fait passer son ame dans un corps entièrement semblable à celui du mari fugitif, & se présente sous cette figure à la dame délaissée. La doctrine de la métempsycose rendait cette supercherie vraisemblable. Le dieu

dieu amoureux demande pardon à sa prétendue femme de ses emportemens, obtient sa grace, couche avec elle, lui fait un enfant & reste le maître de la maison. Le mari repentant, & toujours amoureux de sa femme, revient se jetter à ses pieds: il trouve un autre lui-même établi chez lui. Il est traité par cet autre d'imposteur & de sorcier. Cela forme un procès tout semblable à celui de notre *Martinguerre*. L'afaire se plaide devant un juge plus ingénieux que le bailli qui s'est trompé dans le procès de monsieur de *Morangiés*. Ce juge était un bracmane qui devina tout d'un coup que l'un des deux maîtres de la maison était une dupe & que l'autre était un dieu. Voici comme il s'y prit pour faire connaître le véritable mari. Votre époux, madame, dit-il, est le plus robuste de l'Inde. Couchez avec les deux parties l'une après l'autre en présence de notre parlement indien. Celui des deux qui aura fait éclater les plus nombreuses marques de valeur sera sans doute votre mari. Le mari en donna douze. Le fripon en donna cinquante. Tout le parlement brame décida que l'homme aux cinquante était le vrai possesseur de la dame. Vous vous trompez tous, répondit le premier président. L'homme aux douze est un héros; mais il n'a pas passé les forces de la nature humaine: l'homme aux cinquante ne peut être qu'un dieu qui s'est moqué de nous. Le

Fragm. sur l'Inde. M

dieu avoua tout, & s'en retourna au ciel en riant.

De pareils contes dont l'Inde fourmille ont du moins cela de bon qu'ils peuvent tenir une nation entière dans une douce joye, ainsi que les métamorphoses recueillies & embellies par *Ovide*. Ils n'excitent point de querelles, & la moitié d'un peuple ne persécute point l'autre pour la forcer à croire que la fable des deux maris indiens est prise des deux *Amphitrions* & des deux *Sosies*.

ARTICLE VINGT-NEUVIEME.

Du lingam, & de quelques autres superstitions.

ON nous a envoyé des Indes un petit lingam d'une espèce de pierre de touche. Il est exposé à la vue de tout le monde, & n'a jamais éfarouché les yeux de personne ; soit que sa petitesse ne puisse faire une impression dangereuse, soit qu'on le regarde comme un simple objet de curiosité. On nous a assuré que la plûpart des dames indiennes ont de ces petites figures dans leurs maisons, comme on avait des *phallus* en Egypte & des priapes à Rome.

Les parties naturelles de l'homme sont visibles dans toutes nos statues antiques & dans mille modernes. La plus belle fontaine de

Bruxelles est un enfant de bronze admirablement sculpté par *François Flamand*; il pisse continuellement de l'eau, & les dames lui donnent un bel habit & une perruque le jour de sa fête. On fait plus : l'enfant *Jésu* est représenté avec cette partie dans un grand nombre d'églises catholiques, sans que jamais personne se soit avisé ni d'être scandalisé de cette nudité, ni d'en faire une raillerie indécente. Le lingam est presque toujours représenté chez les Indiens, dans l'attitude de la propagation, & par conséquent serait parmi nous un objet obscène & abominable. Cette figure est révérée dans plusieurs de leurs temples. Il y a même, nous dit-on, des filles que leurs mères y conduisent pour lui ofrir leur virginité, avant d'être mariées; quelques unes, dit-on, par le besoin d'une opération physique, quelques autres par dévotion.

Nous avons toujours présumé que le culte du lingam dans l'Inde, celui du phallus en Egypte, celui même de priape à Lampsaque ne put être l'éfet d'une débauche éfrontée, mais bien plutôt de la simplicité & de l'innocence. Dès que les hommes surent tailler des figures, il est très naturel qu'ils consacrassent à la divinité ce qui perpétuait l'humanité. Nous répéterons ici qu'il y a plus de piété, plus de reconnaissance à porter en procession l'image du Dieu conservateur que du dieu destructeur; qu'il est plus humain d'arborer le symbole de la vie que l'instrument de la mort, comme faisaient les Scythes qui adoraient une épée, & à peu près comme nous faisons aujourd'hui dans notre occident, en insultant Dieu dans nos temples, où nous entrons armés comme si nous allions combattre, & où quelques évèques d'Allemagne célébrent une fois l'an la messe l'épée au côté.

Saint Augustin nous instruit que dans Rome on faisait quelquefois asseoir la mariée sur le sceptre énorme de priape (*r*). *Ovide* ne parle point de cette cérémonie dans ses fastes; & nous ne connaissons aucun auteur romain qui en fasse mention. Il se peut que la superstition ait ordonné cette posture à quelques femmes stériles. Nous ne voyons pas même que les Romains ayent jamais érigé un temple à Priape. Il était regardé comme une de ces divinités subalternes dont on tolérait

De civitate Dei. Lib. VI. cap. IX.

___

(*r*) *Sed quid hoc dicam? cùm ibi sit à Priapus nimius masculus super cujus immanissimum & turpissimum fas unum nova nupta sedere jubeatur, more honestissimo & relligiosissimo matronarum.*

Giri traduit: " mais que dis-je? on trouve en ce lieu là même un autre dieu que l'on nomme mâle par excellence. C'est ce dieu dont un objet infâme, ayant, comme ces idolâtres croyaient, la force d'empêcher la malignité des charmes: c'était une coutume reçue avec tant de religion & de chasteté, parmi les honnêtes femmes d'y faire asseoir l'épousée ". Il est dificile de traduire plus infidélement, plus obscurément, plus mal. On croit avoir en français une traduction de la cité de Dieu, & on n'en a point.

les fêtes plutôt qu'on ne les aprouvait. Nous avons dans nos provinces un saint, dont nous n'osons écrire le nom monosyllabe, à qui plus d'une femme a quelquefois adressé ses prières. Le dieu priape, le dieu jugatin qui unissait les époux, le subjugant, *mater-prema*, qui empêchait la matrice de faire la dificile; la *pertunda*, qui présidait au devoir conjugal, tous ces magots, tous ces pénates n'étaient point regardés comme des dieux. Ils n'avaient point de place dans le panthéon d'*Agrippa*, non plus que *rumilia* la déesse des tétons; *stercutius* le dieu de la chaise-percée, & *crepitus* le dieu pet. *Cicéron* ne s'abaisse point à citer ces prétendues divinités dans son livre *de la nature des dieux*, dans ses *tusculanes*, dans sa *divination*. Il faut laisser à la populace ses amusemens, son saint *Ovide*, qui ressuscite les petits garçons, & son saint *rabboni* qui r'abonnit les mauvais maris, ou qui les fait mourir au bout de l'année.

Il est vraisemblable que le lingam indien & le phallus égyptien furent autrefois traités plus sérieusement chez des nations qui existaient tant de siècles avant Rome. L'amour, si nécessaire au monde, & qui est l'ame de la nature, n'était point une plaisanterie comme du tems de *Catulle* & d'*Horace*. Les premiers grecs surtout en parlèrent avec respect. Les poëtes étaient ses prophètes. *Hésiode*, en apellant *Vénus l'amante de la gé-*

nération (*philometa*) révère en elle la source des êtres.

On a prétendu qu'*Astaroth*, chez les Syriens, était autrefois le même que le priape de Lampsaque. Chez les Indiens, ce ne fut jamais qu'un symbole. On y attache encor quelque superstition, mais on ne l'adore pas. Ce mot d'*adorer*, employé par quelques compilateurs, est la profanation d'un mot consacré à l'Etre des êtres.

On demande pourquoi ce symbole existe encor dans quelques endroits des côtes de Malabar & de Coromandel? c'est qu'il exista. Les habitans de ces climats conservèrent long-tems cette simplicité grossière qui ne sait ni rougir ni railler de la nature. Les femmes indiennes n'ont jamais eu de commerce avec les Européans. La malignité des peuples éclairés rit d'un tel usage; l'innocence le voit impunément. Il paraît qu'une telle coutume a dû s'établir d'autant plus aisément, que l'adultère, ce vol domestique, ce parjure dont nous nous moquons, fut longtems inconnu dans l'Inde, & que la vie retirée des femmes le rend encor aujourd'hui extrêmement rare. Ainsi ce qui ne nous paraît qu'un signe honteux de la débauche n'était pour eux que le signe de la foi conjugale.

Qu'il nous soit permis de répéter ici que si dans presque toutes les religions il y eut des usages atroces, si on fit couler le sang humain pour apaiser le ciel, il n'y eut jamais de fêtes instituées par les magistrats pour favoriser le libertinage. Il se mêle bientôt aux fêtes, mais il n'en fut jamais l'objet. Les excès des orgies de *Bacchus* à la fin réprimés par les loix n'avaient pas certainement été ordonnés par les loix. Au contraire, les prêtresses de *Bacchus* dans Athènes juraient d'*observer la chasteté & de ne point voir d'hommes* (s). Par tout les prêtres voulurent être terribles, mais nulle part méprisables. Les plus infames débauches acompagnèrent souvent nos pélérinages, & n'étaient point commandées.

Nous avons une ordonnance de 1671, renouvellée en 1738, par laquelle il est défendu sous peine des galères d'aller à Notre-Dame de Lorette & à saint Jaques en Galice, sans une permission expresse signée d'un secrétaire d'état. Ce n'est pas que les chapelles de saint Jaques & de la Vierge ayent été instituées pour le libertinage.

(s) *Démosthène* dans son plaidoyer contre *Nécera*.

ARTICLE TRENTIEME.

Epreuves.

CEs épreuves d'un pain d'orge, qu'on mange sans étoufer; de l'eau bouillante, dans laquelle on enfonce la main sans s'échauder; le plongement dans la rivière sans se noyer; une barre de fer rouge qu'on touche, ou sur laquelle on marche sans se brûler; toutes ces manières de trouver la vérité, tous ces jugemens de Dieu, si usités autrefois dans notre Europe, ont été & sont encor communs dans l'Inde. Tout vient d'orient, le bien & le mal. Il n'est pas étonnant que pour découvrir les crimes secrets, pour éfrayer les coupables, & pour manifester l'innocence acusée, on ait imaginé que Dieu même interromprait les loix de la nature. On se permit du moins cet artifice. Si tu es coupable, avoue; ou Dieu va te punir. Cette formule pouvait être un frein au crime chez le peuple grossier.

Epreuves dans l'Inde. L'épreuve la plus commune dans l'Inde était l'eau bouillante; si l'acusé en retirait sa main saine, il était déclaré innocent. Il y a plus d'une manière de subir cette épreuve impunément. On peut remplir le vase d'eau bouillante & d'huile froide qui surnage. On peut avoir un vase à double fond, dans lequel l'eau froide sera séparée en haut de

ÉPREUVES.

l'eau qui bouillira dans la partie inférieure. On peut s'endurcir la peau par des préparations ; & les charlatans vendaient chèrement ces secrets aux acusés. Le plongement dans une riviere était trop équivoque. Il est trop clair qu'on surnage, quand on est lié par des cordes qui font, avec le corps, un volume moins pesant qu'un pareil volume d'eau. Manier un fer brûlant était plus dangereux, mais aussi beaucoup plus rare. Passer rapidement entre deux buchers n'était pas un grand risque : on pouvait tout au plus brûler ses cheveux & ses habits.

Ces épreuves sont si évidemment le fruit du génie oriental, qu'elles vinrent enfin aux juifs. Le vaiedabber, que nous apellons les nombres, nous aprend qu'on institua dans le désert l'épreuve des eaux de jalousie. Si un mari acusait sa femme d'adultère, le prêtre faisait boire à la femme d'une eau chargée de malédictions, dans laquelle il jettait un peu de poussiere ramassée sur le pavé du tabernacle, c'est-à-dire probablement sur la terre ; car le tabernacle composé de pieces de raport, & porté sur une charette ne pouvait gueres être pavé. Il disait à la femme : *si vous êtes coupable, votre cuisse pourira, & votre ventre crèvera.* On remarque que dans toute l'histoire juive il n'y a pas un seul exemple d'une femme soumise à cette épreuve ; mais ce qui est étrange, c'est que dans l'évangile de *saint Jaques* il est dit, que *saint Joseph* & la sainte vier-

Épreuves chez les juifs.

ge furent condamnés tous deux à boire de cette eau de jaloufie, & que tous deux en ayant bu impunément, *saint Joseph* reprit son épouse, dont il s'était séparé après les premiers signes de sa groffesse. L'évangile de *saint Jaques*, quoiqu'intitulé *premier évangile*, fut à la vérité rayé du catalogue des livres canoniques : il est proscrit ; mais en quelque tems qu'il ait été compofé, c'est un monument qui nous aprend que les juifs conferverent très-longtems l'ufage de ces épreuves.

Épreuves par le duel.

Nous ne voyons point qu'aucun peuple de l'Afie ait jamais adopté les jugemens de Dieu par l'épée, ou par la lance. Ce fut une coutume inventée par les fauvages qui détruifirent l'empire romain. Ayant adopté le chriftianifme, ils y melèrent leurs barbaries. C'était une jurifprudence bien digne de ces peuples, que le meurtre devînt une preuve de l'innocence, & qu'on ne pût fe laver d'un crime que par en commettre un plus grand. Nos évêques confacrerent ces atrocités : nos parlemens les ordonnèrent, comme on ordonne un *apointé à mettre*. Nos rois en firent le divertiffement folennel de leurs cours gothiques. Nous avons remarqué que ces jugemens de Dieu furent condamnés à la cour de Rome, plus fage que les autres & plus digne alors de donner des loix dans tout ce qui ne touchait pas à fon intérêt. Nous avons traité ailleurs cette matière (1). Nous ne ferons ici qu'une réflexion. Comment l'erreur, la démence & le crime, ayant presqu'en tout tems gouverné la terre entière, les hommes ont-ils pu cependant inventer & perfectionner tant d'arts merveilleux, faire de bonnes loix parmi tant de mauvaises, & parvenir à rendre la vie non seulement tolérable dans tant de campagnes, mais agréables dans tant de grandes villes, depuis Méaco, la capitale du Japon, jusqu'à Paris, Londres & Rome? La véritable raison est, à notre avis, l'instinct donné à l'homme. Il est poussé, malgré lui, à s'établir en société, à se procurer le nécessaire & ensuite le superflu ; à réparer toutes ses pertes & à chercher ses commodités ; à travailler sans-cesse soit à l'utile, soit à l'agréable. Il ressemble aux abeilles : elles se font des habitations commodes, on les détruit, elles les rebâtissent ; la guerre souvent s'allume entr'elles ; mille animaux les dévorent : cependant la race se multiplie ; les ruches changent ; l'espèce subsiste impérissable. Elle fait partout son miel & sa cire, sans que les abeilles de Pologne viennent d'Egypte, ni que celles de la Chine viennent d'Italie.

―――――――――――――――――――――

(1) Essai sur l'histoire générale des mœurs & de l'esprit des nations, chap. 22.

ARTICLE TRENTE ET UNIEME.

De l'histoire des Indiens jusqu'à Timur ou Tamerlan.

Jusqu'où l'insatiable curiosité de l'esprit européan s'est-elle portée ? Du tems de *Tite-Live* c'était être savant de connaître l'histoire de la république romaine, & d'avoir quelque teinture des auteurs grecs. Cette nouvelle passion des archives n'a peut-être pas six-mille ans d'antiquité, quoique *Platon* dise en avoir vu de dix-mille ans. Les hommes ont été très-longtems comme tous nos rustres qui, entièrement ocupés de leurs besoins & de leurs travaux toujours renaissans, ne s'embarassent jamais de ce qui s'est fait dans leurs chaumières cinquante ans avant eux. Croit-on que les habitans de la forêt-noire soient fort curieux de l'antiquité, & que les quatre villes forestières ayent beaucoup de monumens ? La passion de l'histoire est née, comme toutes les autres, de l'oisiveté. Maintenant qu'il faut entasser dans sa tête les révolutions des deux mondes, maintenant qu'on veut connaître à fond les nègres d'Angola & les Samoièdes, le Chili & le Japon; la mémoire succombe sous le poids immense dont la curiosité l'a chargée. Le lieutenant-colonel

Dow s'eſt donné la peine de traduire en ſa langue une partie d'une hiſtoire de l'Inde compoſée dans Déli même par le Perſan *Caſſim Fériſtha*, ſous les yeux de l'empereur de l'Inde *Jehan-guir*, au commencement de notre dix-ſeptième ſiècle.

Cet écrivain perſan, qui paraît un homme d'eſprit & de jugement, commence par ſe défier des fables indiennes, & principalement de leurs quatre grandes périodes qu'ils apellent jog, dont la première, dit-il, fut de quatorze millions quatre-cent-mille années ; pendant laquelle chaque homme vivait cent-mille ans ; alors tout était ſur la terre vertu & félicité.

Le ſecond jog ne dura que dix-huit-cent-mille ans. Il n'y eut alors que les trois-quarts de vertu & de bonheur de ce qu'on en avait eu dans la première période ; & la vie des hommes ne s'étendit pas au-delà de cent ſiècles.

Le troiſième jog ne fut que de ſoixante & douze mille ans. La vertu & le bonheur furent réduits à la moitié, & la vie de l'homme à dix ſiècles.

Le quatrième jog fut racourci juſqu'à trente-ſix-mille ans, & le lot des hommes fut un quart de vertu & de bonheur, avec trois quarts de méchancetés & de miſères : auſſi les hommes ne vécurent plus qu'environ cent ans, & c'eſt juſqu'à préſent leur condition. Ce conte allégorique eſt probablement le modèle des quatre âges, d'or,

(marginal note:) Hiſtoire de l'Inde par Fériſtha.

d'argent, de cuivre & de fer. Ces origines sont bien éloignées de celles des Caldéens, des Chinois, des Egyptiens, des Persans, des Scythes, & surtout de notre *Sem*, de notre *Cham* & de notre *Japhet*. Nos étrennes mignonnes ne ressemblent en rien aux almanachs de l'Asie.

Si l'auteur persan *Féristha* avait pris pour une histoire de l'Inde l'ancienne fable morale des quatre jog, ce serait comme si *Thucidide* avait commencé l'histoire de la Grèce à la naissance de Vénus & à la boéte de Pandore.

Monsieur *Dow* remarque que ce Persan ne savait pas la langue du hanscrit, & que par conséquent l'antiquité lui était inconnue.

Tems fabuleux partout.

Après les tems fabuleux chez toutes les nations viennent les tems historiques; & cet historique est encor partout mêlé de fables. Ce sont chez les Grecs les travaux d'Hercule, la toison d'or, le cheval de Troye.

Tems historiques & fabuleux partout.

Les Romains ont le viol & la mort de *Lucrèce*, l'avanture de *Clélie* & de *Scévola*, le vaisseau qu'une vestale tire sur le sable avec sa ceinture, le pontife *Névius* qui coupe un caillou avec un razoir. Tous nos peuples barbares germains, gaulois, habitans de la Grande-Bretagne, faisaient des miracles avec le gui de chêne; les Bretons descendaient de *Brutus* fils cadet d'*Enée*; leur roi *Vortiger* était sorcier. Un prétendu roi de France, nommé *Childéric*, s'enfuyait en Allemagne qui n'avait point de rois; & là il enlevait au roi *Bazin* la reine sa femme *Bazine*. Un ange descendait du ciel, on ne sait pas bien précisément de quelle partie, pour aporter un étendart au Sicambre Hildovic. Un pigeon descendait aussi du ciel, & lui aportait dans son bec une petite phiole d'huile. Les Espagnols, mêlés d'anciens Tiriens & ensuite d'Afriquains, de Juifs, de Romains, de Vandales, de Gots & d'Arabes venaient pourtant en droite ligne de *Japhet* par *Tubal* fils d'*Ibérus*. *Hispan* apella le pays Espagne. *Lusus*, fils d'*Elie*, fonda le royaume de Lusitanie qui est aujourd'hui le Portugal; mais ce fut *Ulisse* qui bâtit Lisbonne.

Parcourez toutes les nations de l'univers, vous n'en trouverez pas une dont l'histoire ne commence par des contes dignes des quatre fils *Aymon*, & de *Robert-le-diable*. *Féristha* sentit bien ce ridicule universel, & son traducteur anglais le sent encor mieux.

Ce qu'il y a de pis, c'est que le savant *Féristha* ne nous aprend ni les mœurs, ni les loix, ni les usages du pays dont il parle, & dans lequel il vivait.

Nous n'avons vu dans toute son histoire qu'un roi juste; il se nommait *Biker-mugit*. Les poëtes de son tems disaient que l'aiman n'osait atirer le fer, & l'ambre n'osait s'atacher à la paille sans sa permission.

Ce qu'il raporte peut-être de plus curieux, c'est qu'il a trouvé d'anciens mémoires qui confirment ce que les Persans disent de leur héros *Rustan*; qu'il conquit

Livre I.
page 15.

l'Inde environ douze cents ans avant notre ère vulgaire.

Cette découverte prouve ce que nous avons dit, que l'Inde, ainfi que l'Egypte, apartint toujours à qui voulut s'en emparer. C'eſt le fort de prefque tous les climats heureux.

<small>Fériſtha page 24.</small> La chronologie eſt très-bien obſervée par cet auteur; il ſemble qu'il ait prévu la réforme que le grand *Newton* a faite à cette ſcience. *Newton* & *Fériſtha* s'accordent dans l'époque de *Darius* fils d'*Hiſtaſpe* & dans celle d'Alexandrie.

<small>D'Aléxandre.</small> L'auteur perſan dit qu'*Alexandre* devenu roi de Perſe ne fit la guerre à *Porus* que ſur le refus de ce prince indien de payer le tribut ordinaire qu'il devait aux rois de Perſe. Ce *Porus*, que d'autres nomment *Por*, il l'apelle *For*, qui était probablement ſon véritable nom; mais il ne dit point, comme *Quinte-Curce*, qu'*Alexandre* rendit ſon royaume au roi vaincu : au contraire il aſſure que *Porus*, ou *For*, périt dans une grande bataille. Il ne parle point de *Taxile*; ce n'eſt point un nom indien. *Fériſtha* ne dit rien de l'invaſion de *Gengiskan*, qui probablement ne fit que traverſer le nord de l'Inde : mais il dit qu'avant la conquête de cette vaſte région par *Tamerlan*, un prince perſan dans neuf expéditions en raporta vingt-mille livres peſant de diamans & de pierres précieuſes. C'eſt une exagération ſans doute : elle prouve ſeulement que les conqué-

conquérans n'ont jamais été que des voleurs heureux, & que ce prince persan avait volé les Indiens neuf fois.

Il raporte encor qu'un capitaine d'un autre brigand ou sultan persan résidant à Déli, ayant conduit un détachement de son armée dans le Bengale, à Golconde, au Décan, au Carnate, où sont aujourd'hui Madras & Pondichéri, revint présenter à son maître trois-cent-douze éléphans chargés de cent-millions de livres sterling en or. Et le lieutenant-colonel *Dow*, qui sait ce que de simples oficiers de la compagnie des Indes ont gagné dans ces pays, n'est point étonné de cette somme incroyable.

<small>Sources des richesses de l'Inde.</small>

L'Inde n'a presque point de mines métalliques. Ces tréfors ne venaient que du commerce des pierres précieuses & des diamans du Bengale, des épiceries de l'isle de Sérindib, & de mille manufactures, dont le génie des bracmanes avait enseigné l'art aux peuples sédentaires, patiens & apliqués, dans le midi de ces contrées, depuis Surate & Bénarès jusqu'à l'extrémité de Sérindib, sous l'équateur.

Les barbares, vomis de Candahar, de Caboul, du Sableftan, avaient, sous le nom de sultans, ravagé le séjour paisible de l'Inde dès l'an 975 de notre ère jusques vers 1420, quand le tartare *Timur* vint fondre sur eux, comme un vautour sur d'autres oiseaux carnassiers.

C'était le tems où notre Europe occiden-

Fragm. sur l'Inde. N

tale n'avait presqu'aucun commerce avec l'orient. C'était la fin du grand schisme, aussi ridicule qu'afreux qui désola l'Italie, l'Allemagne, l'Angleterre, la France & l'Espagne, pour savoir lequel de trois fripons serait reconnu pour le vicaire infaillible de Dieu. C'était l'époque où un roi, devenu fou, deshérita son fils pour donner le royaume de France à un étranger son vainqueur. Nos contrées, alors barbares par les mœurs & par l'ignorance, avaient leurs malheurs de toute espèce, comme la riche Asie avait les siens.

ARTICLE TRENTE-DEUXIEME.

De l'histoire indienne depuis Tamerlan jusqu'à monsieur Holwell.

Nous avons été étonnés que notre auteur persan n'ait fait qu'une mention courte, froide & sèche de ce *Tamerlan*, fondateur du trône des mogols. Aparemment qu'il n'a pas voulu répéter ce qu'en avaient dit *Abulcasi* & le persan *Mirkond*. Il épargne ses lecteurs. Une telle retenue est bien contraire à la profusion de nos Européans qui répétent tous les jours ce qu'on a publié cent fois, & qui, pour notre malheur, ne répétent souvent que des fables.

Férishta nous aprend du moins que le tyran *Tamerlan*, après avoir vaincu la Perse, vint combattre sous les murs de Déli un tyran nommé *Mahmoud*, qu'on dit fou & aussi méchant que lui, & qui oprima les peuples pendant vingt années. *Tamerlan* vengea l'Inde de ce brigand couronné: mais qui la vengea de *Tamerlan*? Quel droit avait sur les terres de l'Indus & du Gange un Tartare, un obscur mirza d'un petit désert nommé Kech, ou Cash? Il exerça d'abord ses brigandages vers Caboul comme nous avons vû *Abdala* commencer les siens; après avoir volé quelques bestiaux à ses hordes voisines, & comme a commencé *Sha-Nadir*. Bientôt il ravagea la moitié de la Perse. On l'eut empalé, s'il eut été pris: ses vols furent heureux, & il fut roi. On dit qu'il entra dans Ispahan, & qu'il en fit égorger tous les citoyens: enfin il soumit tous les peuples depuis le nord de la mer d'Hircanie jusqu'à Ormus.

La raison de tous ses succès n'est pas qu'il fut plus brave que tant de capitaines qui le combattirent; mais il avait des troupes plus endurcies aux fatigues & mieux disciplinées que celles de ses voisins: mérite qui, après tout, n'est pas plus grand que celui d'un chasseur qui a de meilleurs chiens qu'un autre; mais mérite qui donna presque toujours la victoire & l'empire.

C'est *Tamerlan* qui arrêta un moment les invasions des Turcs dans l'Europe, lorsqu'il prit *Bajazet* prisonnier dans la célèbre bataille d'Ancire. Il est arrivé en Angleterre, par une singulière fantaisie, qu'un poëte de ce pays, ayant composé une tragédie sur *Tamerlan* & *Bajazet*, dans laquelle *Tamerlan* est peint comme un libérateur, & *Bajazet* comme un tyran, les Anglais font jouer tous les ans cette tragédie le jour où l'on célèbre le couronnement du roi *Guillaume III*, prétendant que *Tamerlan* est *Guillaume*, & que *Bajazet* est *Jaques second*. Il est clair cependant que *Tamerlan* est encor plus usurpateur que *Bajazet*.

Ce héros du vulgaire, dévastateur d'une grande partie du monde, conquit la partie septentrionale de l'Inde jusqu'à Lahor & jusqu'au Gange par lui ou par ses fils en très-peu d'années. *Férista* assure qu'ayant pris dans Déli cent-mille captifs, il les fit tous égorger; qu'on juge par-là du reste. La conquête n'était pas dificile : il avait à faire à des Indiens; & tout était partagé en factions. La plûpart de ces invasions subites, qui ont changé la face de la terre, furent faites par des loups qui entraient dans des bergeries ouvertes. Il est assez connu que lorsqu'une nation est aisément soumise par un peuple étranger, c'est parce qu'elle était mal gouvernée.

Incertitudes sur l'histoire de Tamerlan com-

L'auteur persan qui raconte briévement une partie des victoires de *Tamerlan*, & qui paraît saisi d'horreur à toutes ses cruautés, n'est point d'acord avec les autres écrivains sur une infinité de circonstances. Rien ne nous prouve mieux combien il faut se défier de tous les détails de l'histoire. Nous ne manquons pas en Europe d'auteurs qui ont copié au hazard des écrivains asiatiques plus ampoulés que vrais, comme ils le font presque tous. *me sur toutes les histoires.*

Parmi ces énormes compilations nous avons *l'introduction à l'histoire générale & politique de l'univers, commencée par monsieur le baron de Puffendorf, complettée & continuée jusqu'en 1745 par monsieur Bruzen de la Martinière, premier géographe de sa majesté catholique, secrétaire du roi des deux Siciles & du conseil de sa majesté.*

Cet écrivain, d'ailleurs homme de mérite, avait le malheur de n'être en éfet que le secrétaire des libraires de Hollande. Il dit (x) que *Tamerlan* entama les Indes par les ravages au Caboulestan, & revint sur la fin du quatorzième siècle dans *ce même Caboulestan qui avait cru pouvoir secouer impunément sa domination, & qu'il châtia les rebelles.* Le secrétaire d'un valet de chambre de *Tamerlan* aurait pu s'exprimer ainsi. J'aimerais autant dire que *Cartouche* châtia des gens qu'il avait volés, & qui voulaient reprendre leur argent.

Il paraît, par notre auteur persan, que *Tamerlan* fut obligé de quiter l'Inde après

---

(x) Tome VII, pages 35 & 36.

en avoir saccagé tout le nord, qu'il n'y revint plus, qu'aucun de ses enfans ne s'établit dans cette conquête. Ce ne fut point lui qui porta la religion mahométane dans l'Inde ; elle était déja établie longtems avant lui dans Déli & ses environs. *Mahmoud*, chassé par *Tamerlan*, & revenu ensuite dans ses états pour en être chassé par d'autres princes, était mahométan. Les Arabes, qui s'étaient emparés depuis longtems de Surate, de Patna & de Déli, y avaient porté leur religion.

<small>Religion de Tamerlan.
Page 76.</small>

Tamerlan était, dit-on, théiste, ainsi que *Gengis-kan*, & les Tartares, & la cour de la Chine. Le jésuite *Catrou*, dans son histoire générale du Mogol, dit que cet illustre meurtrier, l'ennemi de la secte musulmane, *se fit assister à la mort par un iman mahométan, & qu'il mourut plein de confiance en la miséricorde du Seigneur, & de crainte pour sa justice, en confessant l'unité d'un Dieu. Malheureux prince d'avoir cru pouvoir arriver jusqu'à Dieu, sans passer par Jésus-Christ !*

A Dieu ne plaise que nous entrions, & que nous conduisions nos lecteurs, si nous en avons, dans l'abominable chaos où l'Inde fut plongée après l'invasion de *Tamerlan*, & que nous tirions les princes qui se disputèrent Déli de l'obscurité profonde où des hommes qui n'ont fait aucun bien à la terre doivent être ensevelis.

Je ne sais quel écrivain, gagé par *Desaint* & *Saillant* libraires de Paris, rue saint

Jean de Beauvais vis-à-vis le collège, a compilé *l'histoire moderne des Chinois, Japonois, Indiens, Persans, Turcs, Russes, pour servir de suite à l'histoire ancienne de Rollin*.

Rollin, d'ailleurs utile & éloquent, avait transcrit beaucoup de vérités & de fables sur les Carthaginois, les Perses, les Grecs, les anciens Romains, pour *former l'esprit & le cœur* des jeunes Parisiens. Il n'y a pas d'aparence que le compilateur de l'histoire moderne des Chinois, Japonois, &c. ait prétendu former *l'esprit & le cœur* de personne. Au reste, il nous aprend qu'*Abou-saïd*, fils de *Tamerlan*, régna dans l'Inde, dont il n'aprocha jamais. Ce fut *Babar*, petit-fils de *Tamerlan*, qui forma véritablement l'empire mogol. Il arriva de la Tartarie comme *Tamerlan*, & commença ses conquêtes à la fin du quinzième siècle, au tems où les Portugais s'établissaient déja sur les côtes de Malabar, où le commerce du monde changeait, où un nouvel hémisphère était découvert pour l'Espagne, & où le pontife de Rome *Alexandre VI*, si horriblement célèbre, donnait de sa pleine autorité les Indes orientales aux Espagnols, & les occidentales aux Portugais, par une bulle. L'audace, le génie, la cruauté & le ridicule gouvernaient l'univers.

L'invention du canon, qui ne fut que si tard connue des Chinois, quoiqu'ils eussent depuis plus de dix siècles le secret de la poudre, était déja parvenu dans l'Inde

Canons chez les Indiens.

Ces inſtrumens de deſtruction y avaient été portés de l'Europe chez les Turcs, & des Turcs chez les Perſans. *Feriſtha* nous inſtruit que dans la grande bataille de Mavat, qui décida du ſort de l'Inde, l'an de notre ère 1526, le premier de notre mois de mars, *Babar* plaça ſes petits canons au front de ſon armée, & les lia enſemble par des chaines de fer, de peur qu'on ne les lui prît. Cette victoire, remportée contre tous les raïa de l'Inde ſeptentrionale, donna l'empire qu'on nomme des mogols à *Babar*: empire d'abord aſſez faible & qui ne remonte pas ſi haut que l'élection de l'empereur *Charles-Quint*.

ARTICLE TRENTE-TROISIEME.

De Babar qui conquit une partie de l'Inde après Tamerlan, au ſeizieme ſiècle. D'Acbar brigand encor plus heureux. Des barbaries exercées chez la nation la plus humaine de la terre.

F*Eriſtha* nous avertit que le vainqueur *Babar* fit ériger, ſur une éminence près du champ de bataille, une piramide toute incruſtée des têtes des vaincus. Cela n'eſt pas bien étonnant; les Suiſſes avaient dreſſé quarante ans auparavant, fur le chemin de Morat, un pareil monument qui fubfifte encor.

Il nous conte que *Babar*, ayant gagné la bataille, malgré les prédictions de fon aftrologue, lui fit donner un lac de roupies & le chaffa. Cela prouve que la démence de l'aftrologie était plus refpectée dans l'orient que parmi nous. L'Europe était remplie de princes qui payaient des aftrologues; mais ils ne donnaient pas deux-cent quarante-mille francs à ces charlatans pour avoir menti. *Aftrologue confulté pour donner bataille.*

Lorfqu'après fa victoire il affiégea un fort, nommé Chingeri, défendu par les Indiens atachés au braminifme, ils commencèrent par égorger leurs femmes & leurs enfans, & fe précipitèrent enfuite fur les épées des Tartares. Sont-ce là ces mêmes peuples qui tremblaient de bleffer une vache & un infecte? Le défefpoir eft plus fort que les préjugés même de l'enfance & que la nature. Ces faibles habitans de Chingeri n'ont fait que ce qu'on raporte de *Sardanapale* plus amoli & plus énervé qu'eux, & ce qu'on a dit de Sagonte & de quelques autres villes. Enfin ayant étendu fes conquêtes de Caboul au Gange, il faut finir fon hiftoire par ces mots qui en montrent la vanité, *il mourut*. *Grande action de défefpoir.*

Ce qui nous paraît étrange, c'eft que *Babar* était mufulman. Son aïeul *Tamerlan* ne l'était pas. *Babar*, né dans le Ca- *En 1530. L'empereur Babar mufulman.*

boulestan, avait-il embrassé cette religion afin de paraître partager le joug des peuples qu'il voulait écraser? Il avait choisi la secte d'*Omar*: c'était sans doute parce que les Perses ses voisins & ses ennemis étaient de la secte d'*Ali*. La religion musulmane & la bramiste partagèrent l'Inde: elles se haïrent, mais sans persécution. Les mahométans vainqueurs n'en voulaient qu'aux bourses, & non aux consciences des Indous.

<small>L'empereur Humaiou astrologue.</small>

Humaiou, fils de *Babar*, régna dans l'Inde avec des fortunes diverses. C'était, dit-on, un bon astronome, & plus grand astrologue. Il avait sept palais, dédiés chacun à une planète. Il donnait audience aux guerriers dans la maison de Mars, & aux magistrats dans celle de Mercure. En s'occupant ainsi des choses du ciel, il risqua de perdre celles de la terre. Un de ses frères lui prit Agra, & le vainquit dans une grande bataille. Ainsi la maison de *Tamerlan* fut presque toujours plongée dans les guerres civiles.

Pendant que les deux frères se battaient & s'afaiblissaient l'un l'autre, un tiers s'empara des terres qu'ils se disputaient. C'était un avanturier du Candahar; il se nommait *Sher*. Ce *Sher* mourut dans une de ses expéditions. Toute sa famille se fit la guerre pour partager les dépouilles; & pendant ce tems l'astrologue *Humaiou* était réfugié en Perse chez le sophi *Thamas*. On voit que la nation indienne était une des plus malheureuses de la terre, & méritait ses malheurs, puisqu'elle n'avait su ni se gouverner elle-même, ni résister à ses tyrans. L'écrivain persan fait un long récit de toutes ces calamités bien ennuyeux pour quiconque n'est pas né dans l'Inde, & peut-être pour les naturels du pays. Quand l'histoire n'est qu'un amas de faits qui n'ont laissé aucune trace, quand elle n'est qu'un tableau confus d'ambitieux en armes, tués les uns par les autres, autant vaudrait tenir des registres des combats des bêtes.

Humaiou revint enfin de Perse, quand la plupart des autres usurpateurs qui l'avaient chassé se furent exterminés. Il mourut pour s'être laissé tomber de l'escalier d'une maison qu'il faisait construire ; mais qu'importe ? Ce qui importe c'est que les peuples gémissaient & périssaient sur des ruines, non-seulement dans l'Inde, mais dans la Perse, dans l'Asie mineure, & dans nos climats.

1552.

Après *Humaiou* vient *Acbar* son fils, plus heureux dans l'Inde que tous ses prédécesseurs, & qui établit une puissance durable, au moins jusqu'à nos jours. Quand il succéda à son père par le droit des armes, & que l'usurpation commençait à se tourner en droit sacré, il ne possédait point encor la capitale Déli. Agra était fort peu de chose. De l'argent, il n'en avait pas; mais il avait des troupes du nord aguerries, de l'esprit & du courage, avec quoi

Acbar empereur puissant.

on prend aisément l'argent des Indiens. Il nourit la guerre par la guerre, prit Déli & s'y afermit. Il fut vaincre les petits princes, soit indiens, soit tartares, cantonnés par-tout depuis l'iruption passagère de *Tamerlan*.

1556. *Férishta* nous conte qu'*Acbar*, se voyant bientôt à la tête de deux mille éléphans & de cent mille chevaux, poursuivait avec des détachemens de cette grande armée un kan tartare, nommé *Ziman*, retiré derrière le Gange, du côté de Lahor, dans un endroit nommé Manezpour. On cherchait des bateaux, le tems se perdait, il était nuit ; *Acbar*, ayant devancé son armée, aprend que les ennemis se croyant en sureté à l'autre bord du fleuve, ont célébré une fête à la manière de tous les soldats & qu'ils sont en débauche. Il passe le grand fleuve du Gange à la nage sur son éléphant, suivi seulement de cent chevaux, aborde, trouve les ennemis endormis & dispersés : ils ne savent quel nombre ils ont à combattre, ils fuient ; les troupes d'*Acbar*, ayant passé le fleuve, voyent *Acbar* & cent hommes vainqueurs d'une armée entière. Ceux qui aiment à comparer peuvent mettre en parallèle le passage du Granique par *Alexandre*, *César* passant à la nage un bras de la mer d'Alexandrie, *Louis XIV* dirigeant le passage du Rhin, *Guillaume III* combattant en personne au milieu de la Boyne, & *Acbar* sur son éléphant.

Victoire d'Acbar qui passe le Gange à la nage.

ACBAR.

Acbar fut le premier qui s'empara de Surate & du royaume de Guzarate, fondé par des marchands arabes devenus conquérans à peu-près comme des marchands anglais sont devenus les maîtres du Bengale.

Ce même Bengale fut bientôt soumis par *Acbar*; il envahit une partie du Décan: toujours à cheval ou sur un éléphant, toujours combattant du fond de Cachemire jusqu'au Visapour, & mêlant toujours les plaisirs à ses travaux, ainsi que tant de princes.

Notre jésuite *Catrou*, dans son *histoire générale du Mogol*, composée sur les mémoires des jésuites de Goa, assure que cet empereur mahométan fut presque converti à la religion chrétienne par le père *Aquaviva*, voici ses paroles.

Jésuites disent, avoir disposé l'empereur au christianisme. Page 94.

„ Jésus-Christ (lui disaient nos mission-
„ naires) vous paraît avoir sufisamment
„ prouvé sa mission par des miracles attes-
„ tés dans l'alcoran. C'est un prophète
„ autorisé; il faut donc le croire sur sa pa-
„ role. Il nous dit qu'il était avant *Abra-*
„ *ham*. Tous les monumens qui restent de
„ lui confirment la Trinité, &c.....

„ L'empereur sentit la force de ce rai-
„ sonnement, quita la conversation les lar-
„ mes aux yeux, & répéta plusieurs fois.....
„ devenir chrétien!.... changer la religion
„ de mes pères! Quel péril pour un em-
„ pereur! Quel poids pour un homme

,, élevé dans la molleſſe & dans la liberté
,, de l'alcoran !...."

S'il eſt vrai que ſi *Acbar* prononça ces
paroles après avoir quité la converſation,
le père *Aquaviva* ne les entendit pas. Il
eſt encor vrai qu'*Acbar* n'avait pas été élevé dans la molleſſe, & que l'alcoran n'eſt
pas ſi mou que le dit le jéſuite *Catrou*.
On ſait aſſez qu'il n'eſt pas beſoin de calomnier l'alcoran pour en montrer le ridicule. D'ailleurs il ordonne le jeûne le
plus rigoureux, l'abſtinence de toutes les
liqueurs fortes, la privation de tous les
jeux, cinq prières par jour, l'aumône de
deux & demi pour cent de ſon bien; &
il défend à tous les princes d'avoir plus
de quatre femmes, eux qui en prenaient
auparavant plus de cent. *Catrou* ajoute que
le muſulman *Acbar* *honorait à certains tems*
Jéſus & Marie; qu'il portait au cou un re-
liquaire, un agnus Dei & une image de la
ſainte Vierge. Notre perſan, traduit par
monſieur *Dow*, ne dit rien de tout cela.

ARTICLE TRENTE-QUATRIEME.

Suite de l'histoire de l'Inde jusqu'à 1770.

L'Auteur persan finit son histoire à la mort d'*Acbar*. Monsieur *Dow* en donne la suite en peu de mots, jusqu'à ce qu'il arrive au tems où ses compatriotes commencent eux-mêmes à être en partie un grand objet de l'histoire de l'Inde. 1604.

C'est ainsi, ce me semble, qu'on doit s'y prendre en toutes choses. Ce qui nous touche d'avantage doit être traité plus à fond que ce qui nous est étranger.

Quand nous répéterions que *Géan-gir*, fils & successeur d'*Acbar*, était un ivrogne, & que son frère aîné plus ivrogne que lui avait été deshérité, nous ne pourions nous flater d'avoir travaillé aux progrès de l'esprit humain. Mort en 1627.

Sha-géan succéda à *Géan-gir* son père, contre lequel il s'était révolté tant qu'il avait pu; de même que ses enfans se révoltèrent depuis contre lui.

Les noms de *Géan-gir* & de *Sha-géan* signifient, dit-on, empereur du monde. Si cela est, ces titres sont du stile asiatique. Ces empereurs-là n'étaient pas géographes. Les trois quarts de l'Inde en-deça du Gange, dont ils ne furent jamais les maîtres bien reconnus & bien paisibles jusqu'à *Aurengzeb*, ne composaient pas le monde entier. Mais le globe entre les mains de l'empereur d'Allemagne & du roi d'Angleterre, à leur sacre, n'est pas plus modeste que les titres de *Sha-géan* & de *Géan-gir*.

Nous n'avons dit qu'un mot de cet *Aureng-zeb*, fameux dans toute notre hémisphère; & nous en avons dit assez en remarquant qu'il fut le barbare le plus tranquile, l'hipocrite le plus profond, le méchant le plus atroce, & en même tems le plus heureux des hommes, & celui qui jouit de la vie la plus longue & la plus honorée : exemple funeste au genre-humain, mais qui heureusement est très-rare.

Nous ne pouvons dissimuler que nous avons vû avec douleur l'éloge de ce prince paricide dans monsieur *Dow*; & nous l'excusons, parce qu'étant guerrier, il a été plus ébloui de la gloire d'*Aurengzeb* qu'effarouché de ses crimes. Pour nous, notre principal but, dont on a dû assez s'apercevoir, était d'examiner dans ces fragmens les désastres de la compagnie française des Indes & la mort du général *Lalli*: époque remarquable chez une nation qui se pique de justice & de politesse.

Nous avons fait voir (*y*) les malheureux grand-

_____

(*y*) Voyez Article IX.

grand-mogols descendans de *Tamerlan* amollis, corompus & détrônés; l'empereur *Sha-Amed*, mourant après qu'on lui eut araché les yeux; *Alumgir* assassiné; le brigand *Abdala* devenu grand prince & sacageant tout le nord de l'Inde; les Marates lui résistant; ces Marates tantôt vainqueurs, tantôt vaincus; & enfin l'Indostan plus malheureux que la Perse & la Pologne.

Nous doutions du tems & de la manière dont ce grand-mogol *Alumgir* fut assassiné; mais monsieur *Dow* nous aprend que ce fut en 1760, dans la maison, ou plutôt dans l'antre d'un hermite musulman qui passait pour un santon, pour un saint. Les propres domestiques de l'empereur dévot l'engagèrent à faire ce pélérinage; & le grand visir le fit égorger dans le tems qu'il se prosternait devant le saint. Tout était en combustion après ce crime; précédé & suivi de mille crimes, quand le brigand *Abdala* revint de Caboul & des frontières orientales de la Perse augmenter l'horreur du désordre. Quoique cet *Abdala* fût déja un souverain considérable, il pouvait à peine payer ses troupes. Il lui falait subsister continuellement de rapines. Il y a peu de distinction à faire entre les scélérats que nous condamnons à la roue en Europe, & ces héros qui s'élevent des trônes en Asie. *Abdala* vint en 1761 exiger des contributions de Déli. Les citoyens, apauvris par quinze ans de rapines, ne purent le satisfaire: ils

Fragm. sur l'Inde. O

prirent les armes dans leur défefpoir. *Abdala* tua & pilla pendant fept jours; la plupart des maifons furent réduites en cendres. Cette ville, longue de dix-fept lieues, de deux mille trois cent pas géométriques, & peuplée de deux millions d'habitans, n'avait pas éprouvé, dans l'invafion du tems de *Sha-Nadir*, une calamité fi horrible. Mais elle n'était pas à la fin de fes malheurs. Les Marates accoururent pour partager la proye; ils combatirent *Abdala* fur les ruines de la ville impériale. Ces voleurs chaffèrent enfin ce voleur, & pillèrent Déli à leur tour avec une inhumanité prefqu'égale à la fienne.

Un autre petit peuple, voifin des Marates & de Vifapour, habitant des montagnes apellées les Gates, & qui en a pris le nom, vint encor fe joindre aux Marates & mettre le comble à tant d'horreurs.

Qu'on fe figure les Anglais & les Bourguignons déchirant la France du tems de l'imbécile *Charles VI*, ou les Goths & les Lombards dévorant l'Italie dans la décadence de l'empire, on aura quelque idée de l'état où était l'Inde dans la décadence de la maifon de *Tamerlan*. Et c'était précifément dans ce tems là que les Anglais & les Français fur la côte de Coromandel fe bataient entr'eux & contre les Indiens, pillaient, ravageaient, intriguaient, trahiffaient, étaient trahis..... pour vendre en Europe des toiles peintes.

Que l'on compare les tems, & qu'on juge du bonheur dont on jouit aujourd'hui en France, en Espagne, en Italie, en Allemagne dans une paix profonde, dans le sein des arts & des plaisirs. Ils ne sont point troublés par l'ordre donné aux jésuites de vivre chacun chez soi en habit-court au lieu de porter une robe longue. La France n'est que plus florissante par l'abolissement de la vénalité infame de la judicature. L'Angleterre est tranquile & opulente, malgré les petites satires des oposans. L'Allemagne se polit & s'embellit tous les jours. L'Italie semble renaitre. Puisse durer longtems une félicité dont on ne sent pas assez le prix!

Au milieu des convulsions sanglantes dont l'empire mogol était agité, quelques omras, quelques raïas avaient élu dans Déli un empereur qui prit le nom de *Sha-Géan*. Il était de la maison *Tamerlane*. Nous avons observé qu'on n'a point encor choisi de monarque ailleurs, tant le préjugé a de force. *Abdala* même, n'osant se déclarer empereur, consentit à l'élévation de ce prince *Sha-Géan*. Les Marates le détronèrent & mirent à sa place un autre prince de cette race. C'est ce fantôme d'empereur qui est aujourd'hui, en 1773, sur ce malheureux trône. Il a pris le nom de *Sha-Allum*. Un fils de l'autre *Allum*, surnommé *Gir*, assassiné dans la célule d'un faquir, lui a disputé l'ombre de sa puissance; & tous deux ont été & sont encor également infortunés, mais

En 1762.

moins que les peuples qui font toujours victimes, & dont les historiens parlent rarement. Trop d'écrivains ont imité trop de princes; ils ont oublié les intérêts des nations pour les intérêts d'un feul homme.

ARTICLE TRENTE-CINQUIEME.

Portrait d'un peuple fingulier dans l'Inde. Nouvelles victoires des Anglais.

Parmi tant de défolations, une contrée de l'Inde a joui d'une profonde paix; & au milieu de la dépravation afreufe des mœurs, a confervé la pureté des mœurs antiques. Ce pays eft celui de Bishnapore, ou Vishnapore. Monfieur *Holwell*, qui l'a parcouru, dit qu'il eft fitué au nord-oueft du Bengale, & que fon étendue eft de foixante journées de chemin: ce qui ferait, à dix de nos lieues communes par jour, fix-cent lieues. Par conféquent ce pays ferait beaucoup plus grand que la France: en quoi nous foupçonnons quelque exagération, ou une faute d'impreffion trop commune dans tous les livres. Il vaut mieux croire que l'auteur a entendu par foixante journées de marche le circuit de toute la province: ce qui donnerait environ cent lieues de diamètre. Elle raporte trente-cinq

Holwell pag. 197 & fuivantes.

lacs de roupies par année à son souverain, huit millions deux-cent-mille de nos livres. Ce revenu ne paraît pas proportionné à l'étendue de la province.

Ce qui nous étonne encor, c'est que le Bishnapore ne se trouve point sur nos cartes. Le lecteur éprouvera un étonnement plus agréable, quand il saura que ce pays est peuplé des hommes les plus doux, les plus justes, les plus hospitaliers & les plus généreux qui aient jamais rendu la terre digne du ciel. " La liberté, la propriété y sont
" inviolables. On n'y entend jamais par-
" ler de vol ni particulier ni public. Tout
" voyageur, trafiquant ou non, y est sous
" la garde immédiate du gouvernement qui
" lui donne des guides pour le conduire
" sans aucun frais, & qui répondent de ses
" éfets & de sa personne. Les guides, à
" chaque station ou couchée, le remettent
" à d'autres conducteurs avec un certificat
" des services que les premiers lui ont ren-
" dus; & tous ces certificats sont portés au
" prince. Le voyageur est défrayé de tout
" dans sa route, aux dépends de l'état trois
" jours entiers dans chaque lieu où il veut
" séjourner, &c.

Tel est le récit de monsieur *Holwell*. Il n'est pas permis de croire qu'un homme d'état, dont la probité est connue, ait voulu en imposer aux simples. Il serait trop coupable & trop aisément démenti. Cette contrée n'est pas comme l'isle imaginaire de Pancaye, le jardin des Hespérides, les isles fortunées, l'isle de Calipso, & toutes ces terres fantastiques, où des hommes malheureux ont placé le séjour du bonheur.

Cette province apartient de tems immémorial à une race de brames qui descend des anciens bracmanes. Et ce qui peut faire penser que le vrai nom du pays est Vishnapor, c'est que ce nom signifierait le royaume de *Vishnou, la bienfaisance de Dieu.* Ses mœurs furent autrefois celles de l'Inde entière, avant que l'avarice y eut conduit des armées d'opresseurs. La caste des brames y a conservé sa liberté & sa vertu; parce qu'étant toujours maîtres des écluses qu'ils ont construites sur un bras du Gange, & pouvant inonder le pays, ils n'ont jamais été subjugués par les étrangers. C'est ainsi qu'Amsterdam s'est mise à l'abri de toutes les invasions.

Ce peuple asiatique aussi innocent, aussi respectable que les Pensilvaniens de l'Amérique anglaise, n'est pas pourtant exemt d'une superstition grossière. Il est très compatible que la vertu la plus pure subsiste avec les rites les plus extravagans. Cette superstition même des Vishnaporiens paraît une preuve de leur antiquité. L'espèce de culte qu'ils rendent à la vache, afaibli dans le reste de l'Inde, s'est conservée chez cette nation isolée dans toute la simplicité crédule des premiers tems. Quand la vache consacrée meurt, c'est un deuil universel dans le pays.

Une telle bêtise est bien naturelle dans un peuple à qui l'on avait fait acroire que des milliers de puissances célestes avaient été changées en vaches & en hommes. Le peuple révère & chérit dans sa vache consacrée la nature céleste & la nature humaine. Si nous nous abandonnions aux conjectures, nous pourions penser que le culte de la vache indienne est devenu dans l'Egypte le culte du bœuf. Notre idée serait toujours fondée sur l'impossibilité physique & démontrée que l'Egypte ait été peuplée avant l'Inde. Mais il se pourait très bien que les prêtres de l'Inde & ceux d'Egypte eussent été également ridicules, sans rien imiter les uns des autres.

La doctrine, la pureté, la sobriété, la justice des anciens bracmanes s'est donc perpétuée dans cet azile. Il serait bien à souhaiter que monsieur *Holwell* y eut séjourné plus longtems. Il serait entré dans plus de détails; il aurait achevé ce tableau si utile au genre humain dont il nous a donné l'esquisse. Tous les Anglais avouent que si les brames de Calcuta, de Madras, de Mazulipatan, de Pondichéri, liés d'intérêt avec les étrangers, en ont pris tous les vices; ceux qui ont vécu dans la retraite ont tous conservé leur vertu. A plus forte raison ceux de Vishnapor, séparés du reste du monde, ont dû vivre dans la paix de l'innocence, éloignés des crimes qui ont changé la face de l'Inde, & dont le bruit n'a pas été jusqu'à eux. Il en a été des brames comme de nos moines; ceux qui sont entrés dans les intrigues du monde, qui ont été confesseurs des princes & de leurs maîtresses, ont fait beaucoup de mal. Ceux qui sont restés dans la solitude ont mené une vie insipide & innocente.

ARTICLE TRENTE-SIXIEME.

Des provinces entre lesquelles l'empire de l'Inde était partagé, vers l'an 1770, & particulièrement de la république des Seikes.

SI toutes les nations de la terre avaient pu ressembler aux Pensilvaniens, aux habitans de Vishnapor, aux anciens Gangarides, l'histoire des événemens du monde serait courte; on n'étudierait que celle de la nature. Il faut malheureusement quiter la contemplation du seul pays de notre continent, où l'on dit que les hommes sont bons, pour retourner au séjour de la méchanceté. Le lecteur peut se souvenir que le colonel *Clive*, à la tête d'un corps de quatre mille hommes, avait vaincu & pris dans le Bengale le souverain *Suraia-Doula*, comme *Fernand-Cortès* avait pris Montezuma dans le Mexique au milieu de ses troupes innombrables. On a vu comment cet oficier, au service de la compagnie, créa *Jaffer* souverain de Bengale, de Golconde & d'Orixa, un fils de *Jaffer*, nommé *Suïa-Doula*, succéda à son père avec la protection des Anglais. Ils disent qu'il fut ingrat envers eux; & qu'il voulut à la fois les chasser du Bengale, & achever la ruine du nouvel empereur *Sha-Allum*. Ce nouveau grand mogol *Allum*, presque sans défense, eut recours aux Anglais à son tour. Le colonel *Clive* le protégea. Le tyran *Abdala* était absent alors, & occupé dans le Corassan. *Clive* livra bataille aux opresseurs de l'empereur *Sha-Allum*, & les défit dans un lieu nommé Buxar. Cette nouvelle victoire de Buxar combla les Anglais de gloire & de richesses. Ni le gouverneur *Holwell*, ni le lieutenant-colonel *Dow*, ni le capitaine *Scrafton* ne nous instruisent de la date de cette grande action. Ils s'en raportent à leurs dépêches envoyées à Londres, que nous ne connaissons pas. Mais cet événement ne doit pas être éloigné du tems où les Anglais prenaient Pondichéri. Le bonheur les accompagnait partout; & ce bonheur était le fruit de leur valeur, de leur prudence & de leur concorde dans le danger. La discorde avait perdu les Français : mais bientôt après la désunion se mit dans la compagnie anglaise; ce fut le fruit de leur prospérité & de leur luxe, au lieu que la mésintelligence entre les Français avait été principalement produite par leurs malheurs.

La compagnie anglaise des Indes a été depuis ce tems maîtresse du Bengale & d'Orixa ; elle a résisté aux Marates & aux nabab qui ont voulu la déposséder ; elle tend encor la main au malheureux empereur *Sha-Allum* qui n'a plus que la moitié de la province d'Allabad entre le Gange & la rivière de Sérong au vingt-cinquième degré de latitude. Cette province d'Allabad n'est pas seulement marquée dans nos cartes françaises de l'Inde. Il faut être bien établi dans un pays pour le connaître.

Le district qu'on a laissé comme par pitié à cet empereur lui produisait à peine douze lacs de roupies ; les Anglais lui en donnaient vingt-six de leur province de Bengale. C'était tout ce qui restait à l'héritier d'*Aurengzeb* le roi le plus riche de la terre. Tout le reste de l'Inde était partagé entre diverses puissances, & cette division afermissait le royaume que l'Angleterre s'est formé dans l'Inde.

Parmi toutes ces révolutions, la ville impériale de Déli tomba entre les mains de ce fils de *Jaffer*, de ce *Suia-Doula* vaincu par le colonel *Clive*, & relevé de sa chute. Les révolutions rapides changeaient continuellement la face de l'empire. Ce fils de *Jaffer* eut encor la province d'Oud qui touche à celle d'Allabad, où le grand mogol était retiré, & au Bengale où les Anglais dominaient.

Patna au nord du Gange apartenait à un souba des Patanes. Les Gates, que nous avons vu descendre de leurs rochers pour augmenter les troubles de l'empire, avaient envahi la ville impériale d'Agra. Les Marates s'étaient emparés de toute la province, ou si l'on veut, du royaume de Guzarate, excepté de Surate & de son territoire.

Un nabab était maître du Décan, & tantôt il combatait les Marates, tantôt il s'unissait avec eux pour ataquer les Anglais dans leur possession d'Orixa & du Bengale. Le tyran *Abdala* possédait tout le pays situé entre Candahar & le fleuve Indus.

Tel était l'état de l'Inde vers l'an 1770 ; mais depuis le commencement de tant de guerres civiles, il s'était formé une nouvelle puissance qui n'était ni tirannique, comme celle d'*Abdala* & des autres princes, ni trafiquante du sang humain, comme celle des Marates, ni établie à la faveur du commerce comme celle des Anglais. Elle est fondée sur le premier des droits, sur la liberté naturelle. C'est la nation des Seikes, nation aussi singuliere dans son espece que celle des Vishnapores. Elle habite l'orient de Cachemire, & s'étend jusqu'au de-là de Lahor. Libre & guerriere elle a combattu *Abdala*, & n'a point reconnu les empereurs mogols, sûre d'avoir beaucoup plus de droit à l'indépendance, & même à la souveraineté de l'Inde, que la famille tartare de *Tamerlan* étrangere & usurpatrice.

On nous dit qu'un des lamas du grand *Thibet* donna des loix & une religion aux Seikes vers la fin de notre dernier siecle. Ils ne croient ni que *Mahomet* ait reçu un livre assez mal fait de la main de l'ange *Gabriel*, ni que Dieu ait dicté le shastabad à Brama. Enfin n'étant ni mahométans, ni brames, ni lamistes, ils ne reconnaissent qu'un seul Dieu sans aucun mélange. C'est la plus ancienne des religions; c'est celle des Chinois & des Scythes; & sans doute la meilleure pour quiconque ne connaît pas la nôtre. Il falait que ce prêtre lama, qui a été le législateur des Seïkes, fût un vrai sage, puisqu'il n'abusa pas de la confiance de ce peuple pour le tromper & pour le gouverner. Au lieu d'imiter les prestiges du grand lama qui règne au Thibet, il fit voir aux hommes qu'ils peuvent se gouverner par la raison. Au lieu de chercher à les subjuguer, il les exhorta à être libres, & ils le sont. Mais jusqu'à quand le seront-ils? Jusqu'au tems où les esclaves de quelque *Abdala* supérieurs en nombre viendront le cimeterre à la main les rendre esclaves comme eux. Des dogues à qui leur maître a mis un collier de fer peuvent étrangler des chiens qui n'en ont pas.

Tel est en général le sort de l'Inde; il peut intéresser les Français, puisque malgré leur valeur, & malgré les soins de *Louis XIV* & de *Louis XV*, ils y ont essuyé tant de disgraces. Il intéresse encor plus les Anglais, puisqu'ils se sont exposés à des calamités pareilles, & que leur courage a été secondé de la fortune.

FRAGMENT
SUR L'HISTOIRE GÉNÉRALE.
ARTICLE PREMIER.
Qu'il faut se défier de presque tous les monumens anciens.

IL y a plus de quarante ans que l'amour de la vérité, & le dégout qu'inspirent tant d'histoires modernes inspirèrent à une dame d'un grand nom, & d'un esprit supérieur à ce nom, l'envie d'étudier avec nous ce qui méritait le plus d'être observé dans le tableau général du monde, tableau si souvent défiguré.

Cette dame, célèbre par ses connaissances singulières en mathématiques, ne pouvait soufrir les fables que le tems a consacrées, qu'il est si aisé de répéter, qui gâtent l'esprit & qui l'énervent.

Elle était étonnée de ce nombre prodigieux de systèmes sur l'ancienne chronologie, diférens entr'eux d'environ mille années. Elle l'était encor davantage que l'histoire consistât en récits de bataille sans aucune connaissance de la tactique excepté dans *Xénophon* & dans *Polibe*; qu'on parlât si souvent de prodiges, & qu'on eut si peu de lumière sur l'histoire naturelle; que chaque auteur regardât sa secte comme la seule vraye, & calomniât toutes les autres,

Nombre prodigieux d'anciennes erreurs.

Elle voulait connaître le génie, les mœurs, les loix, les préjugés, les cultes, les arts ; & elle trouvait qu'en l'année de la création du monde trois-mil deux-cent, ou trois-mil neuf-cent, il n'importe, un roi inconnu avait défait un roi plus inconnu encore, près d'une ville dont la situation était entièrement ignorée.

Plusieurs savans recherchaient en quel tems Europe fut enlevée en Phénicie par *Jupiter*; & ils trouvaient que c'était juste treize cents ans avant notre ère vulgaire. D'autres réfutaient cinquante-neuf opinions sur le jour de la naissance de *Romulus*, fils du dieu Mars & de la vestale *Rhéa-Sylvia*. Ils établissaient un soixantième système de chronologie. Nous en fîmes un soixante & unième ; c'était de rire de tous les contes sur lesquels on disputait sérieusement depuis tant de siècles.

Envain nous trouvions par toutes les médailles des vestiges d'anciennes fêtes célébrées en l'honneur des fables ; des temples érigés en leur mémoire ; elles n'en étaient pas moins fables. La fête des lupercales atesta, le 15 Février, pendant neuf-cents ans, non seulement le prodige de la naissance de *Romulus* & de *Rémus*, mais encor l'avanture de *Faunus* qui prit *Hercule* pour *Omphale* dont il était amoureux. Mille événemens étaient ainsi consacrés en Europe & en Asie. Les amateurs du merveilleux disaient : il faut bien que ces faits soyent vrais, puisque tant de monumens en font la preuve. Et nous disions : il faut bien qu'ils soyent faux, puisque le vulgaire les a crus. Une fable a quelque cours dans une génération, elle s'établit dans la seconde, elle devient respectable dans la troisième, la quatrième lui élève des temples. Il n'y avait pas, dans toute l'antiquité profane, un seul temple, une seule fête, un seul collège de prêtres, un seul usage, qui ne fut fondé sur une sottise. Tel fut le genre-humain ; & c'est sous ce point de vue que nous l'envisageâmes.

{mens crus historiques font monumens de fables.}

Quelle pouvait être l'origine du conte d'*Hérodote*, que le soleil, en onze cents années, s'était couché deux fois à l'orient ? où *Licophron* avait-il pris qu'*Hercule*, embarqué sur le détroit de Calpé dans son gobelet, fut avalé par une baleine ; qu'il resta trois jours & trois nuits dans le ventre de ce poisson, & qu'il fit une belle ode dès qu'il fut sur le rivage.

{Exemples.}

Nous ne trouvons d'autre raison de tous ces contes que dans la faiblesse de l'esprit humain, dans le gout du merveilleux, dans le penchant à l'imitation, dans l'envie de surpasser ses voisins. Un roi égyptien se fait ensevelir dans une petite piramide de douze à quinze pieds ; un autre veut être placé dans une piramide de cent ; un troisième va jusqu'à cinq ou six cents. Un de tes rois est allé dans les pays orientaux par mer, un des miens est allé dans le soleil, & a éclairé le monde pendant un jour. Tu bâtis un temple à un bœuf ; je vais en bâtir un pour un crocodile. Il y a eu dans ton pays des géans qui étaient les enfans des génies & des fées : nous en aurons qui escaladeront le ciel & qui fe battront à coups de montagnes.

Il était bien plus aifé, & même plus profitable d'imaginer & de copier tous ces contes que d'étudier les mathématiques. Car avec des fables on gouvernait les hommes ; & les fages furent prefque toujours méprifés & écrafés par les puiffans. On payait un aftrologue, & on négligeait un géometre. Cependant il y eut partout quelques fages qui firent des chofes utiles ; & c'était là ce que la perfonne illuftre dont nous parlons voulait connaître.

L'hiftoire univerfelle anglaife, plus volumineufe que le difcours de l'éloquent *Boffuet* n'eft court & refferré, n'avait point encor paru. Les favans qui travaillerent depuis avec un juif & deux presbitériens à ce grand ouvrage eurent un but tout diférent du nôtre. Ils voulaient prouver que la partie du mont Ararat, fur laquelle l'arche de *Noé* s'arrêta, était à l'orient de la plaine de Sénaar, ou Shinaar, ou Seniar ; que la tour de Babel n'avait point été bâtie à mauvaife intention ; qu'elle n'avait qu'une lieue & un quart de hauteur, & non pas cent trente-lieues, comme des exagérateurs l'avaient dit ; que *la confufion des langues à Babel produifit dans le monde les éfets les plus heureux*

heureux & *les plus admirables* : ce font leurs propres paroles. Ils examinaient avec attention lequel avait le mieux calculé ou du favant *Pétau* qui comptait fix-cent vingt-trois milliards fix-cent douze millions d'hommes fur la terre, environ trois fiécles après le déluge de *Noé*, ou du favant *Cumberland* qui n'en comptait que trois milliards trois-cent trente-trois mille. Ils recherchaient fi *Ufaphed*, roi d'Egypte, était fils ou neveu du roi *Véneph*. Ils ne favaient pourquoi *Cayomarat*, ou *Cayoumaras*, ayant été le premier roi de Perfe, cependant fon petit-fils *Siamek* paffa pour être l'*Adam* des Hébreux, inconnu à tous les autres peuples.

Pour nous, notre feule intention était d'étudier les arts & les mœurs.

Comme l'hiftoire du refpectable *Boffuet* finiffait à *Charlemagne*, madame du *Chatelet* nous pria de nous inftruire en général avec elle de ce qu'était alors le refte du monde, & de ce qu'il a été jufqu'à nos jours. Ce n'était pas une chronologie qu'elle voulait ; un fimple almanach antique des naiffances, des mariages & des morts de rois, dont les noms font à peine parvenus jufqu'à nous, & encor tout falfifiés. C'était l'efprit des hommes qu'elle voulait contempler.

Nous commençames nos recherches par l'orient, dont tous les arts nous font venus avec le tems. Il n'eft aucune hiftoire qui commence autrement ; ni le prétendu *Hermès*, ni *Manéton*, ni *Bérofe*, ni *San-*

Fragm. fur l'Inde. P

choniaton, ni les shasta, ni les veidam indiens, ni *Zoroastre*, ni les premiers auteurs Chinois ne portèrent ailleurs leurs premiers regards ; & l'auteur inspiré du pentateuque ne parla point de nos peuples occidentaux.

ARTICLE SECOND.

De la Chine.

IL ne nous falut ni de profondes recherches, ni un grand éfort pour avouer que les Chinois, ainsi que les Indiens, ont précédé dès longtems l'Europe dans la connaissance de tous les arts nécessaires. Nous ne sommes point enthousiastes des lieux éloignés & des tems antiques ; nous savons bien que l'orient entier, loin d'être aujourd'hui notre rival en mathématiques & dans les beaux arts, n'est pas digne d'être notre écolier ; mais s'ils n'ont pas décoré, comme nous, le grand édifice des arts, ils l'ont construit. Nous crumes, sur la foi des voyageurs & des missionnaires de toute espèce, tous d'acord ensemble, que les Chinois inventèrent l'imprimerie environ deux mille ans avant qu'on l'imitât dans la basse Allemagne ; car on y grava d'abord des planches en bois comme à la Chine, & ce ne fut qu'après ce tatonement de l'art qu'on par-

Des inventions réelles des Chinois.

vint à l'admirable invention des caractères mobiles. Nous dîmes que les Chinois n'ont jamais pu imiter à leur tour l'imprimerie d'Europe. Monsieur *Warburton*, qui ne hait pas à tomber sur les Français, crut que nous proposions aux Chinois de fondre des caractères de leurs quatre-vingt dix mille mots symboliques. Non; mais nous désirames que les Chinois adoptassent enfin l'alphabet des autres nations, sans quoi il ne sera guères possible qu'ils fassent de grands progrès dans des sciences qu'ils ont inventées.

Toutefois leur méthode de graver sur planche nous paraît avoir de grands avantages sur la nôtre. Premièrement, le graveur qui imprime n'a pas besoin d'un fondeur. Secondement, le livre n'est pas sujet à périr, la planche reste. Troisièmement, les fautes se corrigent aisément après l'impression. Quatrièmement, le graveur n'imprime qu'autant d'exemplaires qu'on lui en demande, & par là on épargne cette énorme quantité d'imprimés qui chez nous se vendent au poids pour servir d'envelopes aux ballots. *Imprimerie ou gravure.*

Il paraît incontestable qu'ils ont connu le verre avant nous. L'auteur des *recherches philosophiques sur les Égyptiens & sur les Chinois*, vrai savant puisqu'il pense, & qui ne paraît pas trop prévenu en faveur des modernes, dit que les Chinois n'ont encor que des fenêtres de papier. Nous en avons *Verre.*

aussi beaucoup, & surtout dans nos provinces méridionales; mais des oficiers très-dignes de foi nous ont assuré qu'ils avaient été invités à dîner, auprès de Canton, dans des maisons dont les fenêtres étaient figurées en arbres chargées de feuilles & de fruits, qui portaient entre leurs branches de beaux desseins d'un verre très-transparent.

Il n'y a pas soixante ans que notre Europe a imité la porcelaine de la Chine: nous la surpassons à force de soins; mais ces soins mêmes la rendent très-chère, & d'un usage peu commun. Le grand secret des arts est que toutes les conditions puissent en jouir aisément.

Monsieur P...., auteur des *réflexions philosophiques*, ne fait pas des réflexions indulgentes. Il reproche aux Chinois leurs tours vernissées à neuf étages, sculptées, & ornées de clochettes. Quel est l'homme pourtant qui ne voudrait pas en avoir une au bout de son jardin, pourvu qu'elle ne lui cachât pas la vue ? le grand prêtre juif avait des cloches au bas de sa robe; nous en mettons au cou de nos vaches & de nos mulets. Peut-être qu'un carillon aux étages d'une tour ferait assez plaisant.

Il condamne les ponts, qui sont si élevés que les mâts de tous les batteaux passent facilement sous les arcades; & il oublie que sur les canaux d'Amsterdam & de Rotterdam on voit cent ponts levis qu'il faut lever & baisser plusieurs fois jour & nuit.

Il méprise les Chinois, parce qu'ils aiment mieux construire leurs maisons en étendue qu'en hauteur. Mais du moins il faudrait avouer qu'ils avaient des maisons vernies, plusieurs siécles avant que nous eussions des cabanes où nous logions avec notre bétail, comme on fait encor en Vestphalie. Au reste, chacun suit son gout. Si l'on aime mieux loger a un septième étage, *ubi ponunt ova columbæ*, qu'au rez-de-chauffée; si l'on préfere le danger du feu & l'impossibilité de l'éteindre, quand il prend au faîte d'un logis, à la facilité de s'en sauver, quand la maison n'a qu'un étage; si les embaras, les incommodités, la puanteur, qui résultent de sept étages établis les uns sur les autres sont plus agréables que tous les avantages atachés aux maisons basses, nous ne nous y oposons pas. Nous ne jugeons point du mérite d'un peuple par la façon dont il est logé; nous ne décidons point entre Versailles & la grande maison de plaisance de l'empereur Chinois, dont frère *Attiret* nous a fait depuis peu la description. Architecture.

Nous voulons bien croire qu'il y eut autrefois en Egypte un roi apellé d'un nom qui a quelque raport à celui de *Sésostris*; lequel n'est pas plus un mot égyptien que celui de *Charles* & de *Fédéric*. Nous ne disputerons point sur une prétendue muraille de trente lieues que ce prétendu *Sésostris* fit élever pour empêcher les voleurs arabes de Grande muraille.

venir piller son pays. S'il construisit ce mur pour n'etre point volé, c'est une grande préfomption qu'il n'alla pas lui-même voler les autres nations, & conquérir la moitié du monde pour son plaisir, sans se soucier de la gouverner, comme nous l'assure monsieur *Larchet* répétiteur au collège Mazarin.

Nous ne croyons pas un mot de ce qu'on nous dit d'une muraille bâtie par les juifs, commençant au port de Joppé, qui ne leur apartenait point, jusqu'à une ville inconnue, nommée Carpasabé, tout le long de la mer, pour empêcher un roi *Antiochus* de s'avancer contr'eux par terre. Nous laissons là tous ces retranchemens, toutes ces lignes qui ont été d'usage chez tous les peuples. Mais il faut convenir que la grande muraille de la Chine est un des monumens qui font le plus d'honneur à l'esprit humain. Il fut entrepris trois-cents ans avant notre ère: la vanité ne le construisit pas, comme elle batit les piramides. Les Chinois n'imiterent point les Huns qui éleverent des palissades de pieux & de terre pour s'y retirer après avoir pillé leurs voisins. L'esprit de paix seul imagina la grande muraille. Il est certain que la Chine, gouvernée par les loix, ne voulut qu'arrêter les Tartares qui ne connaissaient que le brigandage. C'est encor une preuve que la Chine n'avait point été peuplée par des Tartares, comme on l'a prétendu. Les mœurs, la langue, les usages, la religion, le gouvernement étaient trop oposés. La grande muraille fut admirable & inutile: le courage & la discipline militaire eussent été des remparts plus assurés.

Monsieur P.... a beau regarder avec des yeux de mépris tous les ouvrages de la Chine, il n'empêchera pas que le grand canal, fait de main d'homme, dans la longueur de cent-soixante de nos grandes lieues, & les autres canaux qui traversent ce vaste empire, ne soyent un exemple qu'aucune nation n'a pu encor imiter; les Romains mêmes ne tentèrent jamais une telle entreprise.

<small>Grand canal.</small>

ARTICLE TROISIEME.

De la population de la Chine & des mœurs.

Voilà donc deux travaux immenses qui n'ont eu pour but que l'utilité publique; la grande muraille qui devait défendre l'empire Chinois, & les canaux qui favorisent son commerce. Joignons-y un avantage encor plus grand, celui de la population, qui ne peut être que le fruit de l'aisance & de la sûreté de chaque citoyen dans sa petite possession en tems de paix; car les mandians ne se marient en aucun lieu du monde. La poligamie ne peut être regardée comme contraire à la population; puisque par le fait les Indes, la Chine, le Japon, où la poligamie fut toujours reçue, font les pays les plus peuplés de l'univers. S'il eſt permis de citer ici nos livres ſacrés, nous dirons que Dieu même, en permettant aux juifs la pluralité des femmes, leur promit *que leur race ſerait multipliée comme les ſables de la mer.*

<small>Population & poligamie.</small> On allègue que la nature fait naître à peu près autant de femelles que de mâles, & que par conſéquent ſi un homme prend quatre femmes, il y a trois hommes qui en manquent. Mais il eſt avéré aujourd'hui que dans toute l'Europe, s'il naît un dix-ſeptième de plus d'hommes que de femmes, il en meurt auſſi beaucoup plus avant l'âge de trente ans, par la guerre, par la multitude des profeſſions pénibles, plus meurtrières encor que la guerre, & par les débauches non moins funeſtes. Il en eſt probablement de même en Aſie. Tout état, au bout de trente ans, aura donc moins de mâles que de femelles. Comptez encor les eunuques & les bonzes, il reſtera peu d'hommes. Enfin, obſervez qu'il n'y a que les premiers d'un état, preſque toujours tres-opulens, qui puiſſent entretenir pluſieurs femmes, & vous verrez que la poligamie peut être non ſeulement utile à un empire, mais néceſſaire aux grands de cet empire.

Conſidérez ſurtout que l'adultère eſt tres-rare dans l'orient, & que dans les harem gardés par des eunuques il eſt impoſſible.

Voyez au contraire comme l'adultère marche la tête levée dans notre Europe ; quel honneur chacun se fait de corrompre la femme d'autrui ; quelle gloire se font les femmes d'être corrompues ; que d'enfans n'apartiennent pas à leurs pères ! combien les races les plus nobles sont mêlées & dégénérées ! jugez après cela lequel vaut le mieux ou d'une poligamie permise par les loix, ou d'une corruption générale autorisée par les mœurs.

Si dans la Chine plusieurs femmes de la lie du peuple exposent leurs enfans dans la crainte de ne pouvoir les nourir, c'est peut-être encor une preuve en faveur de la poligamie : car si ces femmes avaient été belles, si elles avaient pu entrer dans quelque serrail, leurs enfans auraient été élevés avec des soins paternels.

Nous sommes loin d'insinuer qu'on doive établir la poligamie dans notre Europe chrétienne. Le pape *Grégoire II*, dans sa décrétale adressée à *saint Boniface*, permit qu'un mari prit une seconde femme, quand la sienne était infirme. *Luther* & *Mélancton* permirent au landgrave de Hesse deux femmes, parce qu'il avait au nombre de trois ce qui chez les autres se borne à deux. Le chancelier d'Angleterre *Cowper*, qui était dans le cas ordinaire, épousa cependant deux femmes, sans demander permission à personne ; & ces deux femmes vécurent enſemble dans l'union la plus édifiante; mais ces exemples ſont rares.

Quant aux autres loix de la Chine, nous avons toujours penſé qu'elles étaient imparfaites, puiſqu'elles ſont l'ouvrage des hommes qui les exécutent. Mais, qu'on nous montre un autre pays, où les bonnes actions ſoyent récompenſées par la loi, où le laboureur le plus vertueux & le plus diligent ſoit élevé à la dignité de mandarin, ſans abandonner ſa charue; par tout on punit le crime : il eſt plus beau ſans doute d'encourager à la vertu.

A l'égard du caractère général des nations, la nature l'a formé. Le ſang des Chinois & des Indiens eſt peut-être moins âcre que le nôtre, leurs mœurs plus tranquilles. Le bœuf eſt plus lent que le cheval; & la laitue difere de l'abſynthe.

Le fait eſt qu'à notre orient & à notre occident la nature a de tout tems placé des multitudes d'êtres de notre eſpèce que nous ne connaiſſons que d'hier. Nous ſommes ſur ce globe comme des inſectes dans un jardin : ceux qui vivent ſur un chêne, rencontrent rarement ceux qui paſſent leur courte vie ſur un orme.

Rendons juſtice à ceux que notre induſtrie & notre avarice ont été chercher par delà le Gange; ils ne ſont jamais venus dans notre Europe pour gagner quelque argent; ils n'ont jamais eu la moindre penſée de ſubjuguer notre entendement; & nous avons passé des mers inconnues pour nous rendre maîtres de leurs tréfors, fous prétexte de leur rendre le fervice de gouverner leurs ames.

Quand les Albuquerques vinrent ravager les côtes de Malabar, ils menaient avec eux des marchands, des miſſionnaires, & des ſoldats. Les miſſionnaires batiſaient les enfans que les ſoldats égorgeaient. Les marchands partageaient le gain avec les capitaines ; le miniſtère portugais les rançonnait tous ; & des auteurs moines, traduits enſuite par d'autres moines, tranſmettaient à la poſtérité tous les miracles que fit la ſainte vierge dans l'Inde pour enrichir des marchands portugais.

Les Européans entraient alors dans deux mondes nouveaux ; celui de l'occident a été preſque tout entier noyé dans ſon ſang. Si des fanatiques d'Europe ne ſont pas venus à bout d'exterminer l'orient, c'eſt qu'ils n'en ont pas eu la force ; car le deſir ne leur a pas manqué, & ce qu'ils ont fait au Japon ne l'a prouvé que trop à leur honte éternelle.

Ce n'eſt pas ici le lieu de retracer aux yeux épouvantés des lecteurs judicieux ces portraits que nous avons déjà expoſés, de la ſubverſion de tant d'états ſacrifiés aux fureurs de l'avarice, & de la ſuperſtition plus cruelle encor que la ſoif des richeſſes. Contenons-nous dans les bornes des recherches hiſtoriques.

ARTICLE QUATRIEME.

Si les Egyptiens ont-peuplé la Chine, & si les Chinois ont mangé des hommes.

<small>Que chaque climat eut ses habitans.</small>

Nous avons toujours soupçonné que les grands peuples des deux continens ont été *autoctones*, indigènes; c'est-à-dire, originaires des contrées qu'ils habitent, comme leurs quadrupédes, leurs singes, leurs oiseaux, leurs reptiles, leurs poissons, leurs arbres & toutes leurs plantes.

Les rangiferes de la Laponie, & les girafes d'Afrique ne descendent point des cerfs d'Allemagne & des chevaux de Perse. Les palmiers d'Asie ne viennent point des poiriers d'Europe. Nous avons cru que les Negres n'avaient point des Irlandais pour ancêtres. Cette vérité est si démontrée aux yeux, qu'elle nous a paru démontrée à l'esprit; non que nous osions avec *saint Thomas* (z) dire que l'Etre-suprème, agissant de toute éternité, ait produit de toute éternité ces races d'animaux qui n'ont jamais changé parmi les bouleversemens d'une terre qui change toujours. Il ne nous apartient pas de nous perdre dans ces profondeurs; mais

_____
(z) *Summa catholicæ fidei*, liv. 2, chap. 32.

nous avons pensé que ce qui est a du moins été longtems. Il nous a paru par exemple que les Chinois ne descendent pas plus d'une colonie d'Egypte que d'une colonie de basse-Bretagne. Ceux qui ont prétendu que les Egyptiens avaient peuplé la Chine ont exercé leur esprit & celui des autres. Nous avons aplaudi à leur érudition & à leurs éforts ; mais ni la figure des Chinois, ni leurs mœurs, ni leur langage, ni leur écriture, ni leurs usages, n'ont rien de l'antique Egypte. Ils ne connurent jamais la circoncision : aucune des divinités égyptiennes ne parvint jusqu'à eux : ils ignorèrent toujours les mystères d'*Isis*.

Les Egyptiens ne connurent jamais la Chine.

Monsieur P...., auteur des réflexions philosophiques, a traité d'absurde ce système, qui fait des Chinois une colonie égyptienne, & il se fonde sur les raisons les plus fortes. Nous ne sommes pas assez savans pour nous servir du mot *absurde ;* nous persistons seulement dans notre opinion, que la Chine ne doit rien à l'Egypte. Le père *Parennin* l'a démontré à monsieur de *Mairan*. Quelle étrange idée dans deux ou trois têtes de français, qui n'étaient jamais sortis de leur pays, de prétendre que l'Egypte s'était transportée à la Chine, quand aucun Chinois, aucun Egyptien n'a jamais avancé une telle fable.

Les Chinois ont-ils été antropophages ?

D'autres ont prétendu que ces Chinois si doux, si tranquilles, si aisés à subjuguer & à gouverner, ont dans les anciens tems sacrifié des hommes à je ne fais quel Dieu, & qu'ils en ont mangé quelquefois. Il eft digne de notre efprit de contradiction de dire que les Chinois immolaient des hommes à Dieu, & qu'ils ne reconnaiffaient pas de Dieu. Pour le reproche de s'être nouris de chair humaine, voici ce que le père *Parennin* avoue à monfieur de *Mairan* (*a*).

„ Enfin fi l'on ne diftingue pas les tems de
„ calamités des tems ordinaires, on poura
„ dire de prefque toutes les nations & de
„ celles qui font les mieux policées, ce que
„ les Arabes ont dit des Chinois : car on ne
„ nie pas ici que des hommes réduits à la
„ dernière extrèmité n'ayent quelquefois
„ mangé de la chair humaine; mais on ne
„ parle aujourd'hui qu'avec horreur de ces
„ malheureux tems, auxquels, difent les
„ Chinois, le ciel irrité contre la malice
„ des hommes, les puniffait par le fléau de
„ la famine, qui les portait aux plus grands
„ excès.

„ Je n'ai pas trouvé néanmoins que ces
„ horreurs foyent arrivées fous la dynaftie
„ des *Tang*, qui eft le tems auquel ces Ara-
„ bes affurent qu'ils font venus à la Chine,
„ mais à la fin de la dynaftie des *Han* au fe-
„ cond fiècle après Jéfus-Chrift ".

(*a*) Dans fa lettre datée de Pekin du 11 Augufte 1730 page 163, tome XXI, des *lettres édifiantes*, édition de Paris 1734.

Ces Arabes, dont parlent meſſieurs de *Mairan* & *Parennin*, ſont les mêmes que nous avons déja cités ailleurs. Ils voyagèrent, comme nous l'avons dit, à la Chine au milieu du neuvième ſiècle, quatre-cents ans avant ce fameux Vénitien *Marco Paolo*, qu'on ne voulut pas croire lorſqu'il diſait qu'il avait vu un grand peuple plus policé que les nôtres, des villes plus vaſtes, des loix meilleures en pluſieurs points. Les deux Arabes y étaient abordés dans un tems malheureux après des guerres civiles & des invaſions de barbares au milieu d'une famine afreuſe. On leur dit, par interprètes, que la calamité publique avait été au point que pluſieurs perſonnes s'étaient nouries de cadavres humains. Ils firent comme preſque tous les voyageurs, ils mêlèrent un peu de vérité à beaucoup de menſonges.

Le nombre des peuples, que ces deux Arabes nomment antropophages, eſt étonnant: ce ſont d'abord les habitans d'une petite iſle auprès de Ceylan, peuplée de noirs. Plus loin ſont d'autres iſles qu'ils apellent Rammi & Angaman, où les peuples dévoraient les voyageurs qui tombaient entre leurs mains. Ce qu'il y a de triſte, c'eſt que *Marco Paolo* dit la même choſe, & que l'archevêque *Navarette* l'a confirmé au dix-ſeptième ſiècle, *à los Europeos que cogen es conſtante que vivos ſe los van comiendo.*

Texera dit que les Javans avaient encor cette abominable coutume au commencement du seizième siècle, & que le mahométisme a eu de la peine à l'abolir. Quelques hordes de Caffres & d'Afriquains ont été acusés de cette horreur.

Si on ne nous a point trompés sur la Chine, si dans un de ces tems désastreux où la faim ne respecte rien, quelques Chinois se livrèrent à une action de désespoir qui soulève la nature, souvenons-nous toujours qu'en Hollande la canaille de la Haye mangea de nos jours le cœur du respectable de *Wit*, & que la canaille de Paris mangea le cœur du maréchal d'*Ancre*. Mais souvenons-nous aussi que ceux qui percèrent ces cœurs furent cent fois plus coupables que ceux qui les mangèrent. Songeons à nos matines de Paris, à nos vêpres de Sicile, en pleine paix; aux massacres d'Irlande, pendant lesquels les Irlandais catholiques faisaient de la chandelle avec la graisse des Anglais protestans. Songeons aux massacres des vallées du Piémont, à ceux du Languedoc & des Cévennes, à ceux de tant de millions d'Amériquains par des Espagnols qui récitaient leur rosaire, & qui établissaient des boucheries publiques de chair humaine: Détournons les yeux & passons vite.

ARTICLE CINQUIEME.

Des anciens établissemens & des anciennes erreurs avant le siecle de Charlemagne.

Avant de venir au mémorable siecle de *Charlemagne*, il falut voir quelles révolutions avaient amené ce siècle dans notre occident, & comment les deux religions chrétienne & musulmane s'étaient partagé le monde depuis le golphe de Perse jusqu'à la mer Atlantique. C'était un grand spectacle, mais une pénible recherche; il falut presser cent quintaux de mensonges pour en extraire une once de vérités. La foule des auteurs qui n'ont écrit que pour nous tromper est éfrayante. Qu'on en juge seulement par cinquante évangiles apocriphes, écrits dès le premier siecle de notre ére, & suivis sans interruption de fables absurdes, jusqu'aux fausses décrétales forgées au siecle de *Charlemagne*, & jusqu'à la donation de *Constantin*, & cette donation de *Constantin*, suivie de la légende dorée, & cette légende dorée renforcée par la fleur des saints, & cette fleur des saints perfectionnée par le pédagogue chrétien; le tout couronné par les miracles de

Fragmens. Q

l'abbé *Pâris* dans le fauxbourg saint Médard au dix-huitième siècle.

Nous osames d'abord douter de ces donations immenses faites aux évêques de Rome par *Charlemagne* & par son fils, & surtout des donations de pays que *Charle* & *Louis* le faible ne possedaient pas. Mais nous ne prétendimes point mettre en doute le droit que les papes ont aquis par le tems sur les pays qu'ils possedent. Ils en sont souverains, comme les évêques d'Allemagne sont souverains dans leurs diocèses. Leurs droits ne sont pas à la vérité écrits dans l'évangile. Une religion formée par des pauvres & qui anathématise la richesse & l'esprit de domination n'a pas ordonné à ses prêtres de monter sur des trônes & d'armer leurs mains du glaive; mais rien n'existe aujourd'hui de ce qu'était l'église dans son origine, le tems a tout changé & changera tout encore; il a établi dans notre occident les souverainetés des barbares vomis de la Scythie, & changé les chaires d'instruction en trônes.

Nous avons respecté ces dominations nouvelles dans notre histoire, & nous avons même remarqué combien notre antique barbarie les avait rendues nécessaires. Quelques jésuites, & surtout je ne sais quel *Nonote*, écrivirent alors contre nous avec plus d'amertume que de science. Ils nous acuserent d'avoir été peu respectueux envers *saint Pierre* & *saint Charlemagne*. Ils ne se doutaient pas alors que les successeurs de *Charlemagne* & de *Pierre* aboliraient l'ordre des jésuites, & que les généraux casseraient leurs soldats mal payés. Quoique nous eussions parlé de l'établissement du christianisme avec le plus profond respect, on nous acusa cependant d'en avoir un peu manqué.

On voulut nous écraser sous soixante volumes de pères de l'église, pour nous prouver que *saint Pierre* avait été à Rome, sans que *saint Luc* & *saint Paul* en eussent jamais parlé; qu'il avait été *sur le trône épiscopal de Rome*, quoiqu'assurément il n'y eut point de trône épiscopal en ce tems-là, ni même d'évêques d'aucun diocèse. La principale démonstration du voyage de *saint Pierre* à Rome se tirait d'une lettre qu'il avait écrite & datée de Babylone: or Babylone signifiait évidemment Rome, comme Falaise signifie Perpignan. Les autres preuves étaient fondées sur certains contes d'un *Abdias*, d'un *Marcel* & d'un *Egésippe* qui n'étaient dignes assurément d'être ni pères ni fils de l'église.

Ces faiseurs de mille & une nuits nous contaient donc que *Simon Pierre*, étant venu à Rome, (quoique sa mission fût pour les circoncis) y rencontra le magicien *Simon*, qui se changeait tantôt en brebis & tantôt en chèvre. Ce *Simon* d'abord lui envoya faire un compliment par

Livres apocrifes d'Abdias, de Marcel, & d'Egésippe.

un de ſes chiens, auquel *Simon Pierre* répondit fort poliment. Ils ſe brouillèrent enſuite pour un couſin de l'empereur *Néron* qui était mort. *Simon*, qu'on apellait vertu de Dieu, défia *ſaint Pierre* à qui reſſuſciterait le mort. *Simon* le fit remuer ; mais *Pierre* le fit marcher, & gagna la gageure. Enſuite ils ſe défièrent au vol, en préſence de l'empereur. *Simon* vola dans les airs mieux que *Dédale*; mais *Pierre* pria le Seigneur ſi ardemment de faire tomber *Simon* vertudieu, comme *Icare*, qu'il tomba & ſe caſſa les jambes. *Néron*, indigné de voir ſon ſorcier eſtropié, fit crucifier *Pierre* les pieds en haut, & couper la tête à *Paul*, &c... &c... Cela arriva la dernière année de *Néron*. *Pierre* avait gouverné l'égliſe vingt-cinq ans ſous cet empereur, qui n'en régna que treize.

Ce livre d'*Abdias*, écrit en ſyriaque, fut traduit en grec par ſon diſciple nommé *Eutrope*, & nous l'avons en latin de la traduction de *Jules Afriquain*, homme ſavant du troiſième ſiècle, & preſque un père de l'égliſe par ſes autres écrits.

Quoiqu'il en ſoit, que *ſaint Pierre* eut fait ou non le voyage de Rome, cela était abſolument indiférent pour le gouvernement de l'égliſe. Ce gouvernement fut modélé du tems de *Conſtantin*, ſur l'adminiſtration politique de l'empire. Les principaux ſièges, Rome, Conſtantinople, Alexandrie, devaient avoir l'autorité principale.

Et de même que les rois d'Espagne régnèrent en ce pays, soit que *Tubal* ou *Hercule* l'eut peuplé, de même que la race des Francs posséda les Gaules, soit qu'elle descendit de *Francus* fils d'*Hector*, soit qu'elle eut une autre origine; ainsi les papes dominèrent bientôt dans la ville impériale du consentement même des Romains, sans se mettre en peine si la première église de cette capitale avait été dédiée à *saint Jean de Latran*, ou à *saint Pierre* hors des murs. Ainsi les patriarches des grandes villes de Constantinople & d'Alexandrie eurent plus d'honneurs, de richesses & d'autorité que des évèques de village. Les hommes d'état n'établissent guères leurs droits sur des discussions théologiques: ils vont au solide & ils laissent leurs écrivains s'épuiser en citations & en argumens.

ARTICLE SIXIEME.

Fausses donations.

Faux martyres.

Faux miracles.

LA vérité de l'histoire, bien plus utile qu'on ne pense, nous força d'examiner les fausses légendes aussi atentivement que le voyage de *saint Pierre*. Nous crûmes que le mensonge ne pouvait que deshonorer la religion. Les miracles de Jésus-Christ & des apôtres sont si vrais, qu'on ne doit pas risquer d'afaiblir le profond respect qu'on a pour eux, en leur associant de faux prodiges. Admirons, célébrons, révérons le *Lazare* ressuscité; le bienfait des nôces de Cana; les démons chassés du corps des possédés; ces esprits immondes précipités dans les corps d'animaux, immondes comme eux, & noyés avec eux dans le lac de Génézareth; le fils de Dieu enlevé sur le faîte du temple & sur une montagne par l'ennemi de Dieu & des hommes; Jésus confondant d'un seul mot cet éternel ennemi qui osait proposer à Dieu même d'adorer le diable; Jésus transfiguré sur le Thabor pour manifester sa gloire à *Moïse* & à *Elie* qui viennent du sein des morts recevoir ses leçons éternelles; Jésus la source de la vie; Jésus créateur du genre-humain, mourant pour le genre-humain; les morts ressuscitans quand il expire, & remplissant les rues de Jérusalem; le soleil s'éclipsant en plein midi & en pleine lune par toute la terre, à la confusion de tout l'empire romain, assez aveugle pour négliger ce grand événement; le St. Esprit descendant en langue de feu sur les apôtres, &c... Ces vrais miracles sont assez nombreux, assez avérés. Des hommes inspirés les ont écrits; tout lécteur judicieux les aprécie; tout bon chrétien les adore.

Mais c'était (nous osons le dire) une impieté & une folie de vouloir soutenir ces prodiges que Dieu daigna lui-même opérer en Judée, par des fables absurdes que des hommes inconnus ont inventées tant de siècles après.

La personne illustre qui étudia l'histoire avec nous fut très-scandalisée qu'un jésuite, nommé *Papébroke*, prétendit avoir traduit un manuscrit grec qui contenait le martyre de *saint Théodote* cabaretier, & de sept vierges, âgées de soixante & douze ans chacune, que le gouverneur de la ville d'Ancyre condamna à livrer leur pucelage aux jeunes gens de la ville. Cette sentence, portée contre ces sept vieilles, ou plutôt contre ces jeunes gens, était encor la plus simple & la moins merveilleuse anecdote de toute cette avanture. La légende de ce saint cabaretier & de son ami le curé *Frontin* est assez connue.

On arache la langue à *saint Romain*, qui était bègue, & aussi-tôt il parle avec la plus grande volubilité; & l'auteur, grand physicien, remarque *qu'il est impossible de vivre sans langue :* ce qui rend le miracle plus beau.

Que dire de *saint Paulin*, qui voyant un possédé se promenant la tête en bas, comme une mouche, à la voûte d'une église, envoya vite chercher des reliques de *saint Félix* de Nole : dès qu'elles furent arrivées, le possédé tomba par terre.

Est-il possible qu'on ait écrit sérieusement que *saint Denis* l'aréopagite, étant venu d'Athènes à Paris, fut pendu à Montmartre; qu'il prêcha du haut de la potence dès qu'il fut étranglé, & qu'ensuite il porta sa tête entre ses bras, dès qu'il eut le cou coupé ?

Nous pourions citer trois morts ressuscités en un jour par *saint Dominique*, vingt-huit aveugles, quatre possédés, six lépreux, trois sourds, trois muets guéris & quatre morts ressuscités, le tout par *saint Victor*.

Saint Maclou, pressé de ressusciter un mort, répond : qu'il atende que j'aye dit ma messe. La messe finie, il le ressuscite : le mort demande à boire, soudain *saint Maclou* change de l'eau en vin, un caillou en gobelet, un ballai en serviette. Le mort boit & reconnaît que ces trois miracles sont à l'honneur de la trinité. C'est-là pourtant ce qu'écrivent les jésuites *Ribadeneira* & *Antoine Girard*, dans la vie des faints.

On a écrit, & depuis la renaiffance des lettres on a imprimé plus de dix-mille contes de cette force. Le bénédictin *Ruinard* nous en a donné de pareils dans ces prétendus *actes fincères*, qui font évidemment du treizième fiècle, & tous écrits du même ftile. C'eft là qu'il renouvelle l'hiftoire du cabaretier *Théodote*, & de la langue de *Romain*.

On rendit à la raifon & à la religion le fervice de détruire ces fables : elles étaient encor fi acréditées, qu'un jéfuite, nommé *Nonote*, prit leur défenfe, & fut même fecondé par quelques écrivains.

Plufieurs regardaient comme un article de foi l'aparition du labarum dans les nuées. Ils ne favaient fi c'était vers Befançon, ou vers Troye, ou vers Rome; & fi l'infcription était en latin ou en grec; mais ils étaient fûrs de l'aparition.

Par quel excès de démence a-t-on écrit & répété fi fouvent que dans l'année 287, au tems même que *Dioclétien* favorifait le plus notre fainte religion, lorfque les principaux oficiers de fon palais étaient chrétiens, lorfque fa femme était chrétienne, cet empereur fit couper la tête à toute une légion, apellée Thébaine, compofée de fix-mille feptcents hommes, & cela parce qu'elle était chrétienne ? Nous avions anéanti cette fable impertinente atribuée à l'abbé *Eucher*, de

Fauffeté du maffacre de la légion thébienne.

puis évêque de Lyon, mort en 454, cent soixante-sept ans après cette avanture. Nous avions fait voir combien il était ridicule d'atribuer à cet évêque une rapsodie, dans laquelle il est parlé, avant l'année quatre cent cinquante-quatre, du roi de Bourgogne *Sigismond* qui mourut en 523. Cette ineptie était assez sensible. Nous avions prouvé qu'aucun auteur ne parla jamais d'une légion thébaine. Il y avait trois légions en Égypte; mais aucune n'était composée d'habitans de Thèbes. Cette prétendue légion n'avait pu arriver d'orient en occident par le Valais, comme on le dit: elle n'avait pu être entourée de troupes supérieures en nombre qui l'auraient égorgée dans le petit défilé d'Agaune, où l'on ne peut ranger deux cents hommes en bataille, & où la moitié d'une cohorte aurait aisément arrêté toutes les légions de l'empire romain. Ce monstrueux amas de bêtises méritait d'être dévelopé; & il s'est trouvé un *Nonote* qui les a défendues comme son bien propre. Il a intitulé son livre, *nos erreurs*, & il a trouvé des dévotes qui l'ont cru sur sa parole.

ARTICLE SEPTIEME.

De David, de Constantin, de Théodose, de Charlemagne, &c.

Après les exemples continuels d'injustice, de cruauté, de meurtre, de brigandage, dont l'histoire de presque toutes les nations est surchargée, il nous parut utile & consolant de ne pas canoniser ces crimes chez les princes, de quelque religion qu'ils fussent. *David* était sans doute un bon juif; mais ce n'était pas une chose honnête (humainement parlant) de se révolter contre son souverain, de se mettre à la tête de quatre cent voleurs, de rançonner, de piller ses compatriotes, de trahir à la fois sa patrie, & le roitelet *Achis* son bienfaiteur; de massacrer tout dans les villages de ce bienfaiteur, jusqu'aux enfans à la mamelle, afin qu'il ne restât personne pour le dire; de faire cuire dans des fours, de déchirer sous des herses de fer les habitans de Rabath; de scier le crâne & la poitrine aux autres Amorréens; d'écraser sous des chariots leurs membres palpitans; de donner sept enfans du roi Saül son maître aux Gabaonites, pour les pendre, &c... &c... &c...

Plus nous étions touchés respectueusement de son repentir, plus il nous sembla qu'en éfet jamais repentir ne fut mieux fondé. Nous fumes même très étonnés qu'on chantàt encor, dans quelques églifes, des hymnes atribuées à *David*, dans lefquelles il eft dit : *heureux qui prendra tes petits enfans, & qui les écrafera contre la pierre !* Pfeaume 137. *Que vos pieds foient teints de leur fang, & que la langue de vos chiens en foit abreuvée !* Pfeaume 67. On y peut chercher un fens myftique ; mais le fens naturel eft dur. Il nous femble qu'on aurait pu s'atacher aux pfeaumes qui enfeignent la clémence plus qu'à ceux qui célèbrent la cruauté. Nous refpectames le texte ; mais nous ne pouvions fouler aux pieds la nature.

Le même efprit d'équité nous anima, quand nous nous crumes obligés de ne point diffimuler les crimes de *Conftantin*, de *Théodofe* & de *Clovis*, &c. Ils favoriférent le chriftianifme, nous en béniffons Dieu ; & fi *Conftantin* mourut, *Arien* après avoir tour-à-tour favorifé & perfécuté *Athanafe*, on doit en être afligé & adorer les décrets de la providence. Mais les meurtres de tous fes proches, de fon fils même & de fa femme, n'étaient pas fans doute des actions chrétiennes.

Conftantin, tout voluptueux qu'il était, s'était fait une telle habitude de la férocité qu'il la porta jufques dans fes loix. *Dioclétien* avait été affez humain pour abolir la loi qui permettait aux pères de vendre leurs enfans ; *Conftantin* rétablit cette loi barbare. Il permit aux citoyens Romains de faire leurs fils esclaves en naissant (*b*). On dit, pour l'excuser, qu'il ne permit ce trafic qu'aux pauvres ; mais il n'y a que les pauvres qui puissent être tentés de vendre leurs enfans. Il falait les mettre à l'abri du besoin qui les forçait à ce commerce dénaturé. Mais l'assassin de son fils devait aprouver qu'un père vendit les siens. Par la même jurisprudence, il abolit les peines établies par les loix contre les calomniateurs ; c'est ce que nous soumettons au jugement de toutes les ames honnêtes.

Nous ne pensâmes pas que *Théodose* eut sufisamment réparé le massacre si longtems prémédité des habitans de Thessalonique, en n'allant point à la messe pendant quelques mois.

Pour *Clovis*, le jésuite *Daniel* lui-même convient qu'il fut plus méchant après son batême qu'auparavant. On est obligé d'avouer qu'il engagea un *Clodoric*, fils d'un roi de Cologne, à tuer son propre père ; & que pour récompense il le fit assassiner lui-même & s'empara de son petit état ; qu'il trahit & assassina *Rancacaire* roi de Cambrai ; qu'il en fit autant à un roi du Mans nommé *Ronomer* & à quelques autres princes ; après quoi il tint un concile d'évêques à Orléans. On ne lui reprocha dans

_____

(*b*) Cod. liv. 1. *de patribus qui filios.*

ce concile aucun de ces assassinats, ils n'avaient été commis que sur des princes idolâtres.

Nous avons détesté le crime partout où nous l'avons trouvé ; & si les infidèles & les hérétiques ont fait quelques bonnes actions; s'ils ont eu des vertus que *saint Augustin* apelle des péchés splendides, nous n'avons pas cru devoir les taire. L'empereur *Julien* fut sobre & chaste comme un anachorete, aussi brave que *César*, aussi clément que *Marc-Aurele*, puisqu'il pardonna à douze chrétiens qui avaient comploté de l'assassiner. Il falait ou en convenir ou être un sot; nous prîmes le premier parti. Un ex-jésuite de province, nommé *Paulian*, vient encor de répéter en dernier lieu, que *Julien* blessé à mort, au milieu de sa victoire, jetta son sang contre le ciel & s'écria, *tu as vaincu, Galiléen*. Rien n'éclairera donc jamais les ignorans ! Rien ne corrigera les gens de mauvaise foi ! Ce n'était pas contre les Galiléens que ce grand homme combatait, c'était contre les Perses. Ce conte du calomniateur *Théodoret* est mis actuellement par tous les savans avec l'autre conte des femmes que *Julien* immola aux dieux pour obtenir leur protection dans cette guerre. Le bon sens rejette ces absurdités, & l'équité réprouve ces calomnies.

<small>Examen des globes de feu échapés</small> La raison est l'ennemie des faux prodiges; les globes de feu qui sortirent des fondemens du temple juif, lorsque *Julien* per-

mit qu'on le rebâtit, sont avérés (disait-on) par *Ammien Marcellin*, auteur païen ; & on nous allègue cette puérilité comme un témoignage que nos ennemis furent forcés de rendre à la vérité.

des fondemens du temple de Jérusalem.

Nous exposâmes tout le ridicule de ce prodige. Nous montrâmes combien *Ammien* aimait le merveilleux, & à quel point il était crédule. On ne pouvait donner de nouveaux fondemens au temple bâti par *Hérode*, puisque ces fondemens de larges pierres de vingt-cinq pieds de long subsistent encor. Des globes de feu ne peuvent sortir de ces pierres, puisque jamais les flammes ne s'arondissent en globes & qu'elles s'élèvent toujours en spirales & en cônes. D'ailleurs on sait que dans ces tems-là, plusieurs villes de Syrie furent endommagées par des volcans souterrains, sans qu'il fût question de rebâtir un temple. On ajouta encor à ce prodige des globes de feu, ces petites croix enflammées qui s'atachaient aux vêtemens des ouvriers. Voila bien du merveilleux.

Il est évident que si *Julien* discontinua la reconstruction du temple de Jérusalem, ce fut par d'autres raisons. Si les prétendus globes de feu l'en avaient empêché, il en aurait parlé dans sa lettre sur cette avanture. Voici cette lettre importante.

„ Que diront les juifs de leur temple,
„ qui a été bâti trois fois, & qui n'est
„ point encor rebâti ? Ce n'est point un

„ reproche que je leur fais, puisque j'ai
„ voulu moi-même relever ses ruines; je
„ n'en parle que pour montrer l'extrava-
„ gance de leurs prophètes, qui trompaient
„ de vieilles femmes imbéciles. *Quid de
„ templo suo dicent, quod cùm tertio sit ever-
„ sum, nondum ad hodiernum usque diem
„ instauratur ? Hæc ego, non ut illis expro-
„ brarem in medium adduxi, utpote qui tem-
„ plum illud tanto intervallo à ruinis exci-
„ tare voluerim. Sed ideò commemoravi, ut
„ ostenderem delirasse, prophetas istos quibus
„ cùm stolidis aniculis negotium erat*".

N'est-il pas clair, par cette lettre, que *Julien* ayant d'abord eu la condescendance de permettre que les juifs achetassent le droit de bâtir leur temple, comme ils achetaient tout; il changea d'avis ensuite, & ne voulut pas qu'une nation si fanatique & si atroce eût un signal sacré de ralliement, & une forteresse au milieu de ses états? Une telle explication est simple, naturelle, vraisemblable. Il ne faut point embrouiller par un miracle ce qu'on peut démêler par la raison. Nous déplorons encor une fois, nous détestons l'erreur de *Julien*; mais il faut être équitable.

Si nous défendîmes la cause de *Julien* avec quelque chaleur, c'est qu'en éfet ce prince philosophe qui était si dur pour lui-même fut très indulgent pour les autres. C'est qu'étant à la tête d'un des deux partis obstinés qui divisaient l'empire, il ne fit

fit jamais couler le sang du parti opofé au fien.

L'empereur *Conſtance* ſon proche parent & ſon perſécuteur, aſſaſſin de toute ſa famille, avait toujours été ſanguinaire. *Julien* fut le plus tolérant des hommes, & l'unique chef de parti qui fut tolérant.

La *Blétrie*, qui dans le dix-huitième ſiècle a oſé écrire une vie de *Julien* avec quelque modération, & le défendre contre pluſieurs calomnies groſſières dont on chargeait ſa mémoire, n'a pas oſé pourtant le juſtifier ſur ſon attachement à l'ancienne religion de l'empire. Il le repréſente comme un ſuperſtitieux qui croyait combattre une autre ſuperſtition. Nous eumes une autre idée de *Julien*; il était certainement un ſtoïcien rigide. Sa religion était celle du grand *Marc-Aurèle*, & du plus grand *Epictete*. Il nous ſemblait impoſſible qu'un tel philoſophe adorât ſincérement *Hécate*, *Pluton*, *Cibèle*, qu'il crût lire l'avenir dans le foye d'un bœuf, qu'il fût perſuadé de la vérité des oracles & des augures, dont *Cicéron* s'était tant moqué.

En un mot, l'auteur de la ſatire des *Céſars* ne nous parut pas un fanatique, c'eſt-à-dire, un furieux imbécille. Une forte preuve, c'eſt qu'il donna ſouvent bataille malgré des aruſpices que tous ſes prêtres croyaient funeſtes. Il courut même en dépit d'eux à ſon dernier combat, où il fut tué au milieu de ſes victoires.

Fragmens. R

L'auteur du livre de la félicité publique, homme en éfet digne de la faire cette félicité, fi elle était au pouvoir d'un fage, femble n'etre pas de notre avis en ce point, & par conféquent il nous a réduit à nous défier longtems de notre opinion. *Julien*, dit-il, *au lieu de montrer fur le trône un philofophe impartial, ne fit voir en lui qu'un païen dévot.*

Les aparences en éfet font quelquefois pour l'eftimable auteur de la félicité publique. *Julien* paraît trop zélé pour l'ancien culte de fa patrie ; il fait trop de facrifices, il eft trop prètre. *Jules Céfar*, tout grand pontife qu'il était, facrifiait beaucoup moins.

Mais qu'on fe repréfente l'état de l'empire fous *Julien* ; deux factions acharnées le partagent : l'une à la vérité divine dans fon principe, mais s'écartant déja de fon origine par l'efprit de parti & par toutes les fureurs qui l'accompagnent : l'autre fondée fur l'erreur, & défendant cette erreur avec tout l'emportement qui fe met à la place de la raifon : même opiniâtreté des deux côtés, mêmes fraudes, mêmes calomnies, mêmes complots, mêmes barbaries, même rage. La plûpart des chrétiens, il faut l'avouer, éclairés d'abord par Dieu même, étaient auffi aveugles que ceux qu'on apella depuis païens.

Que pouvait faire un empereur politique entre ces deux factions, lorfqu'il s'était déclaré hautement pour la feconde ? S'il n'avait pas montré un grand zèle pour son parti, ce parti lui eut reproché de n'en avoir pas assez, ce parti l'eut abandonné, & l'autre l'eut peut-être détrôné. Il falait mener les païens avec les brides qu'ils s'étaient faites eux-mêmes. Qui a montré plus de zèle pour sa religion, qui a été plus assidu à des prêches & au chant des pseaumes que le prince d'Orange *Guillaume* le taciturne, fondateur de la république de Hollande, & *Gustave Adolphe*, vainqueur de l'Allemagne? Cependant il s'en falait beaucoup que ces deux grands hommes fussent des enthousiastes.

L'Europe, & surtout le nord, a le bonheur de posséder aujourd'hui des souverains éclairés & tolérans, dont aucun fanatisme n'obscurcit les lumières, dont aucune dispute théologique n'a égaré la raison, & qui tous savent très bien distinguer ce que la politique exige, & ce que la religion conseille. Il en est même qui n'ont ni cour, ni conseil, ni chapelle, & qui consument les journées entières dans le travail de la royauté. Mais qu'il s'élève dans leurs états une querelle de religion, une guerre intestine de fanatisme, telle qu'on en vit au tems de *Julien*, ou nous nous trompons fort, ou tous agiront comme lui.

Quant au nom d'apostat que des écrivains des charniers donnent encor à l'empereur *Julien*, il nous semble que ce sobriquet infâme ne lui convenait pas plus que le titre d'empereur chrétien à *Constantin* qui ne fut bâtisé qu'à sa mort. *Julien* bâtisé dans son enfance eut le malheur de n'ètre jamais chrétien que pour sauver sa vie. Il n'était pas plus chrétien que notre grand *Henri IV* & son cousin le prince de *Condé* ne furent catholiques, lorsqu'on les força d'aller à la messe après la *saint Barthelemi*. La ligue osa apeller ces princes relaps ; ils ne l'étaient point, on les avait forcés ; on força de mème *Julien* à recevoir ce qu'on apelle l'un des quatre mineurs, à ètre lecteur dans l'église de Nicomédie. Mais il est certain par ses écrits, que dès lors il se livrait tout entier aux instructions de *Libanius*, le philosophe le plus entèté du paganisme.

Ce qu'on peut donc reprocher bien plus raisonnablement à cet empereur, c'est d'avoir été l'ennemi du christianisme dès qu'il put se connaître ; & ce qu'il y a de plus déplorable, c'est qu'il était le plus beau génie de son tems, & le plus vertueux de tous les empereurs après les *Antonins*.

La *Blétrie* répéte sérieusement le conte ridicule que *Julien*, dans des opérations theurgiques qui étaient visiblement une initiation aux mystères d'*Eleusine*, fit deux fois le signe de la croix, & que deux fois tout disparut. Cependant malgré cette ineptie, *La Blétrie* a été lu, parce qu'il a été souvent plus raisonnable.

Au reste, nous osons dire qu'il n'est point

de Français, & surtout de Parisien, à qui la mémoire de *Julien* ne doive être chère. Il rendit la justice parmi nous comme un *Lamoignon*; il combattit pour nous en Alsace comme un *Turenne*; il administra les finances comme *Roni*; il vécut parmi nous en citoyen, en héros, en philosophe, en père; tout cela est exactement vrai. On verse des larmes de tendresse quand on songe à tout le bien qu'il nous fit. Et voila ce qu'un polisson apelle *Julien l'apostat*.

En admirant la valeur de *Charlemagne*, fils d'un héros usurpateur, & son art de gouverner tant de peuples conquis, c'était assez d'être homme pour gémir des cruautés qu'il exerça envers les Saxons; & nous avouons que nous n'exprimâmes pas assez fortement notre horreur. Le tribunal veimique, qu'il institua pour persécuter ces malheureux, est peut-être ce qu'on inventa jamais de plus tyrannique. Des juges inconnus recevaient les accusations rédigées par un délateur, n'entendaient ni les témoins, ni les accusés, jugeaient en secret, condamnaient à la mort, envoyaient des boureaux déguisés, qui exécutaient leurs sentences. Cette cour d'assassins privilégiés se tenaient à Ormound en Vestphalie; elle étendit sa jurisdiction sur toute l'Allemagne, & ne fut entiérement abolie que sous *Maximilien premier*. C'est une vérité horrible, dont peu d'auteurs parlent, mais qui n'en est pas moins avérée.

De Charlemagne.

De l'inquisition de Vestphalie.

Que devait-on dire de l'iniquité dénaturée avec laquelle il dépouilla de leurs états les fils de son frère ? La veuve fut obligée de fuir & d'emporter dans ses bras ses malheureux enfans chez *Didier* son frère, roi des Lombards. Que devinrent-ils, lorsque *Charlemagne* les poursuivit dans leur azile, & s'empara de leurs personnes ? Les secrétaires, les moines, qui fabriquaient des annales, n'osent le dire : nous nous taisons comme eux ; & nous souhaitons que ce *Karl* n'ait pas traité son frère, sa sœur & ses neveux, comme tant de princes en ces tems-là traitaient leurs parens. La foule des historiens a encensé la gloire de *Charlemagne* & jusqu'à ses débauches. Nous nous sommes arrêtés la balance à la main : nous avons laissé marcher la foule ; on nous a remarqués ; on a voulu nous aracher notre balance ; & nous avons continué de peser le juste & l'injuste.

Nous n'avons pu encor découvrir quel droit avait *Charlemagne* sur les états de son frère, ni quel droit son frère & lui & *Pepin* leur père avaient sur les états de la race d'*Ildovic*, ni quel droit avait *Ildovic* sur les Gaules & sur l'Allemagne, provinces de l'empire romain, ni même quel droit l'empire romain avait sur ces provinces.

C'est immédiatement après *Charlemagne* que commença cette longue querelle entre l'empire & le sacerdoce, qui a duré à tant de reprises pendant plus de neuf siècles ;

guerre dans laquelle tous les rois furent envelopés : guerre tantôt sourde, tantôt éclatante; tour-à-tour ridicule & funeste, qui n'a semblé terminée que par l'abolition des jésuites, & qui pourait recommencer encor, si la raison ne dissipait pas aujourd'hui presque partout les ténèbres dans lesquelles nous avons été plongés si longtems.

ARTICLE HUITIEME.

D'une foule de mensonges absurdes qu'on a oposés aux vérités énoncées par nous.

Nous nous servons rarement du grand mot *certain :* il ne doit gueres etre employé qu'en mathématiques, ou dans ces espèces de connoissances, *je pense, je soufre, j'existe : deux & deux font quatre.* Cependant si l'on peut quelquefois employer ce mot en fait d'histoire, nous crûmes *certain*, ou du moins extrèmement probable.

Que les premiers étrangers qui prirent & qui sacagèrent Constantinople furent les croisés, qui avaient fait serment de combattre pour elle.

Que les premiers rois Francs avaient plusieurs femmes en même tems; témoins *Gontran, Caribert, Childebert, Sigebert, Chilpe-*

ric, *Clotaire*, comme le jéfuite *Daniel* l'avoue lui-même.

Que le comble du ridicule eft ce qu'on a inféré dans l'hiftoire de *Joinville*, que les émirs mahométans & vainqueurs ofrirent la couronne d'Egypte à *faint Louis* leur ennemi, vaincu, captif, chrétien, ignorant leur langue & leurs loix.

Que toutes les hiftoires écrites dans ce goût doivent être regardées comme celle des quatre fils *Aimon*.

Que la croyance de l'églife romaine, après le tems de *Charlemagne*, était diférente de l'églife grecque en plufieurs points importans, & l'eft encore.

Que longtems après *Charlemagne*, l'évêque de Rome, toujours élu par le peuple, felon l'ufage de toutes les églifes toutes républicaines, demandait la confirmation de fon élection à l'exarque; que le clergé romain était tenu d'écrire à l'exarque fuivant cette formule. "Nous vous fuplions d'or-
„ donner la confécration de notre père &
„ pafteur".

Que le nouvel évêque était par le même formulaire obligé d'écrire à l'évêque de Ravenne; & qu'enfin par une conféquence indubitable, l'évêque de Rome n'avait encor aucune prétention fur la fouveraineté de cette ville.

De la fainte meffe.
Que la meffe était très-diférente au tems de *Charlemagne* de ce qu'elle avait été dans la primitive églife: car tout changea fui-

vant les tems & suivant les lieux, & suivant la prudence des pasteurs. Du tems des apôtres, on s'assemblait le soir pour manger la cène, le soupé du Seigneur. (*Paul aux Corinth.*) On demeurait dans la fraction du pain. (*Act. ch.* 2.) Les disciples étaient assemblés pour rompre le pain. (*Act. ch.* 20.) L'église romaine, dans la basse latinité, apelle *missa* ce que les Grecs apellaient *synaxe*. On prétend que ce mot *missa*, messe, venait de ce qu'on renvoyait les cathécumènes, qui n'étant pas encor baptisés n'étaient pas encor dignes d'assister à la messe. Les liturgies étaient diférentes & cela ne pouvait alors être autrement : une assemblée de chrétiens en Caldée ne pouvait avoir les mêmes cérémonies qu'une assemblée en Thrace. Chacun faisait la commémoration du dernier soupé de notre Seigneur en sa langue. Ce fut vers la fin du second siècle que l'usage de célébrer la messe le matin s'établit dans presque toutes les églises.

Le lendemain du sabath, on célébrait nos saints mystères, pour ne se pas rencontrer avec les juifs. On lisait d'abord un chapitre des évangiles; une exhortation du célébrant suivait; tous les fidèles, après l'exhortation, se baisaient sur la bouche en signe de fraternité qui venait du cœur; puis on posait sur une table du pain, du vin & de l'eau; chacun en prenait; & on portait du pain & du vin aux absens. Dans

quelques églises de l'orient le prêtre pro-
nonçait les mêmes paroles par lesquelles on
finissait les anciens mystères : paroles que
notre divine religion avait retenues & consacrées : *veillez & soyez purs.* Tous ces rites changèrent : le rite grégorien ne fut
point le rite ambroisien. Le baptême, qui
était le plongement dans l'eau, ne fut bientôt dans l'occident qu'une légère aspersion :
les barbares du nord devenus chrétiens,
n'ayant ni peintres ni sculpteurs, ignorèrent le culte des images. L'église grecque
diféra surtout de l'église romaine en dogmes & en usages.

Jusqu'aux tems de *Charlemagne*, il n'y
eut point ce qu'on apelle de messe-basse.
Les formules qui subsistent encor nous
le prouvent assez. On n'aurait pas soufert
alors qu'un seul homme oficiât, aidé d'un
petit garçon, qui lui répond & qui le sert :
les évêques eurent cette condescendance
pour les grands seigneurs & pour les ma-
lades. Enfin les religieux mandians dirent
des messes-basses pour de l'argent ; & l'abus
vint au point que le jésuite *Emmanuel Sa*
dit dans ses aphorismes : " si un prêtre a
„ reçu de l'argent pour dire des messes, il
„ peut les afermer à d'autres, à un moin-
„ dre prix, & retenir pour lui le surplus".
Qui datur certa pecunia pro missis a se dicen-
dis, potest alios minore pretio conducere, &
reliquum sibi retinere.

De la con-
fession.

Nous dîmes que la confession de ses fautes était de la plus haute antiquité; que le repentir fut la première reſſource des criminels; que ce repentir & cette confeſſion furent exigés dans tous les myſtères d'Egypte, de Thrace & de Grèce; que l'expiation ſuivait la confeſſion, &c.

La fable même imita l'hiſtoire, en ce point néceſſaire aux hommes. *Apollonius de Rhodes* raporte que *Médée* & *Jaſon*, coupables de la mort d'*Abſirthe*, allèrent ſe faire expier dans l'iſle d'Æa par *Circé* reine & prêtreſſe de l'iſle, & tante de *Médée*. *Jaſon*, en arrivant au foyer ſacré de la maiſon de *Circé*, enfonça ſon épée en terre: ce qui ſignifiait que ſa femme & lui avaient commis un crime avec l'épée, & qu'ils avaient répandu le ſang innocent ſur la terre. Aprés quoi *Circé* les expia tous deux avec les luſtrations uſitées chez elle. Peut-être même cette ancienne fable n'eſt pas ſi fable qu'on le croit.

On ſait que *Marc-Aurèle*, le plus vertueux des hommes, ſe confeſſa en s'initiant aux myſtères de *Cérès*. Cette pratique ſalutaire eut ſes abus: ils furent pouſſés au point qu'un Spartiate, voulant s'initier, & le prêtre voulant le confeſſer, *eſt-ce à Dieu ou à toi que je parlerai?* dit le Spartiate. *A Dieu*, répondit l'autre. *Retire-toi donc, ô homme.*

Les juifs étaient obligés par la loi d'avouer leur délit lorſqu'ils avaient volé leurs frères, & de reſtituer le prix du larcin avec

Nombres, un cinquième par-deſſus. Ils confeſſaient en
ch. 5. ℣. 7. général leurs péchés contre la loi, en met‑
tant la main ſur la tête d'une victime. *Bux‑
torf* nous aprend que ſouvent ils pronon‑
çaient une formule de confeſſion générale,
compoſée de vingt-deux mots ; & qu'à cha‑
que mot on leur plongeait la tête dans une
cuvette d'eau froide ; que ſouvent auſſi ils
ſe confeſſaient les uns aux autres ; que cha‑
que pénitent choiſiſſait ſon parain qui lui
donnait trente-neuf coups de fouet, & qui
en recevait autant de lui à ſon tour. Enfin
l'égliſe chrétienne ſanctifia la confeſſion.
On ſait aſſez comment les confeſſions & les
pénitences furent d'abord publiques ; quel
ſcandale il arriva ſous le patriarche *Nec‑
taire*, qui abolit cet uſage ; comment la con‑
feſſion s'introduiſit enſuite peu-à-peu dans
l'occident. Les abbés confeſſèrent d'abord
leurs moines (*c*) ; les abbeſſes même eurent
ce droit ſur leurs religieuſes.

Saint *Thomas* dit expreſſément dans ſa
ſomme (*d*). *Confeſſio, ex defectu ſacerdo‑
tis, laïco facta, ſacramentalis eſt quodam mo‑
do.* Confeſſion à un laïque, au défaut d'un
prêtre, eſt comme ſacrement.

Saint *Bazile* fut le premier qui permit aux
abbeſſes d'adminiſtrer la confeſſion à leurs

(*c*) Voyez les queſtions ſur l'encyclopédie au mot,
confeſſion.
(*d*) Tome III. page 255.

religieuses & de prêcher dans leurs églises. *Innocent III*, dans ses lettres, n'ataqua point cet usage. Le père *Martène*, savant bénédictin, parle fort au long de cet usage dans ses rites de l'église. Quelques jésuites, & surtout un *Nonote*, qui n'avaient lu ni *Bazile*, ni *Martène*, ni les lettres d'*Innocent III*, que nous avions lues dans l'abbaye de Sénones, où nous séjournâmes quelque tems dans nos voyages entrepris pour nous instruire, s'élevèrent contre ces vérités. Nous nous moquâmes un peu d'eux. Il faut l'avouer: notre amour extrême de la vérité n'exclud pas les faiblesses humaines.

C'est une chose rare que cette persévérance d'ignorance & de hauteur avec laquelle ces bons Garasses nous attaquèrent sans relâche, & sans savoir jamais un mot de l'état de la question.

Nous fûmes obligés d'aprofondir l'étonnante avanture de la Pucelle d'Orléans, sur laquelle nous avions recueilli beaucoup de mémoires. Il fallut revenir sur une *Marie d'Arragon*, prétendue femme de l'empereur *Othon III*, qu'on fit passer (dit la légende) pieds nuds sur des fers ardens. Il falut leur prouver que la ville de Livron en Dauphiné fut assiégée par le maréchal de *Belle-Garde*, qui leva le siège sous *Henri III*. Ils n'en savaient rien, & ils criaient que Livron n'avait jamais été une ville, parce que ce n'est aujourd'hui qu'un bourg.

De la Pucelle d'Orléans.

La chose n'est pas bien importante, mais la vérité est toujours précieuse.

Il falut soutenir l'honneur de notre corps calomnié, & faire voir que *Lognac*, le chef des assassins qui massacrèrent le duc de *Guise*, n'avait jamais été du nombre des gentils-hommes ordinaires de la chambre du roi, qu'il était un de ces *gentils-hommes d'expédition*, fournis par le duc d'*Epernon*, & payés par lui. Nous en avions cherché & trouvé des preuves dans les regiftres de la chambre des comptes.

Quelle perte de tems! quand nous fûmes forcés de leur prouver que la terre d'Yesso n'avait point été découverte par l'amiral *Drake*. Et le petit nombre des lecteurs qui pouvaient lire ces discussions disait, qu'importe?

Enfin dans deux volumes de *nos erreurs*, ils trouvèrent le secret de ne pas mettre un seul mot de vérité.

Que firent-ils alors? Ils nous apellèrent hérétiques & athées. Ils envoyèrent leur libelle au pape: ils s'adressaient mal. Le pape n'a pas accueilli, depuis peu, bien gracieusement leurs libelles.

Le jésuite *Patouillet* minuta contre nous un mandement d'évêque, dans lequel il nous traitait de vagabonds, quoique nous demeurassions depuis vingt ans dans notre château; & d'écrivain mercénaire, quoique nous eussions fait présent de tous nos ouvrages à nos libraires. Le mandement fut condamné, pour d'autres confidérations plus férieufes, à être brûlé par le boureau. Nous continuâmes à chercher la vérité.

ARTICLE NEUVIÈME.

Eclairciffemens fur quelques anecdotes.

Nous penfames toujours qu'il ne faut jamais répondre à fes critiques, quand il s'agit du goût. Vous trouvez la Henriade mauvaife, faites-en une meilleure. Zaïre, Mérope, Mahomet, Tancrede, vous paraiffent ridicules, à la bonne heure. Quant à l'hiftoire, c'eft autre chofe. L'auteur, à qui on contefte un fait, une date, doit ou fe corriger, s'il a tort, ou prouver qu'il a raifon. Il eft permis d'ennuyer le public, il n'eft pas permis de le tromper.

Notre efquiffe de l'effai fur l'hiftoire de l'efprit & des mœurs des nations fut terminé par celle du grand fiècle de *Louis XIV*. Nous ne cherchâmes que le vrai, & nous pouvons affurer que jamais l'hiftoire contemporaine ne fut plus fidèle. On nous nia d'abord l'anecdote de l'homme au mafque de fer; & il eft très utile que de tels faits ne paffent pas fans contradiction. Celui-ci fut reconnu auffi véritable qu'il était extraordinaire; vingt auteurs s'égarèrent en conjectures, & nous ne

Du mafque de fer.

hazardâmes jamais notre opinion sur ce fait avéré, dont il n'est aucun exemple dans l'histoire du monde.

Du testament de Charles II roi d'Espagne.

Les préjugés de l'Europe & de tous les écrivains s'élevaient contre nous, lorsque nous assurâmes que *Louis XIV* n'avait eu aucune part au testament de *Charles II*, roi d'Espagne, en faveur de la maison de France : cette vérité fut confirmée par les mémoires de monsieur de *Torcy* & par le tems.

C'est le tems qui nous a aidés à ouvrir les yeux du public sur ce débordement de calomnies absurdes, qui se répandit partout vers les derniers jours de *Louis XIV* contre le duc d'*Orléans*, régent de France.

De Fénelon.

Les *Nonotes* nous soutinrent que l'archevêque de *Cambrai*, *Fénelon*, n'avait jamais fait ces vers agréables & philosophiques sur un air de *Lulli*.

> Jeune, j'étais trop sage
> Et voulais trop savoir :
> Je ne veux, à mon âge,
> Que badinage ;
> Et touche au dernier âge,
> Sans rien prévoir.

On les avait insérés dans une édition de madame *Guyon* ; & lorsque monsieur de *Fénelon*, ambassadeur en Hollande, fit imprimer le Télémaque de son oncle, ces vers furent restitués à leur auteur : on les imprima dans

dans plus de cinquante exemplaires, dont un fût en notre poſſeſſion. Quelques lecteurs craignirent que ces vers innocens ne donnaſſent un prétexte aux janſéniſtes d'accuſer l'auteur qui avait écrit contre eux, de s'être paré d'une philoſophie trop ſceptique, & furent cauſe qu'on retrancha ce madrigal du reſte de l'édition du Télémaque. C'eſt de quoi nous fûmes témoins. Mais les cinquante exemplaires exiſtent; qu'importe d'ailleurs que l'auteur d'un beau roman ait fait ou non une chanſon jolie.

Faiſons ici l'aveu que toutes ces vérités hiſtoriques, qui ne peuvent intéreſſer que quelques curieux dans un petit canton de la terre, ne méritent pas d'être comparées aux vérités mathématiques & phyſiques qui ſont néceſſaires au genre humain. Cependant les querelles ſur ces bagatelles ont été ſouvent vives & fatales. Les diſputes ſur la phyſique ſont moins dangereuſes: ce ſont des procès dont il y a peu de juges; mais en fait d'hiſtoire, le plus borné des hommes peut vous chicaner ſur une date, déterrer un auteur inconnu qui a penſé diféremment de vous, abuſer d'un mot pour vous rendre ſuſpect. Un moine, ſi vous n'avez pas flaté ſon ordre, peut calomnier impunément votre religion. Un parlement même était ulcéré, ſi vous aviez décrit les folies & les fureurs de la fronde.

Fragmens. S

ARTICLE DIXIEME.

De la philosophie de l'histoire.

LOrsqu'après avoir conduit notre essai sur les mœurs & l'esprit des nations depuis l'établissement du christianisme jusqu'à nos jours, nous fûmes invités à remonter aux tems fabuleux de tous les peuples, & à lier, s'il était possible, le peu de vérités que nous trouvâmes dans les tems modernes aux chimères de l'antiquité ; nous nous gardâmes bien de nous charger d'une tâche à la fois si pesante & si frivole. Mais nous tachâmes dans un discours préliminaire, qu'on intitula *philosophie de l'histoire*, de démêler comment naquirent les principales opinions qui unirent des sociétés, qui ensuite les divisèrent, qui en armèrent plusieurs les uns contre les autres. Nous cherchâmes toutes ces origines dans la nature ; elles ne pouvaient être ailleurs. Nous vîmes que si on fit descendre *Tamerlan* d'une race céleste, on avait donné pour aïeux à *Gengiskan* une vierge & un rayon du soleil. *Mango Capak* s'était dit de la même famille en Amérique. *Odin* dans les glaces du nord avait passé pour le fils d'un dieu. *Alexandre* longtems auparavant essaya d'être fils de *Jupiter*, dut-il brouiller, comme on le dit, sa mère avec *Junon*. Ro-

Partout des fils de Dieu.

mulus passa chez les Romains pour le fils de *Mars*. La Grèce avant *Romulus* fut couverte d'enfans des dieux. La fable de l'Arabe *Bak* ou *Bacchus*, à qui on donna cent noms diférens, est le plus ancien exemple qui nous soit resté de ces généalogies. D'où put venir cette conformité d'orgueil & de folie entre tant d'hommes séparés par la distance des tems & des lieux, si ce n'est de la nature humaine partout orgueilleuse, partout menteuse, & qui veut toujours en imposer ? ce fut donc en consultant la nature que nous tachames de porter quelque faible lumière dans le ténébreux chaos de l'antiquité.

Il ne faut pas s'enquérir quel est le plus savant, dit *Montagne*, mais quel est le mieux savant. Il a plu à monsieur *Larchet*, très-savant homme, à la manière ordinaire, de combattre notre philosophie par des autorités, & surtout par son autorité. Ainsi il était impossible que nous nous rencontrassions.

Nous avions, parmi les contes d'*Hérodote*, trouvé fort ridicule avec tous les honnêtes gens, le conte qu'il nous fait des dames de Babylone, obligées par la loi sacrée du pays d'aller une fois dans leur vie se prostituer aux étrangers pour de l'argent au temple de Milita. Et monsieur *Larchet* nous soutenait que la chose était vraye, puisqu'*Hérodote* l'avait dite. Il joint pourtant une raison à cette autorité ; c'est qu'on avait

De la loi prétendüe, qui obligeait les dames à se prostituer dans un temple.

dans d'autres pays sacrifié des enfans aux dieux, & qu'ainsi on pouvait bien ordonner que toutes les dames de la ville la plus opulente & la plus policée de l'orient, & surtout les dames de qualité, gardées par des eunuques, se prostituassent dans un temple.

Mais il ne réfléchissait pas, que si la superstition immola des victimes humaines dans de grands dangers & dans de grands malheurs, ce n'est pas une raison pour que des législateurs ordonnent à leurs femmes & à leurs filles de coucher avec le premier venu dans un temple ou dans la sacristie pour quelques deniers. La superstition est souvent très-barbare; mais la loi n'ataque jamais l'honnèteté publique, surtout quand cette loi se trouve d'acord avec la jalousie des maris, & avec les intérêts & l'honneur des pères de famille.

Monsieur *Larchet* voulut donc nous démontrer que les maris prostituaient leurs femmes dans Babylone, & que les mères en faisaient autant de leurs filles. Sa raison était que *Sextus-Empiricus* & quelques poëtes ont dit qu'il falait absolument qu'un mage en Perse fût né de l'inceste d'un fils avec sa mère. On eut beau lui remontrer que cette calomnie des Romains contre les Perses leurs ennemis ressemble à tous les contes que notre peuple fait encor tous les jours des Turcs, & de *Mahomet* second, & de *Mahomet* le prophète. Monsieur *Larchet* n'en démordit point & préféra toujours les vieux auteurs à la vérité ancienne & moderne.

Il nous traita d'homme ignorant & dangereux, parce que nous osions douter des cent portes de la ville de Thèbes, des dix-mille soldats qui sortaient par chaque porte avec deux-cent chars armés en guerre. Il est persuadé que le prétendu *Concosis*, père du prétendu *Sésostris*, pour acomplir un de ses songes, & pour obéir à un de ses oracles, destina son fils, dès le jour de sa naissance, à conquérir le monde entier; que pour parvenir à ce bel exploit, il fit élever auprès de *Sésostris* tous les petits garçons nés le même jour où nâquit son fils; que pour les acoutumer à conquérir le monde, il les faisait courir à jeun huit de nos grandes lieues, ou quatre, comme on voudra, sans quoi ils n'avaient point à déjeuner.

Des dix-sept cent garçons qui conquirent le monde avec Sésostris.

Quand ils furent en âge d'aider *Sésostris* à sa conquête, ils étaient dix-sept cent qui avaient environ vingt ans. Il en était mort le tiers, selon les suputations de la vie humaine les plus modérées. Ainsi il était né en Egypte deux-mille deux-cent soixante & six garçons le même jour que *Sésostris*. Un pareil nombre de filles devait aussi être né ce jour-là; ce qui fait quatre mille cinq-cent trente-deux enfans.

Or comme il n'est pas probable que le jour de la naissance de *Sésostris* fût plus fécond que les autres, il suit évidemment qu'au bout de l'année il était né un million six-cent cinquante quatre mille cent quatre-vingts Egyptiens.

Si vous multipliez ce nombre par trente-quatre, selon la méthode de monsieur *Kersebaum*, reconnue très exacte en Hollande, vous trouverez que l'Egypte était peuplée de cinquante-six millions deux-cent quarante-deux mille cent vingt personnes. Il est vrai qu'elle n'en a jamais eu, depuis qu'elle est connue, qu'environ trois millions, & que son terrain cultivable n'est pas le tiers du terrain cultivable de la France.

Enfin *Séfostris* partit avec une armée de six-cent mille hommes, & vingt-sept mille chars de guerre. Le pays, à la vérité, a toujours eu peu de chevaux & très-peu de bois de construction; mais ces dificultés n'embarassent jamais les héros qui montent à cheval pour subjuguer toute la terre, & pour obéir à un oracle. Elles n'embarassent pas plus monsieur *Larchet* notre adversaire.

Nous ne répéterons point ici les grosses injures de savant qu'il prodigue à propos des velus & du bouc de Mendès, & de *sanctus Socrates* pederasta, dont il nous flate qu'il parlera encore, & des autres injures qu'il répète d'après monsieur *Warburton* auffi grand compilateur que lui de fatras & d'injures. Mais il nous est permis de répéter auffi que le savant monsieur *Warburton* a prétendu donner pour la plus grande preuve de la miſſion divine de *Moïſe*, que *Moïſe* n'avait jamais enſeigné l'immortalité de l'ame. Nous ne ſommes point de l'avis de monſieur l'évèque *Warburton*; nous croyons l'ame immortelle; nous penſons (comme de raiſon) que *Moïſe* devait avoir la même croyance; & ſi l'ame de monſieur *Warburton* ou celle de monſieur *Larchet* eſt mortelle, c'eſt à eux à le prouver. Ces diſputes ne doivent point altérer la charité chrétienne; mais auſſi cette charité peut admettre quelques plaiſanteries, pourvu qu'elles ne ſoyent point trop fortes.

Si Moïſe a cru une ame immortelle.

FRAGMENT
SUR
LA SAINT BARTHELEMI.

ON prétend envain que le chancelier de l'*Hôpital* & *Chriſtophe de Thou*, premier préſident, diſaient ſouvent, *excidat illa dies*, que ce jour périſſe. Il ne périra point (*e*), ces vers mêmes en conſervent la mémoire.

(*e*) Ce ſont des vers de Silvius Italicus,
Excidat illa dies ævo, nec poſtera credant
Sæcula... &c.

Nous fîmes auſſi nos éforts autrefois pour la perpétuer, *Virgile* avait mieux réuſſi que nous à tranſmettre aux ſiècles futurs la journée de la ruine de Troye. La grande poéſie s'ocupa toujours d'éterniſer les malheurs des hommes.

Nous fûmes étonnés de trouver en 1758, près de deux cents ans après la ſaint Barthelemi, un livre contre les proteſtans, dans lequel eſt une diſſertation ſur ces maſſacres; l'auteur veut prouver ces quatre points qu'il énonce ainſi,

1°. Que la religion n'y a eu aucune part.
2°. Que ce fut une afaire de proſcription.
3°. Qu'elle n'a dû regarder que Paris.
4°. Qu'il y a péri beaucoup moins de monde qu'on n'a écrit.

Au 1°. nous répondons. Non ſans-doute, ce ne fut pas la religion qui médita, & qui exécuta les maſſacres de la ſaint Barthelemi, ce fut le fanatiſme le plus exécrable. La religion eſt humaine, parce qu'elle eſt divine; elle prie pour les pécheurs & ne les extermine pas; elle n'égorge point ceux qu'elle veut inſtruire. Mais ſi on entend ici par religion ces querelles ſanguinaires de religion, ces guerres inteſtines qui couvrirent de cadavres la France entière pendant plus de quarante années, il faut avouer que cet éfroyable abus de la religion arma les mains qui commirent les meurtres de la ſaint Barthelemi. Nous convenons que *Catherine de*

Médicis, le duc de *Guise*, les cardinaux de *Birague* & de *Rets*, qui conseillèrent ces massacres, n'avaient pas plus de religion que monsieur l'abbé, qui en veut diminuer l'horreur. Il nous reproche de les avoir apellés cardinaux, sous prétexte qu'ils ne furent décorés de la pourpre romaine qu'après avoir répandu le sang des Français. Mais ne dit-on pas tous les jours qu'un autre cardinal de *Rets* fit la première guerre de la fronde, quoiqu'il ne fût alors que coadjuteur de Paris? que fait aux massacres de la saint Barthelemi le quantième du mois où un *Birague* reçut sa barette? est-ce par de tels subterfuges qu'on peut défendre une si détestable cause? oui, le fanatisme religieux arma la moitié de la France contre l'autre. Oui, il changea en assassins ces Français aujourd'hui si doux & si polis, qui s'ocupent gayement d'opéra comiques, de querelles de danseuses & de brochures. Il faut le redire cent fois, il faut le crier tous les ans le 24 Auguste, ou le 24 Août, afin que nos neveux ne soyent jamais tentés de renouveller religieusement les crimes de nos détestables pères.

2°. *Que ce fut une afaire de proscription.*

Quelle afaire! proscrire ses propres sujets, ses meilleurs capitaines, ses parens, le prince de *Condé*, notre *Henri IV*, depuis restaurateur de la France, notre héros, notre père, qui n'échapa qu'à peine à cette boucherie! On dit une afaire de finance, une afaire d'honneur ou d'intérèt, afaire de bareau, afaire au conseil, afaires du roi, homme d'afaires. Mais qui avait jamais entendu parler d'afaires de proscription! il semble que ce soit une chose simple & en usage. Il n'est que trop vrai que ce fut une proscription, & c'est ce qui excitera toujours nos cris & nos larmes.

Mais on laissa au peuple fanatique & barbare le soin de choisir ses victimes. Le frère pouvait assassiner son frère, le fils plonger le couteau dans les mammelles qui l'avaient alaité. Il n'est que trop vrai qu'on égorgea des femmes & des enfans. *Les charrettes chargées de corps morts de damoiselles, femmes, filles & enfans, étaient menées & déchargées dans la rivière.* Quelle afaire!

3°. *Que cette afaire n'a jamais dû regarder que Paris.*

Et pour nous prouver cette étrange assertion, monsieur l'abbé nous assure qu'à Troye un catholique voulut sauver la vie à *Etienne Marguien!* mais il ne nous dit point qu'*Etienne Marguien* échapât au carnage. Si cette afaire n'avait regardé que Paris, pourquoi la cour envoya-t-elle des ordres à tous les gouverneurs des provinces & des villes de répandre partout le sang des sujets. Il y en eut qui s'en excusèrent.

Les seigneurs de saint *Herem*, d'*Ortes*, d'*Ognon*, de *La Guiche*, *Gordes*, & d'autres écrivirent au roi en diférens termes, qu'ils avaient des soldats pour son service, & non des boureaux.

Au reste, il doit nous être permis d'en croire les véridiques *Auguste de Thou* & *Maximilien* duc de *Sully*, qui virent de bien plus près la saint Barthelemi que monsieur l'abbé, qui n'y était pas, & qui ne passe peut-être pas pour aussi véridique.

4°. *Qu'il y a péri beaucoup moins de monde qu'on n'a écrit.*

Il n'est pas possible de savoir le nombre des morts; on ne sait pas dans les villes le nombre des vivans. Tel auteur exagère, tel autre diminue, personne ne compte. Nous n'avons jamais cru aux trois cent mille Sarazins tués par *Charles Martel*; il n'est pas question ici de savoir au juste combien de Français furent massacrés par leurs compatriotes. Qui poura jamais avoir une liste exacte des habitans de Thessalonique égorgés par l'ordre de *Théodose* dans le cirque où il les invita par des jeux solemnels? il est avéré que tout ce qui entra fut tué. Thessalonique était une ville marchande, opulente & peuplée. Il n'est pas vraisemblable qu'elle ne contînt que sept mille ames. Mais que *Théodose* dans sa saint Barthelemi ait fait massacrer quinze mille de ses sujets, ou trente mille, le crime est égal.

L'archevêque *Péréfixe* pouſſe juſqu'à cent mille le nombre des victimes frapées dans la proſcription de *Charles* neuf. Le ſage de *Thou* réduit ce nombre à ſoixante & dix mille. Prenons une moyenne proportionnelle arithmétique, nous aurons quatre-vingt-cinq mille. Quelle afaire, encor une fois !

De nos jours, un avocat irlandais a plaidé pour les maſſacres d'Irlande, exécutés ſous le régne de l'infortuné *Charles I*. Il a ſoutenu que les Irlandais catholiques n'avaient aſſaſſiné que quarante mille proteſtans. Nous ne voulons pas compter après lui ; mais en vérité ce n'eſt pas peu de choſe que quarante mille citoyens expirans dans des tourmens recherchés, des filles attachées vivantes encor aux cous de leurs mères ſuſpendues à des potences, les parties génitales des pères de famille miſes toutes ſanglantes dans la bouche de leurs femmes égorgées, & leurs enfans coupés par morceaux ſous les yeux des pères & des mères ; le tout à la plus grande gloire de Dieu.

Nous aurions mauvaiſe grace de nous plaindre des reproches que nous fait monſieur l'abbé ſur ce que nous fîmes, il y a cinquante ans, je ne ſais quel poëme épique dans lequel il eſt parlé de la ſaint Barthelemi. Un de nos parens fut tué dans cette journée ; mais nous nous tenons très-heureux d'en être quites aujourd'hui pour des injures,

FRAGMENT
SUR
LA RÉVOCATION DE L'ÉDIT
DE NANTES.

LA fameuse révocation de l'édit de Nantes est regardée comme une grande playe de l'état. Lorsque nous fûmes obligés d'en parler dans *le siècle de Louis XIV*, nous fûmes bien loin de vouloir dégrader un monument que nous élevions à la gloire de ce siècle mémorable; mais (*f*) madame de *Cailus*, nièce de madame de *Maintenon*, dit que le roi *avait été trompé*. La reine *Christine* (*g*) écrit que *Louis XIV* s'était coupé le bras gauche avec le bras droit. Nous dûmes plaindre la France d'avoir porté chez les étrangers & même chez ses ennemis, ses citoyens, ses trésors, ses arts, son industrie, ses guerriers. Nous avouâmes que l'indulgence, la tolérance, dont les hommes ont tant de besoin les uns envers les autres, était le seul apareil qu'on pût mettre sur une blessure si profonde.

Ce divin esprit de tolérance, qui au fond n'est que la charité, *charitas humani generis*, comme dit *Cicéron*, a depuis quelques an-

___
(*f*) Souvenirs de madame de *Cailus*.
(*g*) Lettre de la reine *Christine*.

nées tellement animé les ames nobles & sensibles que monsieur de *Fitz-James*, évêque de Langres, a dit dans son dernier mandement: *nous devons regarder les Turcs comme nos frères.*

Aujourd'hui nous voyons en France des protestans, autrefois plus odieux que les Turcs, ocuper publiquement des places qui, si elles ne sont pas les plus considérables de l'état, sont du moins les plus avantageuses. Personne n'en a murmuré. On n'a pas été plus surpris de voir des fermiers-généraux calvinistes, que s'ils avaient été jansénistes.

Le ministère, ayant écrit en 1751 une lettre de recommandation en faveur d'un négociant protestant nommé *Frontin*, homme utile à l'état, un évêque d'*Agen*, plus zélé que charitable, écrivit & fit imprimer une lettre assez violente contre le ministère. Il remontrait dans cette lettre qu'on ne doit jamais recommander un négociant huguenot, attendu qu'ils sont tous ennemis de Dieu & des hommes. On écrivit contre cette lettre; & soit qu'elle fût de l'évêque d'*Agen*, soit de l'abbé de *Caveirac*, cet abbé la soutint dans sa révocation de l'édit de Nantes. Il voulut persuader qu'il n'y avait eu aucune persécution dans la dragonade; que les réformés méritaient d'être beaucoup plus maltraités; qu'il n'en sortit pas du royaume cinquante mille; qu'ils emportèrent très-peu d'argent; qu'ils n'établirent point ailleurs des manufactures dont aucun pays n'avait besoin, &c... &c.»

Autrefois un tel livre eut ocupé toute l'Europe: les tems sont si changés qu'on n'en parla point. Nous fûmes les seuls qui prîmes la peine d'observer que monsieur de *Caveirac* n'avait pas eu des mémoires exacts sur plusieurs faits.

Par exemple, il disait qu'il n'y a pas cinquante familles françaises à Genève. Nous qui demeurons à deux pas de cette ville, nous pouvons afirmer qu'il y en a plus de mille, sans compter celles que la mort a éteintes, ou qui sont passées dans d'autres familles par les femmes. Et nous ajoutons ici que ce sont des familles qui ont porté dans Genève une industrie & une opulence inconnue jusqu'alors. Genève, qui n'était autrefois qu'une ville de théologie, est aujourd'hui célèbre par ses richesses & par ses connaissances solides: elle les doit aux réfugiés français; ils l'ont mise en état de prêter au roi de France des fonds dont elle retire cinq millions de rente, au tems où nous écrivons.

Monsieur l'abbé donnait un démenti au roi de Prusse, qui dans l'histoire de sa patrie a prononcé que son grand-père reçut dans ses états plus de vingt-mille réfugiés. Et pour décréditer le témoignage du roi de Prusse, il prétend que son histoire du Brandebourg n'est point de lui, & que c'est nous qui l'avons faite sous son nom. Ce fut donc pour nous un devoir indispensable de rendre gloire à la vérité; de ne nous point parer de ce qui ne nous apartient pas; d'avouer que nous ne servimes au roi de Prusse que de grammairien, & même de grammairien fort inutile. Il n'avait pas besoin de nous pour être l'historien & le législateur de son royaume, comme il en a été le héros (*h*).

Monsieur l'abbé récusait de même le témoignage

(*h*) Il arriva depuis un événement favorable, qui avança considérablement les projets du grand électeur; *Louis XIV* révoqua l'édit de Nantes, & quatre cent mille français sortirent pour le moins de ce royaume; les plus riches passèrent en Angleterre & en Hollande; les plus pauvres, mais les plus industrieux, se réfugièrent dans le Brandebourg, au nombre de vingt mille ou environ; ils aidèrent à repeupler nos villes désertes, & nous donnèrent toutes les manufactures qui nous manquaient.

A l'avénement de *Frédéric Guillaume* à la régence, on ne faisait dans ce pays ni chapeaux, ni bas, ni serges, ni aucune étofe de laine; l'industrie des Français nous enrichit de toutes ces manufactures; ils établirent des fabriques de draps, de serges, d'étamines, de petites étofes, de droguets, de grisettes, de crépon, de bonnets & de bas, tissus sur des métiers; des chapeaux de castor, de lapin & de poil de lièvre; des teintures de toutes les espèces. Quelques-uns de ces réfugiés se firent marchands, & débitèrent en détail l'industrie des autres. Berlin eut des orfèvres, des bijoutiers, des horlogers, des sculpteurs; & les Français qui s'établirent dans le plat pays y cultivèrent le tabac, & firent venir des fruits & des légumes excellens dans les contrées sablonneuses, qui par leurs soins devinrent des potagers admirables. Le grand électeur, pour encourager une colonie aussi utile, lui assigna une pension annuelle de quarante mille écus dont elle jouit encore.

Hist. de Brandebourg par le roi de Prusse, édition de *Jean Neaulme* 1751, tome 2, pages 311, 312 & 314.

moignage de tous les intendans des provinces de France & de nos ambassadeurs qui, témoins de la décadence de nos manufactures & de leur transplantation dans le pays étranger, en avaient formé de justes plaintes. Nous aimâmes mieux les en croire que monsieur de *Caveirac*, qui était moins à portée qu'eux d'être bien instruit.

Il prétend que ceux qui s'expatrièrent n'étaient que des *gueux* à charge à l'état. Mais les *La Rochefoucaut*, les *Bourbons Malause*, les *La Force*, les *Ruvigny*, les *Shomberg*, tant d'autres oficiers principaux qui servirent sous le roi *Guillaume*, & sous la reine *Anne*, étaient-ils des *gueux*? il est vrai qu'il sortit plusieurs familles pauvres, & qu'elles furent secourues par les rois d'Angleterre & de Prusse, par plusieurs princes de l'empire, par les Hollandais, par les Suisses. Cela même est un très-grand malheur. Les pauvres sont nécessaires à un état; ils en font la base; il faut des mains nécessitées au travail. Ceux qui auraient cultivé des campagnes en France allèrent défricher la Caroline, la Pensylvanie, & jusqu'à la terre des Hottentots. L'orient & l'occident, les extrémités de l'ancien & du nouveau monde virent leurs travaux & leurs larmes.

Si donc l'Angleterre & la Hollande donnèrent à ces proscrits des aziles en Europe & au bout de l'univers, il est étrange que monsieur l'abbé se soit exprimé sur les Anglais en ces termes: *une fausse religion devait pro-* page 336 duire nécessairement de pareils fruits : il en restait un seul à meurir : ces insulaires le recueillent ; c'est le mépris des nations. On n'a jamais rien dit de si étrange.

Quelles sont donc les nations pour qui les Anglais ne sont qu'un objet de mépris ? sont-ce les peuples qu'ils ont vaincus ? sont-ce les peuples qu'ils ont secourus ? est-ce l'Inde où ils ont conquis des états trois fois plus grands & plus peuplés que l'Angleterre ? est-ce la moitié de l'Amérique dont ils sont souverains ?

A l'égard des Hollandais, monsieur l'abbé dit qu'ils n'acueillirent les réfugiés français que parce qu'ils sont sans religion. *Les Hollandais*, dit-il, *ne sont pas tolérans, ils sont indiférens. La philosophie ne les a pas éclairés ; elle a obscurci leurs lumières.* Il en fait ensuite un portrait afreux. C'est ainsi qu'il juge le monde entier.

Page 32. Nous ne pouvons passer sous silence un reproche singulier que monsieur l'abbé fait aux protestans de France. *Reprochez-vous, ô huguenots, les meurtres de Henri III & de Henri IV, en conspirant contre François second, & contre Charles IX. Vous avez enhardi les cruelles mains des paricides.* On ne savait pas encor que le jacobin *Jaques Clément*, & le feuillant *Ravaillac* fussent huguenots. C'est une fleur de rhétorique, & quelle fleur !

Il est tems de passer de monsieur l'abbé de *Caveirac* à monsieur l'abbé *Sabatier*, tous deux également pieux, & également illustres.

CALOMNIES
CONTRE LOUIS XIV.

IL est des faits plus graves, des calomnies plus atroces, qui ataquent les rois & les nations; & qui exigent des réfutations plus complettes & plus réitérées. C'était un devoir essentiel à l'auteur du siècle de *Louis XIV*, historiographe de France, de repousser les injures afreuses vomies contre la mémoire de *Louis XIV* & contre *Louis XV*, par un Français alors réfugié, & aprentif pasteur à Genève (*i*), & indigne également de ses deux patries.

Nous dimes, & nous persistons à dire, & nous redirons dans toutes les ocasions, que ces odieux libelles, tout méprisables qu'ils sont, ne laissent pas de pénétrer dans l'Europe, du moins pour quelque tems, par cela même qu'ils sont calomnieux : leur scélératesse leur tient lieu quelquefois de mérite, auprès des esprits ignorans & pervers. Si on multiplie les impostures, il faut bien multiplier aussi les réponses.

(*i*) *Langleviel*, dit *Labeaumelle*, reçu par le pasteur *Delarive* en 1745, le 12 Octobre.

Nous remettrons donc ici sous les yeux du lecteur une partie de ce que nous écrivîmes alors, moins en faveur de *Louis XIV* qu'en faveur de la vérité.

DÉFENSE
DE LOUIS XIV,
CONTRE
LES ANNALES POLITIQUES
DE
L'ABBÉ DE SAINT PIERRE.

Dans un dictionnaire d'impostures & d'ignorances intitulé *les trois siècles*, voici ce qu'on trouve, *tome 3, page 262*, à l'article de l'abbé *Castel* de *saint Pierre*.

„ Le plus connu de ses autres ouvrages
„ est celui qui a pour titre, *annales politi-*
„ *ques* de *Louis XIV*, où l'auteur ofre un
„ tableau frapant des progrès de l'esprit
„ chez notre nation pendant le règne de ce
„ monarque, & où monsieur *de Voltaire* a
„ puisé l'idée si mal remplie de son siècle
„ de *Louis XIV*... le détail des faits ne se

,, présente chez l'un & l'autre écrivain que
,, de profil ".

Il est aussi facile que nécessaire de faire voir qu'il n'y a pas un mot de vérité dans tout ce passage.

Premièrement il est bien faux que le *siècle de Louis XIV*, composé en 1745, & imprimé d'abord en 1750, ait pu être pris des *annales politiques* de l'abbé de *saint Pierre*, qui n'ont vu le jour qu'en 1757. Nous ne cesserons de redire qu'il sied bien à un écrivain de ne point répondre quand on ataque son stile ; il serait inutile d'examiner si des faits se présentent *de profil* ; mais il est juste & nécessaire de mettre un frein au mensonge & à la calomnie (*k*).

Secondement nous dirons que nous fûmes justement surpris, quand nous lûmes les *annales* de l'abbé de *saint Pierre :* il traite *Louis XIV* & son conseil de *grands enfans* en trente endroits. *Louis XIV* fit des fautes comme tant d'autres souverains ; & il eut par-dessus eux le courage de l'avouer ; mais ces fautes ne sont pas assurément celles d'un grand enfant.

(*k*) Voyez l'article XVI de ces fragmens. Voyez aussi les trois siècles à l'article de *saint Didier*, où l'abbé *Sabatier*, auteur de ces trois siècles, afirme que la Henriade est pillée d'un poëme de *saint Didier*, intitulé *Clovis*. Vous remarquerez qu'il y avait déja trois éditions de la Henriade sous le titre de la ligue, quand le *Clovis* de *saint Didier* parut & disparut.

L'abbé de *faint Pierre* répéte fouvent que tous les vices du gouvernement de ce monarque venaient de ce qu'il n'avait pas adopté la méthode du fcrutin perfectionné, & de ce qu'il n'avait pas penfé à établir la diète européane ou europaine avec les quinze dominations égales & la paix perpétuelle.

Ces chimères avaient été fouvent rebattues par l'abbé de *faint Pierre*, dans plufieurs de ces petits livres, & n'avaient été remarquées que pour leur fingularité. Il croyait avoir perfectionné la république de *Platon* & le gouvernement imaginaire de Salente. Nous avons eu en France, en Angleterre, beaucoup de ces projets, quelques-uns peut-être défirables, & nul de praticable; nous fommes même encor aujourd'hui acablés de fyftêmes. Celui de *Maximilien de Roni*, duc de *Sulli*, a paru le plus étonnant de tous. Bouleverfer toute l'Europe pour y introduire une paix perpétuelle, changer toutes les dominations pour les rendre égales, fubftituer un intérêt général à tous les intérêts de chaque pays, avoir une ville commune, une armée commune, des finances communes ! Un tel roman n'était bon que dans la comédie du potier d'étain, ou de fir politik.

Il fe peut que *Henri IV* & le duc de *Sulli* fe fuffent quelquefois égayés, dans la converfation, à parler de ce roman ; mais qu'on en ait férieufement fait le plan, que *Henri IV*, la reine *Elizabeth*, la république de Venife, & plusieurs princes d'Allemagne se soient ligués ensemble pour l'exécuter, c'est ce qui est démontré faux. La démonstration consiste en ce qu'on n'a jamais retrouvé aucun vestige d'une pareille négociation, ni dans les archives de Londres, ni chez aucun prince d'Allemagne, ni à Venise, ni dans les mémoires du secrétaire d'état *Villeroi*, ministre du dehors sous *Henri*. Le silence en cas pareil parle assez hautement.

L'abbé de *saint Pierre* osa suposer que les projets de gouverner la France par scrutin, & de partager l'Europe en quinze dominations, pour lui assurer une paix perpétuelle, avaient été adoptés & rédigés par le dauphin duc de *Bourgogne*, père de sa majesté *Louis XV*, & qu'à la mort de ce prince ils avaient été trouvés parmi ses papiers. On lui remontra qu'il était faux que dans les papiers du duc de *Bourgogne* on en eut trouvé un seul qui eut le moindre raport à ces romans politiques; qu'il n'était pas permis d'abuser ainsi d'un nom si respectable, & de mentir si grossièrement pour autoriser des chimères. Voici ce qu'il répondit en propres mots (*l*).

„ Je n'en ai de preuves que des ouï-dire
„ vraisemblables. C'était un prince très apli-

(*l*) Ouvrage de politique, par monsieur l'abbé de *saint Pierre*, à Rotterdam, chez *Beman*; & à Paris, chez *Briasson*, tome 3, page 191 & 192.

» qué à la science du gouvernement.... De
» là sont nées aparemment les opinions qu'il
» eut exécuté ces beaux projets, si une mort
» précipitée ne l'eut empêché de régner.
» Je n'ai donc sur cela que des ouï-di-
» re, &c."

On pourait repliquer à l'abbé de *saint Pierre* que ces prétendus ouï-dire n'avaient pas le moindre fondement, & qu'il les inventait pour s'autoriser d'un grand nom. Il ne tenait qu'à monsieur *Caritides* d'atribuer ses projets à *Louis XIV*.

Cependant après une telle réponse, il se crut le réformateur du genre-humain. Il apella son scrutin perfectionné antropomètre & basilomètre, & continua à gouverner.

Page 167.

Malheureusement pour lui, parmi quarante de ses volumes, on distingua sa polisinodie & on y fit quelque attention. Cet ouvrage essuya le même sort que l'éloge du système de *Lass*, par l'abbé *Terrasson*. A peine cet éloge avait-il paru que le système s'écroula de fond en comble; & lorsque l'abbé de *saint Pierre* démontrait que la polisinodie, c'est-à-dire, la multitude des conseils était la seule forme du gouvernement qu'on put admettre, le duc d'*Orléans*, régent, qui d'abord avait adopté cette forme, prenait déja des mesures pour l'abolir.

Comme l'auteur avait donné au gouvernement de *Louis XIV* le nom de visirat & de demi-visirat, le cardinal de *Polignac* & le cardinal de *Fleuri* alors précepteur du roi furent choqués de ces expreſſions: ils crurent que puiſqu'on traitait de viſirs les miniſtres de *Louis XIV*, on traitait ce monarque chrétien de grand turc : tous deux étaient de l'académie, ainſi que l'abbé; ils y portèrent leurs plaintes contre leur confrère dans deux diſcours qui font imprimés.

On ne voit pas que le terme de grandviſir ſoit plus injurieux que celui de préfet du prétoire ſous les empereurs romains; mais enfin les plaintes des deux académiciens prévalurent contre leur confrère, & il fut exclus de l'académie. Ce qu'il y eut de plus ſingulier dans cette afaire, & que nous avons remarqué dans le ſiècle de *Louis XIV*, c'eſt que le cardinal de *Polignac* en pourſuivant l'auteur de la poliſinodie, adoptée alors par le duc d'*Orléans*, régent du royaume, conſpirait contre lui dans ce tems-là même. Cependant le régent qui ſe doutait déja des intrigues de *Polignac*, & qui ne voulut pas manifeſter ſes ſoupçons, lui abandonna *ſaint Pierre*, premier aumônier de ſa mère ; & ce pauvre aumônier fut la victime du ſervice qu'il avait cru rendre au régent : accident fort commun aux gens de lettres.

L'abbé continua tranquilement à éclairer le monde & à le gouverner. Il publia une ordonnance pour rendre les ducs & pairs utiles à l'état; il diminua toutes les penſions par un de ſes édits, vuida tous les procès, permit aux prêtres & aux moines de se marier; & ayant ainsi rendu la terre heureuse, il s'ocupa de ses annales politiques, qui sont poussées jusques à l'année 1739, & qui ne furent imprimées que long-tems après sa mort. Elles finissent par une comparaison entre *Louis XIV* & *Henri IV*. Il donne la préférence entière à *Henri IV*, sans concurence; & une de ses plus fortes raisons est que ce prince voulait établir, selon lui, *la diète europaine & le scrutin perfectionné*.

Si nous osions mettre dans la balance *Henri IV* & *Louis XIV*, nous laisserions-là ce scrutin & cette paix perpétuelle. Nous dirions que *Henri IV* & *Louis XIV* nâquirent heureusement tous deux avec des caractères & des talens convenables aux tems où ils vécurent.

Henri, né loin du trône, élevé dans les guerres civiles, toujours éprouvé par elles, persécuté par *Philippe second* jusqu'à la paix de Vervins, avait besoin du courage d'un soldat. *Louis*, né sur le trône, maître absolu vers le tems de son mariage, eut cette valeur tranquile que forment l'honneur, la gloire & la raison : il vit souvent le danger sans s'émouvoir. C'était ce même courage d'esprit qu'il déploya les derniers jours de sa vie : ce n'était pas dans lui l'emportement d'un sang bouillant, comme dans *Charles XII*, ou dans *Henri IV*.

Il y avait entre *Henri* & *Louis* cette diférence qui se trouve si souvent entre un gentil-homme qui a sa fortune à faire & un autre qui est né avec une fortune toute faite. L'un fut toujours obligé de chercher des ressources ; l'autre trouva tout préparé autour de lui pour seconder en tout genre sa passion pour la gloire, pour la magnificence & pour les plaisirs. *Henri IV*, par sa position, fut longtems un chef de parti ; forcé de se mesurer souvent avec des avanturiers, qui dans d'autres tems auraient atendu respectueusement les ordres de ses domestiques. L'autre, dès qu'il agit par lui-même, atira les regards de l'Europe entière ; tous deux ennemis de la maison d'Autriche ; mais *Henri*, acablé trente ans par elle ; & *Louis XIV* l'acablant trente ans de suite du poids de sa grandeur & de sa gloire.

Henri, forcé d'être toujours très-économe ; & *Louis*, invité par sa puissance & par l'amour de cette gloire à répandre des libéralités, surtout dans ses voyages à protéger tous les beaux arts, non-seulement chez lui, mais chez les étrangers, à élever des hôpitaux, des palais, des églises & des forteresses.

Tous deux, quoique d'un caractère oposé, avaient le goût de l'ancienne chevalerie, mêlant la galanterie à la guerre, s'échapant des bras de leurs maîtresses pour aller surprendre une ville. *Pélisson*, dans ses lettres, nous aprend que *Louis XIV* lui demanda si la religion lui permettait de proposer un duel à l'empereur *Léopold*, qui était à peu-près de son âge. Il se peut qu'un tel discours ne fut pas inspiré par une envie déterminée de se battre contre ce prince ; mais pour *Henri*, on sait assez qu'il n'y eut point de rencontre où il ne fit *le coup de main* ; & l'histoire n'a point de héros qu'il n'eut défié au combat. Lorsqu'à l'âge de cinquante-sept ans il était prêt de partir pour aller sur le Rhin se mettre à la tête de la ligue, qu'on apellait protestante, contre celle à qui l'on donna le nom de papiste, il se préparait à porter les armes comme à l'âge de vingt ans. *Louis XIV*, après huit ans de désastres dans la guerre de la succession d'Espagne, prit la résolution ferme d'aller combatre lui-même à la tête de ce qui lui restait de troupes, quoiqu'à l'âge de soixante & dix années.

Tous deux portèrent cet esprit de chevalerie dans leurs amours : l'un voulut épouser sa maîtresse ; l'autre en éfet épousa la sienne.

Il y eut dans *Henri* plus d'activité, plus d'héroïsme ; dans *Louis*, plus de majesté & plus d'éclat, plus d'art d'en imposer ; l'un semblait né pour être guerrier, l'autre pour être roi.

Si *Henri* fut plus grand que *Louis* par l'excès du courage, par une lute continuelle contre la mauvaise fortune, & contre une foule d'ennemis & de persécutions ; le siècle de *Louis XIV* fut beaucoup plus grand que celui de *Henri IV*, car il fut le siècle des grands talens dans tous les genres; & celui de *Henri* fut le siècle des horreurs de la guerre civile, des sombres fureurs du fanatisme, & de l'abrutissement féroce des esprits ignorans.

Voila à peu-près l'idée que nous eûmes de ces deux règnes, sans nous mettre plus en peine du *scrutin perfectionné*, que *Henri IV* & *Louis XIV* ne s'en embarassèrent.

FRAGMENT

Sur le procès criminel de MONTBAILLI, *roué & brûlé vif à St. Omer en 1770, pour un prétendu parricide, & de sa femme condamnée à être brûlée vive, tous deux reconnus innocens.*

SECOND MÉMOIRE,

Concernant cette malheureuse afaire.

C'Est encor la démence de la canaille qui produisit l'afreuse catastrophe dont nous allons parler en peu de mots. Il faut passer ici de l'extrême ridicule à l'extrême horreur.

Un citoyen de St. Omer, nommé *Monbailli*, vivait paisiblement chez sa mère avec sa femme qu'il aimait. Ils élevaient un enfant né de leur mariage & la jeune femme était grosse d'un second. La mère *Monbailli* était malheureusement sujette à boire des liqueurs fortes, passion commune & funeste dans ces pays. Cette habitude lui avait déja causé plusieurs accidens qui avaient fait craindre pour sa vie. Enfin la nuit du 26 au 27 Juillet 1770, après avoir bu avant de se coucher plus de liqueurs qu'à l'ordinaire, elle est ataquée d'une apoplexie subite, se débat, tombe de son lit sur un cofre, se blesse, perd son sang & meurt.

Son fils & sa bru couchaient dans une chambre voisine & étaient endormis. Une ouvrière vient fraper à leur porte le matin & les éveille; elle veut parler à leur mère pour finir quelques comptes. Les enfans répondent que leur mère dort encor. On atend longtems, enfin on entre, on trouve la mère renversée sur un cofre, un œil enflé & sanglant, les cheveux hérissés, la tête pendante, elle était absolument sans vie.

Le fils à cette vue s'évanouit, on cherche partout des secours inutiles; un chirurgien arrive, il examine le corps de la mère, nul secours à lui donner. Il saigne le jeune homme qui revient enfin à lui. Les voisins acourent, chacun s'empresse à le consoler. Tout se passe selon l'usage; le cadavre est enseveli dans une biere au tems prescrit; on commence un inventaire; tout est en-règle & en paix.

Quelques femmes du peuple dans l'oisiveté de leurs conversations raisonnent au hazard sur cette mort. Elles se ressouviennent qu'il y eut un peu de mésintelligence entre les enfans & la mère quelque tems auparavant. Une de ces femmes remarque qu'on a vu quelques goutes de sang sur un des bas de *Monbailli*. C'était un peu de sang qui avait jailli lorsqu'on le saignait. La légereté maligne d'une de ces femmes la porte à soupçonner que c'est le sang de la mère. Bientôt une autre conjecture que *Monbailli* & sa femme l'ont assassinée pour hériter d'elle. D'autres, qui savent que la défunte n'a point laissé de bien, disent que ses enfans l'ont tuée par vengeance. Enfin ils l'ont tuée. Ce crime dès le lendemain passe pour certain parmi la populace, à laquelle il faut toujours des événemens extraordinaires & atroces pour ocuper des ames désœuvrées.

Le bruit devient si fort, que les juges de St. Omer sont obligés de mettre en prison *Monbailli* & sa femme. Ils sont interrogés séparément, nulle aparence de preuve ne s'élève contre eux, nul indice. D'ailleurs les juges étaient sufisamment informés de la conduite régulière & innocente des deux époux; on ne leur avait jamais reproché la moindre faute : le tribunal ne put les condamner. Mais par condescendance pour la rumeur publique qui ne méritait aucune condescendance, il ordonna un plus amplement informé d'un an, pendant lequel les acufés devaient demeurer en prifon. Il y avait de la faibleffe à ces juges de retenir dans les fers deux perfonnes qu'ils croyaient innocentes. Il y eut bien de la dureté dans celui qui faifait les fonctions de procureur du roi d'en apeller *à minima* au confeil d'Artois; tribunal fouverain de la province.

Apeller à minima, c'eft demander que celui qui a été condamné à une peine en fubiffe une plus terrible. C'eft préfenter requête contre la plus belle des vertus, la clémence. Cette jurifprudence d'antropophages était inconnue aux Romains. Il était permis d'apeller à *Céfar* pour mitiger une peine, mais non pas pour l'agraver. Une telle horreur ne fut inventée que dans nos tems de barbarie. Les procureurs de cent petits fouverains, pauvres & avides, imaginèrent d'abord de faire prononcer en dernière inftance des amendes plus fortes que dans les premières : & bientôt après ils requirent que les fuplices fuffent plus cruels pour avoir un prétexte d'exiger des amendes plus fortes.

Le confeil fouverain d'Artois qui fiégeait alors, & qui fut caffé l'année fuivante, fe fit un mérite d'être plus févère que le tribunal de St. Omer. Les lecteurs qui pouront jetter les yeux fur ce mémoire, & qui n'auront pas lu ce que nous écrivîmes dans fon tems fur cette horrible afaire, ne pouront démêler comment les juges d'Arras,

fans

sans interroger les témoins nécessaires, sans confronter les acusés avec les autres témoins entendus, oserent condamner *Monbailli* à être rompu vif & à expirer dans les flammes, & sa femme à être brûlée.

Il faut donc qu'il y ait des hommes que leur profession rende cruels, & qui goûtent une afreuse satisfaction à faire périr leurs semblables dans les tourmens! mais que ces êtres infernaux se trouvent si souvent dans une nation qui passe depuis environ cent ans pour la plus sociable & la plus polie, c'est ce qu'on peut à peine concevoir. On avait, il est vrai, les exemples absurdes & éfroyables des *Calas*, des *Sirven*, des chevaliers de *Labarre*, & c'est précisément ce qui devait faire trembler les juges d'Arras; ils n'écoutèrent que leur illusion barbare.

L'épouse de *Monbailli*, âgée de vingt-quatre ans, était grosse, comme on l'a déja dit. On atendit ses couches pour exécuter son arrêt, & elle resta chargée de fers dans un cachot d'Arras. Son mari fut reconduit à St. Omer pour y subir son suplice.

Ce n'est que chez nos anciens martyrs qu'on retrouve des exemples de la patience, de la douceur, de la résignation de cet infortuné *Monbailli*; protestant toujours de son innocence, mais ne s'emportant point contre ses juges, ne s'en plaignant point, levant les yeux au ciel, & ne lui demandant point vengeance.

Fragmens. V

Le boureau lui coupa d'abord la main droite. *On ferait bien de la couper*, dit-il, *si elle avait commis un paricide*. Il accepta la mort comme une expiation de ses fautes, en atestant Dieu qu'il était incapable du crime dont on l'acusait. Deux moines, qui l'exhortaient & qui semblaient plutôt des sergens que des consolateurs, le pressaient dans les intervalles des coups de bare d'avouer son crime. Il leur dit, *pourquoi vous obstinez-vous à me presser de mentir ? Prenez-vous devant Dieu ce crime sur vous ? Laissez-moi mourir innocent.*

Tous les assistans fondaient en larmes & éclataient en sanglots. Ce même peuple qui avait poursuivi sa mort l'apellait le saint, le martyr ; plusieurs recueillirent ses cendres.

Cependant le bucher dans lequel cette vertueuse victime expira devait bientôt se ralumer pour sa femme. Elle avançait dans sa grossesse, & les cris de la ville de St. Omer ne l'auraient pas sauvée. Informés de cette catastrophe, nous primes la liberté d'envoyer un mémoire au chef suprème de toute la magistrature de France. Ses lumières & son équité avaient déja prévenu notre requête. Il remit la revision du procès entre les mains d'un nouveau conseil établi dans Arras.

Ce tribunal déclara *Monbailli* & sa femme innocens. L'avocat qui avait pris leur défense ramena en triomphe la veuve dans sa patrie ; mais le mari était mort par le plus horrible fuplice; & fon fang crie encor vengeance. Ces exemples ont été fi fréquens qu'il n'a pas paru plus néceffaire de mettre un frein aux crimes qu'à la cruauté arbitraire des juges.

On s'eft flaté qu'enfin le grand projet de *Louis XIV* de réformer la jurifprudence pourait être exécuté, que les lumières naiffantes de ce fiècle mémorable, augmentées par celles du nôtre, répandraient un jour plus favorable fur l'humanité. On a dit, nous verrons le tems où les loix feront plus claires & plus uniformes, où les juges motiveront leurs arrêts, où un feul homme n'interrogera plus fecrettement un autre homme, & ne fe rendra plus le feul maître de fes paroles, de fes penfées, de fa vie & de fa mort, où les peines feront proportionnées aux délits, où les tortures, inventées autrefois par des voleurs, ne feront plus mifes en ufage au nom des princes. On forme encor des vœux. Celui qui les remplira fera béni du fiècle préfent & de la poftérité.

FRAGMENT
SUR
LA JUSTICE,

A l'ocasion du procès de monsieur le comte de MORANGIÉS,

Contre les JONQUAY.

LE procès du général *Lalli* fut cruel : celui que le comte de *Morangiés* essuya fut absurde. Il y va de l'honneur de la nation de transmettre à la postérité ces avantures odieuses, afin de laisser un préservatif contre les excès auxquels l'aveuglement de la prévention & la démence de l'esprit de parti peuvent entraîner les hommes.

Un jeune avanturier de la lie du peuple est assez extravagant & assez hardi pour suposer qu'il a prêté cent-mille écus à un maréchal-de-camp, de l'argent de sa pauvre grand-mère qui logeait dans un galetas avec lui & le reste de sa famille ; il afirme, il jure qu'il a porté lui-même à pied ces cent-mille écus au maréchal-de-camp en treize voyages, & qu'il a couru environ six-lieues en un matin pour lui rendre ce service. Ce jeune homme, nommé *Liégard*, surnommé *Jonquay*, sachant à peine lire & écrire, & orthografiant comme un laquais mal élevé, avait été pourtant reçu docteur ès loix par bénéfice d'âge : condescendance ridicule & trop commune, abus intolérable, dont cet exemple fait assez voir les conséquences. Ce docteur ès loix, dans sa misère, trouve le secret d'associer toute sa famille à son imposture, sa mère, sa grand-mère, ses sœurs, tous ses parens qui logent avec lui, excepté un ancien sergent aux gardes. Il n'y a qu'un militaire dans toute cette bande, & c'est le seul honnête homme.

Liégard Jonquay se lie avec un cocher & avec un clerc de procureur qui doivent lui servir de témoins, & partager une partie du profit. Il s'assure de deux courtières, dont l'une avait été plusieurs fois enfermée à l'hôpital, & qui, depuis près d'un an, avait fait monter madame *Verron*, grand-mère de *Jonquay*, à la dignité de prêteuse sur gages. Toute cette troupe s'unit dans l'espérance d'avoir part aux cent-mille écus. Voilà donc le docteur *Liégard Du Jonquay* & sa mère & sa grand-mère qui présentent requête au lieutenant-criminel pour qu'on aille enfoncer les portes de la maison de monsieur le comte de *Morangiés*, dans laquelle on trouvera sans-doute les cent-mille écus en espèce. Et si on ne les trouve pas, la troupe de *Jonquay* dira que leur recherche montre leur bonne foi, & que le maréchal-de-camp a mis l'argent en fûretés.

Cependant la famille & fon confeil s'affemblent; ils ont quelque fcrupule : un des complices remontre le danger qu'on peut courir dans cette afaire épineufe. On ne croira jamais que ni vous, ni votre grand-mère ayez pu poffélder cent-mille écus en argent comptant, vous qui vivez fi à l'étroit dans un troifième étage prefque fans meubles, vous qui couchiez fur la paille dans un fauxbourg avant d'être logés ici!... Un des meilleurs efprits de la bande fe charge alors de faire un roman vraifemblable. Par ce roman la pauvre vieille grand-mère eft transformée en veuve opulente d'un fameux banquier nommé *Verron*. Ce mari, mort il y a trente ans, lui a laiffé fourdement, par un fidéicommis, de la vaiffelle d'argent, des diamans, des fommes immenfes en or. Un ami intime, nommé *Chotard*, a rendu fidélement ce dépôt à la vieille; elle n'y a jamais touché, pendant près de trente années; elle a vécu noblement dans la plus extrême mifère, pour faire un jour une grande fortune à fon petit-fils *Liégard Jonquay*; & elle n'atend que la reftitution de cent-mille écus prêtés à monfieur le comte de *Morangiés*, à fix pour cent d'ufure pour acheter à monfieur *Jonquay* une charge de confeiller au parlement; car l'honneur de rendre la juftice fe vendait alors; & *Jonquay* pouvait l'acheter tout comme un autre.

Le roman paraît très-plaufible : il refte feulement une dificulté. On vous demandera pourquoi un docteur ès loix, prèt d'ètre reçu confeiller au parlement, s'eft déguifé en crocheteur pour aller porter cent-mille écus en treize voyages ? monfieur *Jonquay* répond qu'il ne s'eft donné cette peine que pour plaire au maréchal-de-camp, qui lui avait demandé le fecret. La réponfe n'eft pas trop bonne ; mais enfin un cocher & un ancien clerc de procureur jureront qu'ils m'ont vu préparer les facs & les porter ; une courtière, en fortant de l'hôpital, m'aura vu revenir tout en eau de mes treize voyages. Avec de fi bons témoignages nous réuffirons. J'ai eu l'adreffe de perfuader au maréchal-de-camp que je lui ferais prèter les cent-mille écus par une compagnie d'ufuriers ; j'ai tiré de lui des billets à ordre pour la mème fomme, payable à ma grand-mère, créancière prétendue de cette prétendue compagnie. Il faudra bien qu'il les paye. Il a beau nier la reception de l'argent & mes treize voyages : j'ai fa fignature ; j'aurai des témoins irréprochables ; nous jouirons du plaifir de le ruiner, de le déshonorer, de le voler, & de le faire condamner comme voleur.

Ce plan arangé entre les complices, chacun fe prépare à jouer fon rôle. Le cocher va foulever tous les fiacres de Paris en faveur du docteur ès loix & de la famille ; le clerc de procureur va fe faire guérir de la vérole chez un chirurgien; & il attendrit les cœurs de fes camarades & des filles de joye pour une famille refpectable & infortunée, indignement volée par un homme de qualité, oficier général des armées du roi.

Pendant que cette pièce commence à fe jouer, le maréchal-de-camp, informé des préparatifs, va trouver le magiftrat de la police & lui expofe le fait. Le lieutenant de police, qui a l'infpection fur les ufuriers & fur les troifièmes étages, fait interroger la famille *Jonquay* par des oficiers de police. Le crime tremble toujours devant la juftice. On intimide, on menace *Jonquay* & fa mère. Les fcélérats déconcertés avouent leur délit les larmes aux yeux; ils fignent leur condamnation. On croit l'afaire finie.

Qu'arive-t-il alors? un praticien, qui était de la troupe, ranime le courage des confédérés ". Soufrirons-nous, mes chers
„ amis, qu'une fi belle proye nous échape?
„ il s'agit ou de partager entre nous cent-
„ mille écus, gagnés par notre induftrie,
„ ou d'aller aux galères; choififfez. Vous
„ avez avoué votre crime devant un com-
„ miffaire de quartier: cette faibleffe peut
„ fe réparer. Dites que vous y avez été
„ forcés. Dites que vous avez été détenus
„ en chartre privée, au mépris des loix du
„ royaume; qu'on vous a chargés de fers,
„ que vous avez été mis à la torture.
„ C'eft le *cædebatur virgis cives romanus*
„ de *Cicéron*. C'eft le *metus cadens in conf-*

,, *tantem virum* de Tribonien. N'êtes-vous
,, pas *conſtans vir*, monſieur *Jonquay?* oui,
,, monſieur; eh bien, demandez juſtice
,, contre la police qui perſécute les gens de
,, bien. Criez qu'un maréchal-de-camp
,, vous vole, que toute la police eſt ſon
,, complice, & qu'on vous a outrageuſe-
,, ment batu pour vous faire avouer que
,, vous êtes un fripon.

,, Il faut de l'argent pour ſoutenir un
,, procès ſi délicat. Nous vous amenons
,, monſieur *Aubourg*, autrefois laquais, puis
,, tapiſſier, & maintenant uſurier; vendez-
,, lui votre procès, il fera tous les frais;
,, c'eſt un homme d'honneur & de crédit,
,, qui manie les afaires d'une dame de gran-
,, de conſidération, & qui ameutera pour
,, vous tout Paris.

Monſieur *Jonquay* & ſa vieille grand-
mère *Verron* vendent donc leur procès à
monſieur *Aubourg*. On aſſigne devant le
parlement le maréchal-de-camp comme ayant
volé cent-mille écus à la famille d'un jeune
docteur prêt d'être reçu conſeiller, comme
inſtigateur des fureurs tiraniques de la police, comme ſuborneur de faux témoins,
comme opreſſeur des bons bourgeois de
Paris.

La vieille grand-mère *Verron* meurt ſur
ces entrefaites; mais avant de mourir on
lui dicte un teſtament abſurde, un teſtament
qu'elle n'a pu faire. Toute la famille en
grand deuil, acompagnée de ſon praticien

& de l'ufurier *Aubourg*, va fe jetter aux pieds du roi & implorer fa juftice. Il fe trouve quelquefois à la cour des ames compatiffantes, quand cette compaffion peut fervir à perdre un oficier général. Prefque tout Verfailles, & prefque tout Paris, & bientôt prefque tout le royaume, fe déclarèrent pour le candidat *Jonquay*, & pour cette famille honnête fi indignement volée, & fi cruellement mife à la torture.

L'afaire fe plaida d'abord devant la grand chambre & la tournelle affemblées. Un avocat des *Jonquay* prouva que tous les oficiers des armées du roi font des efcrocs & des fripons ; qu'il n'y a d'honneur & de vertu que chez les cochers, les clercs de procureur, les prèteurs fur gages, les entremetteufes & les ufurières. Il fit voir que rien n'eft plus naturel, plus ordinaire, qu'une vieille femme très-pauvre, qui poffède pendant trente ans cent-mille écus dans fon armoire, qui les prête à un oficier qu'elle ne connaît pas, & un jeune docteur ès loix qui court fix lieues à pied pour porter ces cent-mille écus à cet oficier dans fes poches.

Enfuite il peignit patétiquement le candidat *Jonquay* & fa mère entre les mains des boureaux de la police, chargés de fers, meurtris de coups, évanouis dans les tourmens, forcés enfin d'avouer un crime dont ils étaient innocens ; leur vertu barbarement immolée au crédit & à l'autorité, n'ayant pour foutien que la générofité de monfieur *Aubourg*, qui avait bien voulu acheter ce procès, à condition qu'il n'en aurait pour lui qu'environ cent-vingt-mille livres. Toutes les bonnes femmes pleurèrent; les ufuriers & les efcrocs batirent des mains; les juges furent ébranlés; le parlement renvoya l'afaire en première inftance au bailliage du palais; petite jurifdiction inconnue jufqu'alors.

Le ridicule, l'abfurdité du roman de la bande *Jonquay*, étaient affez fenfibles; l'infamie de leurs manœuvres, l'infolence de leur crime étaient manifeftes; mais la prévention était plus forte. Le public féduit féduifit le juge du bailliage.

La populace gouverne fouvent ceux qui devraient la gouverner & l'inftruire. C'eft elle qui dans les féditions donne les loix, elle affervit le fage à fes folles fuperftitions; elle force le miniftère, dans des tems de cherté, à prendre des partis dangereux. Elle influe fouvent dans les jugemens des magiftrats fubalternes. Une prêteufe fur gages perfuade une fervante, qui perfuade fa maîtreffe, qui perfuade fon mari. Un cabaretier empoifonne un juge de fon vin & de fes difcours. Le bailliage fut ainfi endoctriné. Le plaifir d'humilier la nobleffe chatouillait encor en fecret l'amour propre de quelques bourgeois qui étaient devenus fes juges je ne fais comment.

Le maréchal-de-camp fut plongé dans la prifon la plus dure, condamné à payer un argent qu'il n'avait jamais reçu, & à des amandes infamantes : le crime triompha.

Alors le public des honnêtes gens commença d'ouvrir les yeux. La maladie épidémique qui s'était répandue dans toutes les conditions avait perdu de sa malignité.

L'afaire ayant été enfin reportée de droit au parlement, le premier préſident monſieur *De Sauvigni* interrogea lui-même les témoins. Il produiſit au grand jour la vérité ſi longtems obſcurcie. Le parlement vengea par un arrêt ſolemnel le comte de *Morangiés* & ſes acuſateurs. *Du Jonquay* & ſa mère furent condamnés au banniſſement, peine bien douce pour leur crime, mais que les incidens du procès ne permettaient pas de rendre plus grieve.

Il était d'ailleurs plus néceſſaire de maniſeſter l'innocence du comte que de flétrir la canaille des acuſateurs dont on ne pouvait augmenter l'infamie. Enfin tout Paris s'étonna d'avoir été deux ans entiers la dupe du menſonge le plus groſſier & le plus ridicule que la ſottiſe & la friponerie en délire ayent pu jamais inventer.

Puiſſent de tels exemples aprendre aux Pariſiens à ne pas juger des afaires ſérieuſes comme d'un opéra comique, ſur les diſcours d'un perruquier ou d'un tailleur, répétés par des femmes de chambre. Mais un peuple qui a été vingt ans entiers la dupe des miracles de monſieur l'abbé *Paris*, & des gambades de monſieur l'abbé *Bécherand*, pourat-il jamais ſe corriger ?

Odi profanum vulgus, & arceo.

PRÉCIS DU PROCÈS
DE Mr. LE COMTE
DE MORANGIÉS,
CONTRE
LA FAMILLE VERRON.

PLusieurs personnes qui cherchent le vrai en tout genre ont défiré qu'après le procès criminel du comte *Lalli*, on leur donnât un précis du procès civil & criminel que le comte de *Morangiés* a essuyé. Le voici.

La maison de *Morangiés* avait des dettes dont le comte de *Morangiés* maréchal de camp s'était chargé. Pour éteindre ces dettes il voulut faire exploiter & vendre en détail une forêt dans le Gévaudan, laquelle a dit-on environ dix mille arpens d'étendue, & dont il pouvait disposer par un acord public avec les créanciers de sa maison. Il montre le plan de cette forêt signé d'un arpenteur juré; il présente toutes les pieces nécessaires; mais un homme endetté ne pouvait guères trouver de l'argent à Paris pour faire couper une forêt dans le Gévaudan.

Il s'adresse à une courtière d'usure. Cette courtière lui indique un jeune homme nommé *Dujonquay*, que ses avocats disent très bien né, petit fils d'une veuve opulente, arrivé depuis un an de province, ayant travaillé quelques mois chez un procureur, reçu docteur ès loix par bénéfice d'âge, comme tant de magistrats bien élevés, & prêt d'acheter une charge de conseiller de la cour des aides ou du parlement, dans le tems où le droit de juger les hommes se vendait encore.

Après quelques pourparlers, le maréchal de camp vient signer au jeune magistrat des billets de trois cent mille livres avec les intérêts à six pour cent. Ces billets à ordre sont faits dans un galetas où logeait ce prêteur, & où il y avait pour tous meubles trois chaises de paille & une table de sapin. L'emprunteur en voyant cet ameublement crut être chez un jeune courtier d'agent de change. Il afirme & jure qu'il n'a fait ces billets que pour être négociés sur la place, & qu'il n'en a point reçu la valeur, qu'il ne devait la recevoir que quand l'afaire serait consommée, selon l'usage établi dans toutes les villes de commerce.

Le jeune homme afirme & jure que c'est l'or de madame sa grand mère qu'il a donné; qu'il a porté cet or à pied en treize voyages en un matin; qu'il a fait environ cinq lieues & demie à pied pour obliger monsieur le comte, quoi qu'il pût porter cet or dans un fiacre en un seul voyage (*m*).

Il a fait faire ces billets au profit de la dame *Verron* sa grand-mère. Il n'y a pas d'aparence qu'un homme d'un âge mur les eut signés s'il n'en avait pas reçu la valeur. Mais il y a peut-être encor moins d'aparence que la grand-mère *Verron* qui demeurait dans un galetas avec la *Romain* mère de *Dujonquay*, & trois sœurs de *Dujonquay*, très pauvrement vétues, & subsistant elle & toute sa famille, d'un très-petit fond qu'elle faisait valoir à usure, eut possédé la somme exorbitante de trois cent mille livres en or.

La famille prévient cette objection qu'on ne lui faisait pas encore, en disant que la veuve *Verron*, la grand-mère, avait reçu secrettement une grande partie de cet argent depuis plus de trente ans, par les mains d'un nommé *Chotard* qui était mort banqueroutier ; que son mari prétendu banquier avait donné secrettement cette somme à l'inconnu *Chotard* par un fidéi-commis

---

(*m*) On voit en éfet au procès un écrit de monsieur le comte de *Morangiés* du 24 Septembre 1771, par lequel de plusieurs plans d'emprunts proposés par *Dujonquay* (qu'il prenait pour un courtier) il adopte celui de 327000 liv. payables pour 300000 comptant. Et promet de faire des billets de 327000 liv. y compris l'usure quand il recevra l'argent. Or *Dujonquay* prétend avoir donné cet argent le vingt-trois. Il est impossible que l'emprunteur ait promis le 24 de signer, sitôt qu'on lui aporterait un argent qu'il aurait reçu la veille.

secret. La veuve l'avait fait valoir secrettement chez un notaire; elle l'avait retirée secrettement de ce notaire qui était mort alors; elle l'avait portée à Vitri secrettement au fond de la Champagne dans une charette; elle y avait vendu secrettement à des juifs de beaux diamans, dont le prix servit à completter les trois cent mille livres; elle fit porter secrettement à Paris ces trois cent mille livres en or dans une autre charette d'un voiturier qu'on ne nomme pas (*n*) à un troisième étage rue saint Jaques. Et moi, ajoutait *Dujonquay*, je les ai portés secrettement à pied en treize voyages à monsieur de *Morangiés* pour mériter sa protection. J'ai pour témoins un cocher de mes amis qui est comme moi un très bon bretailleur, & un ancien clerc de procureur qui se faisait guérir dans ce tems-là même de la vérole chez le chirurgien *Menager*; j'ai pour témoins mes sœurs qui subsistent de leur travail de couturières & de brodeuses, & une préteuse sur gages qui a été enfermée à l'hôpital.

Il demande au nom de madame *Verron* & au sien, que la justice aille enfoncer toutes les portes chez le comte de *Morangiés* & chez

―――――――――――

(*n*) Il est étrange que dans le cours de ce procès on n'ait point songé à rechercher le fait de ce prétendu voiturier; tous les voituriers sont connus, leurs noms sont sur des registres; comment n'a-t-on fait aucune enquête à Paris & à Vitri!

chez son père lieutenant-général des armées du roi, pour voir si les cent mille écus en or ne s'y trouvaient pas (*o*). La justice n'y va point, & on ne sait pourquoi. Mais le comte de *Morangiés* demande au magistrat de la police, qui a l'inspection sur les prêteurs à usure, qu'on aprofondisse cette afaire.

Le magistrat délègue le sieur *Dupuis* inspecteur de police, homme très-sage & reconnu pour tel, qui se transporte acompagné d'un autre oficier nommé *Desbruguières*, chez un procureur, où l'on fait venir *Dujonquay* & sa mère nommée *Romain*, fille de la veuve *Verron*. La mère & le fils interrogés avouent séparément qu'ils ont menti, & qu'ils n'ont jamais donné cent mille écus au comte de *Morangiés*. On les transfère alors chez un commissaire; ils signent leur

---

(*o*) Cette requête n'est-elle pas un artifice par lequel on voulait se ménager l'avantage de paraître au moins prévenir les plaintes de l'emprunteur? il est bien vraisemblable que si cet emprunteur avait reçu les cent mille écus qu'il déniait, il les aurait mis à couvert, & aurait rendu très inutiles les démarches de la famille *Verron*. Il n'est pas moins probable que si l'emprunteur avait été de mauvaise foi, il n'avait nul besoin de nier la dette, il aurait dit à l'échéance, arrangez vous avec les directeurs des créanciers, & il aurait joui des cent mille écus. S'il n'a pas pris un parti si facile, c'est une preuve assez forte qu'il n'avait rien touché.

Il n'y a qu'à lire attentivement les lettres du sieur *Dujonquay* mentionnées au procès, pour voir que cet homme n'avait point porté & donné cent mille écus.

Fragmens. X

délit l'un après l'autre. Le fils dit à fa mère, *ma mère, je viens de déclarer la vérité.* Elle lui répond, *tu l'as dite, mon fils, tu aurais bien fait de la dire plutôt.* Le commiffaire, fon clerc, l'infpecteur *Dupuis* entendent cet aveu, & il eft configné au procès. Tout étant ainfi avéré, & juridiquement conftaté, on mène les deux coupables au fort l'Evèque. Ils confirment leur aveu dans la prifon (*p*).

Dujonquay dès le lendemain écrit à un homme qui était fon confeil, & qui était dépofitaire des billets.

MONCIEUR,

„ La malheureufe afaire où je fuis plongé
„ ma réduit ainfi que ma cher mère ès pri-
„ fon du fort l'Evèque, nous fûmes arrêté
„ yere par ordre du roi. Si vous voulé nous
„ fecondé pour nous en tirer, il faut que
„ vous ayez la bonté de remettre au porteur
„ les éfets que je vous ait confié, lefquelles
„ dits éfets j'ay promire à monfieur *Dupuy* de
„ lui faire pacer au plus tard à dix heures
„ du matin, d'après la parolle que j'ai don-

(*p*) C'eft ce que raporte l'avocat de monfieur le comte de *Morangiés* dans fon dernier mémoire intitulé *Suplément*. Si le fait eft vrai comme il n'eft pas permis d'en douter, il eft démontré que les *Dujonquay* font coupables & que le comte de *Morangiés* eft innocent. Tout devait finir là ; mille procédures, mille fentences ne peuvent afaiblir une démonftration.

„ né je vous cerai obligé de me mettre à
„ même de la mettre à exécution comme
„ auſſi je vous prie moncieur de cecer toute
„ pourſuitte & auſſi-tôt que nous aurons nô-
„ tre liberté nous aurons l'honneur de vous
„ marquer nôtre reconnoiſſance au ſujet de
„ tous les ſoins que vous vous ète donné".
J'ai l'honneur d'être

MONCIEUR,

Votre très-humble & très
obéiſſant ſerviteur,
Dujonquay.

Ma chère mère à l'honneur de vous
aſſurer de ſes reſpects.
Du Forleveſque, ce 1er. Octobre 1771.

Et dans une autre lettre du même jour.

MONSIEUR,

„ Si vous pouvié être porteuſe vous mê-
„ me de la réponſe vous m'obligerié ainſi
„ que ma cher mère.
Vôtre cerviteur, *Dujonquay.*

Ces lettres ne paraiſſent pas plus d'un homme innocent que le ſtile & l'ortographe ne
ſont d'un homme qui allait être inceſſam-
ment magiſtrat dans une cour ſupérieure.
On croyait cette afaire entièrement termi-

née, lorsqu'un praticien habile engage la famille à démentir ses aveux & ses signatures. *Dujonquay* & sa mère crient alors que *Desbruguières* les a batus chez le procureur, qu'ils n'ont signé que par crainte chez le commissaire, & que le comte de *Morangiés* a corrompu toute la police pour les oprimer.

Le docteur ès loix *Dujonquay*, qui ne sait pas un mot de latin, soutient que c'est le *metus cadens in constantem virum*, & qu'il est *constans vir*. Je ne vous ai pas batus, répond *Desbruguières*, je vous ai poussés, je vous ai séparés vous & votre mère, pour vous empêcher de concerter ensemble vos réponses. J'étais convaincu, j'étais indigné de votre friponerie. Vous nous avez poussés trop rudement, vous avez faussé un de mes boutons, reprend *Dujonquay*; & cela nous a tellement troublés ma mère & moi que nous avons signé la vérité quatre heures après, ne sachant ce que nous faisions.

Alors tous les usuriers de Paris, tous les gens qui vivent d'intrigues, tous les escrocs, fâchés depuis longtems contre la police, font entendre leurs clameurs contre elle. Une autre espèce de gens se joint à eux. Jusqu'à quand soufrira-t-on ce tribunal irrégulier qui ne fut établi que par *Louis XIV* ? auparavant nous volions impunément, on pouvait s'enrichir soit par l'usure soit par le larcin ; Paris était un grand coupe-gorge, favorable à l'industrie : il y avait un chef des voleurs acrédité, qui faisait rendre les éfets volés aux propriétaires, moyennant une somme convenue ; tout était dans la règle. Aujourd'hui un tribunal inconnu à nos pères tient des regiſtres funeſtes des prêteurs ſur gages, & perſécute les gens de bien. On oſe fauſſer les boutons d'un homme qui va acheter une charge de conſeiller. Tous crient que la nobleſſe n'eſt depuis quelques années qu'un amas de petits tyrans eſcrocs, inſolens & lâches, qui vexent les bons ſujets du roi autant qu'ils ſervent mal l'état. On répand par tout que monſieur de *Morangiés* a voulu payer ſes créanciers en les faiſant pendre. On le dit dans les plaidoyers, on l'imprime dans les mémoires, on parvient à le faire croire à la moitié de Paris. Un des avocats qui ont voulu ſe ſignaler en écrivant contre lui pouſſe l'indécence juſqu'à ſuputer les ſommes que monſieur de *Morangiés* a dû donner à la police.

Le comte de *Morangiés*, ſon père lieutenant-général des armées du roi, reſpectable vieillard chéri & eſtimé généralement, ſes frères qui jouiſſent du même avantage, toute ſa famille enfin, vend le peu de meubles qui lui reſte pour ſoutenir ce procès afreux ; elle paye quelques dettes preſſées, elle ſe réduit à la pauvreté la plus grande & la plus honorable. La cabale crie que c'eſt avec l'argent des *Dujonquay* qu'elle a fait ces dépenſes ; & cette infâme impoſture eſt répétée par des écumeurs du bareau, & par des uſuriers de Paris.

La nobleſſe du Gévaudan écrit la lettre la

plus forte en faveur du comte de *Moran-giés*; c'eſt une lettre mandiée, c'eſt une conjuration contre le tiers état.

Un avocat célèbre prend-il en main la défenſe de l'acuſé ſans eſpoir de rétribution; tous les cafés, tous les cabarets, tous les lieux moins honnètes retentiſſent des injures qu'on lui prodigue; c'eſt à la fois un impudent & un lâche, c'eſt un eſpion de la police; on veut le rendre exécrable, parce qu'il ſoutint il y a quelque tems la cauſe d'un oficier général qui avait batu & chaſſé les Anglais deſcendus en France, & qui avait hazardé ſon ſang pour ſauver la patrie.

Cet avocat a pour ſon frère & pour lui une cuiſinière & un petit caroſſe. Eſt-il une preuve plus évidente qu'il a partagé les cent mille écus avec le comte de *Morangiés*, & que la police en a eu ſa part? on le pourſuit par vingt libelles, on le déchire encor plus qu'on n'inſulte ſon client.

Dans cette prodigieuſe éferveſcence on va juſqu'à ſoutenir que jamais la maiſon de *Morangiés* n'a eu de forêt, qu'il ne lui reſte qu'un vieux tronc pouri ſur un rocher du Gévaudan. Toute la baſſe faction le répète, & les gens qui veulent faire les entendus diſent d'abord, & aſſez longtems, monſieur de *Morangiés* a tort, pourquoi a-t-il voulu emprunter de l'argent ſur une forêt qui n'exiſte pas? on ne croit rien de ce qui peut lui être favorable; mais on croit aveuglement aux cent mille écus portés par *Dujonquay* un matin en treize voyages à pied l'espace de cinq lieues.

Un agioteur nommé *Aubourg* trouve ce procès si bon qu'il l'achète. La veuve *Verron* grand mère de *Dujonquay* lui vend cet éfet avant de mourir, comme on vend des actions sur la place. On lui fait ratifier cette vente dans son testament six heures avant sa mort, & pour donner plus de poids à l'histoire incompréhensible des trois cent mille livres, on lui fait déclarer qu'elle avait eu deux cent mille livres de plus, parce qu'abondance de droit ne peut nuire. Ainsi cette veuve *Verron*, qui avait toujours vécu dans l'état le plus médiocre, est morte riche de cinq cent mille livres. C'était une espèce de miracle, aussi les avocats n'ont pas manqué de faire voir dans ce testament le doigt de Dieu qui a multiplié tout d'un coup les richesses du pauvre & qui a révélé sa gloire aux petits en la cachant aux grands.

Aubourg poursuit le procès au bailliage du palais auquel cette afaire est renvoyée en première instance. Les témoins qui déposent en faveur de monsieur de *Morangiés* sont mis au cachot. Monsieur le comte de *Morangiés*, maréchal de camp, est traîné en prison comme suborneur de ces témoins, & coupable d'un crime énorme.

Cependant on interroge tous ceux qui peuvent donner quelques éclaircissemens sur une afaire si extraordinaire. Les sœurs de *Dujonquay* comparaissent. Le juge leur demande s'il n'est pas vrai que leur grand-mère avait beaucoup d'or, lorfqu'elle partit de Paris pour aller à la petite ville de Vitry en Champagne vers l'an 1760? elles répondent qu'elle en avait prodigieufement, mais qu'elles n'en ont jamais rien vu, ni rien fu.

N'avait-elle pas beaucoup de beaux diamans qu'elle vendit dans la ville de Vitry quarante mille francs à des juifs pour completter fes trois cent mille livres?

Oui fans doute, elle avait des épingles de diamans, qui n'étaient pas inventées alors.

N'avait-elle pas auffi de belles boucles d'oreilles, de beaux nœuds, de belles aigrettes, qui convenaient parfaitement à une femme d'environ quatre-vingts ans?

Qui, monfieur; de belles aigrettes, de beaux bracelets à la nouvelle mode, répond l'une de fes fœurs. La femme *Romain* fille de la veuve *Verron*, & mère de *Dujonquay*, répond au contraire que la veuve *Verron* fa mère n'avait rien de tout cela, & qu'elle ne croyait pas qu'elle eut jamais eu un diamant fin.

Cette même femme *Romain*, mère de *Dujonquay*, interrogée fi les richeffes fecrettes de la veuve *Verron* ne venaient pas d'un fidéicommis fecret de fon mari & de la générofité fecrette d'un banqueroutier nommé *Chotard*, répond que non, que rien n'eft plus faux.

Mais madame, vos avocats ont plaidé, ont imprimé cette anecdote. Ils ont eu tort, réplique-t-elle.

Le juge demande à *Dujonquay*, s'il n'y avait

pas cent mille écus en or à son troisième étage dans l'armoire à linge de la veuve *Verron* sa grand mère? oui, monsieur, & c'est ma mère *Romain* qui m'en a donné la clef pour porter ces cent mille écus secrettement en treize voyages à pied chez monsieur de *Morangiés* (*q*).

La mère *Romain* répond que cela n'est pas vrai, que son fils *Dujonquay* a pris la clef des mains de la *Verron* sa grand-mère.

Après toutes ces contradictions, on interroge les témoins, qui ont été emprisonnés comme subornés par monsieur de *Morangiés*; on ne trouve pas malheureusement le plus léger indice de subornation, de séduction.

Enfin on prononce la sentence. Cette sentence déclare d'abord que monsieur de *Morangiés* mis en prison pour avoir suborné des témoins, en est parfaitement innocent, & qu'en conséquence il payera aux *Dujonquay* trois cent mille livres qui font le fond de l'afaire avec les intérêts, plus vingt mille livres de dépends, plus trois mille au cocher qui a déposé contre lui, plus quinze cent livres solidairement avec les oficiers de police; le tout sans dire un mot de l'usure stipulée par *Dujonquay*, & punissable par les loix.

───────────────

(*q*) Si toutes ces contradictions, raportées par l'avocat de monsieur de *Morangiés*, ne sont pas une preuve évidente du complot le plus absurde & le plus ridicule qu'on ait jamais formé, il faut vivre désormais dans un scepticisme imbécille. Il n'y a plus de caractère de vérité sur la terre. Il n'y a plus de juste & d'injuste.

Et comme le juge reconnaît avoir emprisonné injustement monsieur de *Morangiés*, il le condamne à garder prison; en outre, à être admonesté & à l'aumône, pour avoir osé nier qu'un homme tout prêt d'être reçu conseiller de la cour des aides ou du parlement, lui ait aporté trois cent mille livres en treize voyages, & ait fait cinq lieues à pied en un matin, quand il pouvait porter cet or prétendu dans un fiacre en un quart d'heure.

Ce n'est pas tout; une pauvre fille qui avait servi de faux témoin, contre monsieur de *Morangiés*, se rétracte, elle avoue son crime. Son père avoue le crime de sa fille, tous deux en demandent pardon à Dieu & à la justice. On ne les écoute pas. Ils ont demandé pardon à Dieu trop tard. On les condamne au bannissement, non pas pour avoir fait un faux serment en justice, non pas pour avoir calomnié l'innocent, mais pour s'être repentis mal-à-propos.

Il faut avouer que si ce jugement d'un bailli subsiste, si monsieur de *Morangiés* est coupable, s'il a reçu en éfet cent mille écus des mains du docteur ès loix *Dujonquay*, tout le monde doit dire avec un grand auteur très sensé.

Le vrai peut quelquefois n'être pas vraisemblable.

Tout Paris aujourd'hui, toute la France s'élève contre cette sentence. On croit monsieur de *Morangiés* innocent, on le plaint autant qu'on s'était déchaîné contre lui ; toutes les opinions ont changé : tel eſt le petit & le grand vulgaire, tels font les hommes : ils ont vérifié ce qu'avait dit un écrivain impartial, que monſieur de *Morangiés* pouvait perdre ſon procès fans perdre ſon honneur.

Ce qu'on peut conclure de cette afaire juſqu'à préſent, c'eſt que rien n'eſt plus dangereux ſouvent pour les oficiers du roi, que des négociations au troiſième étage.

Celui qui a réclamé avec la hardieſſe la plus intrépide contre cette ſentence eſt l'avocat du condamné. Il trouve dans ce jugement une foule de contradictions palpables & d'obſcurités qu'il veut mettre au grand jour. Les oracles de la juſtice ne doivent être en éfet jamais ſuſceptibles ni de la moindre obſcurité, ni de la contradiction la plus légère. Cela n'apartenait autrefois qu'à des oracles d'un autre genre.

Le zèle & l'indignation de cet avocat l'ont emporté juſqu'à dire que les juges n'ont écouté ni la raiſon, ni la juſtice ; qu'il ſe regarde comme *Renaud* dans la forêt enchantée du Taſſe, infectée par des monſtres ; qu'il eſt *Curtius* ſe précipitant dans le goufre pour le fermer, que ſon client eſt *Tantale* & *Orphée* dans les enfers, que les juges font les *furies*, & qu'il prend à partie tous ces gens-là.

Les ſept gradués qui ont jugé cette afaire en première inſtance diſent qu'ils ne ſont ni monſtres ni furies, ni même des imbéciles ; qu'ils en favent autant que cet avocat qui répand fur eux tant de mépris & qui leur fait tant de reproches ; que n'ayant nul intérêt à l'afaire, ils ont jugé fuivant leur confcience & leurs lumières. Voilà donc un nouveau procès entre cet avocat & ces fept juges.

Les hommes impartiaux & judicieux difent, ne prévenons point la décifion du parlement ; ne nous hâtons point de prononcer fur une caufe fi compliquée dont nous n'avons peut-être que des connaiffances fuperficielles, puifque nous n'avons pas vu toutes les pièces fecrettes, non plus que les avocats (*r*). Le parlement ne jugera qu'avec bien de la peine fur des connaiffances aprofondies. Les magiftrats du parlement font les interprètes des loix, dont un tribunal inférieur doit être dit-on l'efclave. Il n'apartient qu'à eux de décider entre l'efprit & la lettre. La balance de *Thémis* n'a été inventée que pour pefer les probabilités.

Les nations qui nous ont tout apris publièrent autrefois que *Thémis* était fille de Dieu, mais que la fille n'avait pas les yeux du père, qu'il voyait tout clairement & qu'elle ne voyait qu'à travers fon bandeau,

---

(*r*). Et pourquoi les pièces font-elles fecrettes quand les fentences font publiques ? pourquoi dans Rome dont nous tenons prefque toute notre jurifprudence, tous les procès criminels étaient-ils expofés au grand jour, tandis que parmi nous ils fe pourfuivent dans l'obfcurité ?

qu'il connaissait & qu'elle devinait. *Thémis* selon cette mithologie sublime remit sa balance & son glaive entre les mains de vieillards sans passions, sans intérêt, sans vice, (non pas sans défauts) exercés dans l'art de sonder les cœurs, & de démêler les plus grandes vraisemblances & les moindres. Retirés de la foule ils ne se montraient aux hommes que pour apaiser leurs misérables diférends & pour réprimer leurs injustices; ils s'aident mutuellement de leurs lumières que la pureté de leurs intentions rendait encor plus pures. La vérité était le seul trésor qu'ils cherchaient sans cesse; & avec tout cela ils se trompaient souvent parce qu'ils étaient hommes, & que Dieu seul est infaillible.

Ce qui pouvait les induire en erreur, ce n'était pas seulement la mauvaise foi des plaideurs, c'était surtout l'artifice des avocats. Autant les juges employaient de lumières à découvrir la vérité, autant les cliens assemblaient de nuages pour l'obscurcir. Ils se fesaient un mérite, un honneur, un devoir d'égarer les juges pour servir les acusés; de là est venue enfin la défiance que les ministres de la justice ont aujourd'hui de l'éloquence, ou plutôt de ces fleurs de rétorique qui consistent dans l'exagération des plus minces objets, & dans la réticence des faits les plus graves, dans l'art de tirer des conséquences qui ne sont pas renfermées dans le principe, & d'éluder celles qui se préfentent d'elles-mêmes, dans l'art encor plus adroit d'alléguer des exemples qui paraiffent femblables & qui ne le font pas; dans l'afectation de citer des loix détruites par d'autres loix, ou de les mal apliquer, ou de les corompre, en un mot dans l'art de féduire. La plupart des magiftrats dégoutés de ces plaidoyers infidieux ne fe donnent plus la peine de les lire; & c'eft encor un malheur. Car dans la foule de tant de raifons aparentes, d'objections bien ou mal faites & bien ou mal répondues, dans ces labirinthes de dificultés on peut trouver encor un fentier qui conduife au vrai.

Le parlement trouvera-t-il quelque vraifemblance dans la fable des cent mille écus? les billets de monfieur de *Morangiés* l'emporteront-ils fur l'abfurdité de cette fable? y a-t-il des cas où des billets à ordre valeur reçue doivent être déclarés nuls? & l'efpèce préfente eft-elle un de ces cas? les témoins qui ont dépofé une chofe très probable en faveur de monfieur de *Morangiés* détruiront-ils le témoignage de ceux qui ont dépofé une chofe très improbable en faveur de *Dujonquay*? écoutera-t-on la rétractation d'un faux témoin qui ne s'eft repenti qu'après la confrontation?

Les atentions paternelles du magiftrat de la police à réprimer l'ufure & la friponerie feraient-elles réputées illégales? & l'aveu cinq fois répété d'un délit évident fera-t-il compté pour rien, parce que celui qui a araché cet aveu des coupables n'a pas été affez inftruit des règles, & s'eft laiffé emporter à fon zèle ?

Un procès acheté par un inconnu & pourfuivi par cet inconnu aura-t-il auprès des juges la même prépondérance qu'aurait le procès d'une famille refpectable jouiffant d'une renommée fans tache ?

Se pourait-il qu'une foule de probabilités prefque équivalente à la démonftration fût anéantie par des billets dont il eft évident que la valeur n'a jamais été comptée ?

Qu'on mette d'un côté dans la balance les fubtilités, les fubterfuges d'une cabale auffi obfcure qu'acharnée, & de l'autre l'opinion de celui qui eft en France le premier juge de l'honneur ; ce premier juge a fenti qu'il était impoffible que le comte de *Morangiés* eut jamais reçu l'argent qu'on lui demande. Qui l'emportera de ce juge facré ou de la cabale ?

Enfin monfieur de *Morangiés* reconnu aujourd'hui innocent par toute la cour, par tous les hommes éclairés dont Paris abonde, par toutes les provinces, par tous les oficiers de l'armée, fera-t-il déclaré coupable par les formes ?

Atendons refpectueufement l'arrêt d'un parlement dont tous les jugemens ont eu jufqu'ici les fufrages de la France entière.

DÉCLARATION
DE
Mʀ. DE VOLTAIRE
SUR LE PROCÈS ENTRE
Mʀ. LE COMTE DE MORANGIES
ET LES VERRON.

MA famille fut atachée à la famille de monfieur le comte de *Morangiés*. Mon père fut longtems fon confeil. Mais fans écouter aucune prévention, & étant abfolument fans intéret, je ne me déterminai à croire monfieur le comte de *Morangiés* entiérement innocent dans fon étrange procès contre la famille *Verron*, qu'après avoir lû toutes les pièces & tous les mémoires contre lui.

Il me parut abfurde & impoffible qu'un maréchal de camp, qu'un père de famille, dont les afaires à la vérité font dérangées, mais qui n'a jamais commis aucune action criminelle, eut conçu le projet extravagant & abominable qu'on lui impute. Non, il n'eft pas poffible qu'un ancien oficier, qui n'a pas l'efprit aliéné & endurci dans la fcélélérateffe, eut imaginé non feulement de voler cent mille écus à une veuve nonagénaire, mais d'acuſer la famille de cette veuve de lui avoir volé à lui-même ces cent mille écus, & de chercher à faire périr cette famille dans les fuplices.

Il ne me paraiſſait pas dans la nature qu'un homme obéré, qu'on prétend avoir été tiré tout d'un coup, par le fieur *Dujonquay*, de l'état le plus cruel, & nanti par lui d'une fomme exorbitante de cent mille écus, eut refufé de payer une fomme légère à la courtière qu'on fupofait lui avoir procuré un argent fi inatendu. Monfieur de *Morangiés* aurait eu l'intérêt le plus preffant à fatisfaire cette entremetteufe. Qu'on fe repréfente un homme tourmenté par le befoin d'argent à qui une femme fait tomber tout d'un coup dans les mains cent mille écus comme par enchantement, refuſera-t-il dans les premiers tranſports de fa joye & de fa reconnaiffance une rétribution légitime à fa bienfaitrice? Je foutiens que cela n'eſt pas dans la nature humaine.

S'il avait reçu tant d'argent, & s'il avait formé le deffein coupable de ne point payer fon créancier, il n'avait qu'à garder paifiblement la fomme; il pouvait atendre fans inquiétude le tems des payemens; & renvoyer alors le prétendu prêteur à l'affemblée de fes créanciers pour fe faire payer à fon rang comme il pourait. Mais il ne

Fragmens. Y

se serait pas exposé à un procès criminel prématuré.

Il était donc de la plus grande vraisemblance que monsieur de *Morangiés* n'avait rien reçu, puisqu'il osait soutenir un procès criminel contre ceux qui prétendaient lui avoir prêté.

D'un autre côté, la manière dont on alléguait qu'on lui avait fait ce prêt tenait de la fable la plus incroyable. De l'argent qui doit être toujours porté en secret par *Dujonquay*, tandis que le lendemain matin le même homme donne au même monsieur de *Morangiés* de l'argent en public; cent mille écus portés à pied en treize voyages, tandis qu'il était si aisé de les porter en carosse; une course de cinq à six lieues, lorsqu'il était si simple de s'épargner cette fatigue inouie; tout cela est tellement romanesque, que quand je lus la réfutation de cette avanture dans le plaidoyer de monsieur *Linguet*, j'eus peine à me persuader qu'on eut osé proposer sérieusement de telles chimères devant la première cour du royaume, & qu'on eut abusé à ce point de la patience des juges.

Ce fut pis encor, j'ose le dire, lorsqu'on remonta à la source des prétendus cent mille écus en or qu'une pauvre veuve, logée à un troisième étage, & ayant à peine dequoi soutenir sa famille, avait, dit-on, prêtés par les mains de son petit-fils *Dujonquai* qui avait couru six lieues à pieds chargé de ce fardeau. Monſieur *Linguet* remarque fort bien que pour prêter cent mille écus il faut les avoir. Le roman de la fortune ſi longtems inconnue de cette veuve *Verron* me parut auſſi étonnant que l'hiſtoire des treize voyages. On ne faiſait voir aucune preuve, aucune trace des origines de cette fortune ſecrette, qui formait un ſi grand contraſte avec la pauvreté de la famille. On m'aſſurait que la *Verron* était la veuve d'un agioteur obſcur & malaiſé de la rue Quinquempoix, qui louait à la vérité un corps de logis de 1050 liv., mais qui en relouait une partie, & qui mourut inſolvable, au point qu'on n'a jamais payé les fraix de l'inventaire fait à ſa mort, fraix encor dûs au ſucceſſeur de ce même *Gillet* notaire, chez qui la veuve *Verron* prétendait avoir fait valoir clandeſtinement ces prétendus cent mille écus.

On m'avait écrit encor que ce *Verron* qu'on nous donnait pour un fameux banquier avait fait pluſieurs métiers bien éloignés de la finance. Qu'entr'autres il avait été boulanger chez monſieur le duc de *ſaint Agnan*.

Je ne parlais d'aucune de ces anecdotes qui forment pourtant un très puiſſant préjugé dans cette cauſe, parce que c'eſt à monſieur de *Morangiés* qui eſt ſur les lieux à les vérifier & à en tirer avantage.

Je ſavais d'ailleurs que la famille *Verron* vivait très à l'étroit, & ſubſiſtait meſquinement d'un petit fond que la veuve faisait valoir en prêtant, dit-on, sur gages par les mains des courtières. Je le savais par le raport naïf d'un domestique d'un de mes neveux monsieur de *Florian*, ancien capitaine de cavalerie au régiment de *Brionne*, qui était alors à Ferney, & qui y est encor. Ce domestique nommé *Montreuil* nous disait souvent qu'il connaissait ce *Dujonquay*, qu'il avait mangé plusieurs fois avec lui, que ses sœurs travaillaient l'une en broderie, l'autre en linge, & vendaient leurs ouvrages. Ces discours toujours uniformes d'un ancien laquais sage & de bonnes mœurs me frapèrent. Et enfin j'ai pris le parti de tirer de lui une déclaration autentique par devant notaire.

L'an mille sept cent soixante & treize, le seize Février &c. En présence des témoins, a comparu Charles Montreuil, *natif de Montreuil sur mer en Picardie, ci-devant domestique à Paris, & actuellement chez monsieur de* Florian *ancien capitaine de cavalerie, lequel a déclaré, qu'il a connu à Paris le sieur* Dujonquay *avec lequel il a mangé plusieurs fois, qu'il logeait dans la rue saint Jaques avec sa grand mère la veuve* Verron, *laquelle prêtait de petites sommes sur gages à deux sous par mois par vingt sous. Que la veuve* Durand *courtière proposa plusieurs fois à lui* Montreuil *de lui faire prêter par ladite* Verron *quelques petites sommes sur de bons éfets. Que ledit* Dujonquay *avait deux sœurs qui tra-*

vaillaient fort bien en linge & en broderie, & qu'elles avaient permiſſion de leur grand' mère de vendre leurs ouvrages à leur profit &c.

Signé NICOD, notaire.

Contrôlé à GEX le même jour,

LA CHAUX.

Toutes ces probabilités réunies faiſaient ſur moi la forte impreſſion qu'elles doivent faire ſur tout eſprit impartial qui n'eſt d'aucune faction, qui aime la vérité, & qui s'indigne contre l'injuſtice. Dans ces circonſtances monſieur le comte de *Morangiés* m'écrivit ſouvent, & me fit tout le détail de ſa malheureuſe avanture. Il s'ouvrait à moi avec une confiance ſans bornes; & dans toutes ſes lettres jamais je n'ai pu remarquer la moindre aparence de contradiction; je voyais toujours un homme pénétré d'horreur en m'expoſant les artifices employés pour le ſurprendre.

J'étais frapé de la contradiction énorme qui ſe trouve dans le roman des cent mille écus portés en or en treize voyages le vingt-trois Septembre 1771, & la promeſſe de monſieur de *Morangiés* du vingt-quatre d'accepter les propoſitions du prêteur, dès qu'il aurait reçu l'argent. Ce ſeul trait de lumière me ſemblait devoir déciller tous les yeux. Il eſt impoſſible que monſieur de *Morangiés* ait reçu l'argent la veille, & qu'il ait signé le lendemain qu'il ferait ses billets dès qu'il aurait reçu l'argent.

Il me paraissait fort naturel, & il me le paraîtra toujours, que le prétendu prêteur ait fait acroire le 24 à monsieur de *Morangiés* qu'il falait qu'il lui confiât quatre billets de trois-cent vingt-sept mille livres y compris les intérêts payables à la veuve *Verron*. Il persuada à monsieur de *Morangiés* qu'il avait en main une compagnie opulente, qui avait des afaires avec cette veuve d'un prétendu banquier, & que dans peu de jours il lui aporterait l'argent sur ses billets qu'il falait montrer à cette compagnie. Pour mieux aveugler le comte de *Morangiés* par cette chimère incroyable, il lui prêta généreusement douze cent francs, dont le comte avait malheureusement un besoin pressant. Voila les extrêmités où des oficiers se réduisent tous les jours dans Paris par l'obligation où ils croyent être de soutenir un extérieur d'opulence.

Je sais quel besoin avait monsieur de *Morangiés* de ces douze cent francs. Il est bien clair qu'il ne serait pas venu les chercher lui-même à un troisième étage, s'il avait reçu environ cent mille écus la veille. Tout homme sensé conclura de ce que monsieur de *Morangiés* courut chercher douze cent francs le 24, qu'il n'avait pas touché 300000 livres le 23 Septembre. Cette faible somme qu'on lui donnait acheva son malheur.

Le comte crut qu'il pouvait confier fes billets à cet inconnu, comme on les confie à un agent de change. Il ne favait pas que la *Verron*, qui était alors dans une chambre voifine, était la propre grand mère de *Dujonquay*. Ce font là de ces tours qui font affez communs dans toutes ces afaires obfcures & honteufes. Enfin il fut féduit, & il laiffa fes billets exigibles entre les mains de *Dujonquay*, fans en tirer de reconnaiffance. Voila ce qu'il me mandait dans le plus grand détail. Ces démarches, cette conduite avec un inconnu, me paraiffaient très peu prudentes; mais il me paraiffait auffi fort vraifemblable qu'un oficier obéré, tourmenté de fa fituation, fafciné par l'efpoir chimérique de poffeder bientôt cent mille écus en efpèces, eut été féduit par un fi grand apas. Je voyais bien que monfieur de *Morangiés* avait fait une très grande faute de fournir de telles armes contre lui. Je le lui mandais; à peine en voulait-il convenir; mais plus la faute était grande, plus je voyais l'art avec lequel on l'avait fait tomber dans ce piège groffier.

Je demande à préfent à tous les avocats, à tous les juges, à tous ceux qui connaiffent le cœur humain, eft-il poffible que monfieur de *Morangiés* que je n'ai jamais vu, ayant en fa poffeffion cent mille écus, m'eut écrit des volumes plus gros que toute la procédure pour me perfuader qu'il ne les avait pas reçus! quel befoin avait-il de defcendre dans les plus petits détails avec un vieillard mourant qui demeure à cent vingt lieues de lui. Certes s'il avait poffédé cet argent, il en aurait joui fans fe mettre en peine de mon opinion inutile.

Cette opinion reçut un nouveau degré d'évidence, quand j'apris qu'enfin *Dujonquay* & fa mère qu'on nomme *Romain* participante à toute cette afaire avaient enfin tout avoué devant un commiffaire de police, qu'ils avaient reconnu & figné la fauffeté de l'hiftoire des cent mille écus, que tout était avéré. Ils firent cette déclaration étant libres chez ce commiffaire, & pouvant faire une déclaration toute contraire. Donc affurément la force de la vérité leur arachait cet aveu.

Je n'examine point fi cet aveu eft revêtu de toutes les formes légales, & fi on peut revenir contre une déclaration fi autentique. Je m'en tiens à foutenir qu'il eft bien dificile qu'une mère & un fils, dans la fortune la plus ferrée, abandonnent tout d'un coup d'un commun acord leurs prétentions à une fortune de cent mille écus qui leur apartiendrait légitimement. Je préfume qu'il n'y a pas une feule famille dans le royaume qui fe dépouillât ainfi de tout fon bien par une déclaration chez un commiffaire. Je maintiens que les tortures ne forceraient perfonne à confeffer que fon bien n'eft point à lui, fi les remords & le trouble qu'ils infpirent ne tiraient cette vérité du fond d'une ame coupable.

Dujonquay & sa mère disent longtems après, qu'ils n'ont tout avoué, tout signé chez un commissaire, que parce qu'un commis de la police, nommé *Desbruyères*, leur avait donné précédemment un coup de poing chez un procureur. C'était précisément cette raison là même, je le répète, qui devait les exciter à soutenir la légitimité de leurs cent mille écus chez le commissaire. C'était là qu'ils devaient demander justice contre ce commis: c'était là qu'ils devaient dire: voila l'homme qui nous a violentés, qui ne nous a parlé que de cachots, qui nous a batus, qui nous a chargés de fers, pour nous dépouiller de notre bien; nous voila libres à présent sous les yeux d'un premier juge. Nous faisons serment devant lui que les cent mille écus nous apartiennent, & que ce commis a employé la force & la barbarie pour nous en dépouiller. Nous atestons les témoins qui nous ont vu porter notre or qu'on nous ravit. Nous demandons notre bien & vengeance.

Au lieu de prendre ce parti, que la nature dicterait aux hommes les plus faibles & les moins instruits, ils se taisent; ils ne citent aucun témoin en leur faveur, donc ils n'en avaient point trouvé encor. Ils ne se défendent pas, ils conviennent de leur délit, ils signent leur condamnation. Avant même de signer ils avouent tout, non pas d'abord au commis dont ils prétendent avoir été durement traités, mais à un clerc d'un inspecteur de police nommé *Colin*, & au clerc du commissaire, ils confessent qu'ils ont trompé monsieur de *Morangiés*. La femme *Romain*, mère de *Dujonquay*, demande pardon à monsieur de *Morangiés*, & le conjure de ne la pas perdre. Ils font plus. Le lendemain étant en prison, ils écrivent à leur conseil pour redemander les billets qu'ils ont extorqués & pour les remettre entre les mains de la police. Ils confirment l'aveu de leur délit. La grand mère *Verron* vient dans la prison, & elle semble faire le même aveu tacitement à *Desbruyères*, en recommandant ses petits enfans à ses bons ofices. *Dujonquay* & sa mère renouvellent encor leur déclaration de la veille.

Voyez combien d'aveux! au sieur *Colin*, à un clerc du commissaire, à *Desbruyères*, au commissaire, à monsieur de *Morangiés* lui-même dont ils ont imploré la miséricorde. N'est-ce pas la vérité qui a parlé? Et cette vérité serait anéantie sous prétexte qu'un homme réputé coupable a été menacé & saisi par ses boutons chez un procureur!

La manière dont on s'y est pris pour tirer cette vérité de leur bouche peut n'être pas dans la forme ordinaire de la justice réglée. Je sais qu'on objecte que ce commis de la police les avait conduits & intimidés chez ce procureur qui n'était pas fait pour tenir audience; que ce commis trop zélé & trop vif n'a pas eu cette sévérité tranquile & circonspecte, si nécessaire à quiconque agit au nom de la justice. Je veux croire enfin que toute cette afaire a été mal ménagée. Il en résulte que plus on avait transgressé les règles, plus *Dujonquay* & sa mère devaient éclater en plaintes & non pas confesser leur délit : ils se sont avoués cinq fois coupables, donc on pouvait croire qu'ils l'étaient, donc ils peuvent l'être encor aux yeux de tout le public impartial qui prononce suivant l'équité naturelle, qui n'écoute que les principes du sens commun, & qui ne s'informe pas si les formalités des loix ont été bien ou mal observées.

On pousse aujourd'hui la chicane jusqu'à prétendre que les déclarations autentiques de *Dujonquay* & de sa mère ne peuvent être regardées comme des preuves par écrit, quoi qu'elles soient écrites ; que *Dujonquay* n'est que témoin quoi qu'il ait toujours été partie principale. Les honnêtes gens n'entendent point ces subtilités ; il leur sufit que deux acusés ayent avoué cinq fois l'iniquité dont on les charge.

Enfin le procès étant engagé en règle entre monsieur de *Morangiés* & la famille *Verron*, cette famille vend son procès à un nommé *Aubourg*, (qu'on a cru un prêteur sur gages, & qui est un homme inconnu,) comme on vend une maison qui demande des réparations. Le marché fait, la veuve *Verron* meurt, & quelques heures avant sa mort, on lui fait faire un teftament, dans lequel elle contredit tout ce qu'elle & fa famille avaient foutenu auparavant. Elles criaient qu'en perdant ces cent mille écus, elles perdaient tout ce que la *Verron* avait jamais poffédé. Elle articule dans ce teftament qu'elle a donné deux cent mille francs à fa fille *Romain*, mère de *Dujonquay*, à cette même *Romain* qui à peine a dequoi fubfifter: voila la *Verron*, qui n'avait prefque rien, & qui meurt riche par fon teftament de plus de cinq cent mille livres.

Ce tiffu étrange de chofes incroyables, qui fe fuccedent fi rapidement, forme aujourd'hui un des procès les plus fingaliers qui ayent jamais ocupé les tribunaux: c'eft alors que preffé par des amis de monfieur de *Morangiés* j'écrivis, malgré ma répugnance & mon peu de capacité, dans l'abfence de monfieur *Linguet*, quelques réflexions fommaires fur les probabilités en fait de juftice, fans y mettre mon nom, fans nommer même ni monfieur de *Morangiés*, ni fes adverfaires, me tenant dans les bornes du doute, & cherchant la vérité. Mes doutes me conduifirent à reconnaitre monfieur de *Morangiés* très innocent.

Ce petit écrit fimple & fans aucun art fit revenir en fa faveur plufieurs efprits prévenus. En ne décidant rien, je les perfuadai. Je me gardai bien de prévenir orgueilleufement les décifions de la juftice. Au contraire je déclarai, & je dis encor, que j'écrivais pour le public, juge de l'honneur, & non pour les magistrats, juges des formes, des procédures, & de l'esprit de la loi.

J'observai, & j'observe de nouveau, qu'on peut gagner son procès dans le fond du cœur de tous les juges, & le perdre très justement par un défaut de formes. Il en était de même chez les Romains ; & c'était une maxime chez eux ; qui viole les formes perd sa cause. Si vous avez payé votre créancier, votre marchand, & que vous ayez oublié d'en tirer quitance, vous êtes condamné justement à payer deux fois, parce que votre dette existante dépose contre vous. Si vous avez eu la dangereuse bonne foi de laisser entre les mains d'un inconnu, des promesses signées de vous, valeur reçue, sans en avoir reçu la valeur, & sans avoir de contre-lettre, vous pouvez être justement condamné à payer ce que vous ne devez pas, faute d'avoir observé une formalité nécessaire.

Si deux témoins ou trompés, ou trompeurs, persistent uniformément à déposer contre vous dans la crainte que lui impose notre loi rigoureuse d'être punis s'ils se rétractent après le récolement, vous êtes condamné quoi qu'évidemment innocent.

Qu'un piqueur, & un homme à peu près de cette condition, il n'importe, tout est égal devant la justice, ayent vu quelques sacs étalés sur une table, & qu'on leur ait dit qu'il y avait cent mille écus, qu'ils l'ayent cru, qu'ils le croyent d'autant plus qu'on les a traités durement pour l'avoir dit, qu'ils prétendent avoir vu porter cet argent chez vous, qu'une courtière enfermée autrefois à l'hôpital les encourage ou non à cette déposition, mais qu'on vous représente pour cent mille écus de billets signés de vous imprudemment le même jour ou le lendemain, vous êtes condamné sans dificulté avec dépens, dommages & intérêts. La justice vous dit, je ne juge pas les cœurs, je juge les pièces du procès.

RÉPONSE

À

L'ÉCRIT D'UN AVOCAT

INTITULÉ:

PREUVES DÉMONSTRATIVES

EN FAIT DE JUSTICE.

Un avocat qui ne se nomme pas, & c'est un funeste préjugé contre lui, écrit un libelle difamatoire contre monsieur de *Morangiés* & contre moi, sous ce titre moins modeste que le mien : *preuves démonstratives*, &c. Libelle dans lequel assurément rien n'est démontré que le désir cruel de difamer & de nuire. Il me demande de quel droit j'ai écrit en faveur de monsieur de *Morangiés*. Je lui réponds, du droit qu'a tout citoyen de défendre un citoyen : du droit que me donne l'étude que j'ai faite des ordonnances de nos rois, & des loix de ma patrie : du droit que me donnent des prières auxquelles j'ai cédé ; de la conviction intime où j'ai été & où je suis jusqu'à ce moment de l'innocence de monsieur le comte de *Morangiés* ; de mon indignation contre les artifices de la chicane qui acablent si souvent l'innocence. Je pouvais, monsieur, exercer comme vous la noble profession d'avocat. Je pouvais même être votre juge, ainsi que le sont mes parens. Si j'ai préféré les belles-lettres, ce n'est pas à vous qui les cultivez à me le reprocher.

Oui, monsieur, je crois monsieur de *Morangiés* malheureux & innocent ; peut-être mal conseillé d'abord dans cette afaire épineuse, peut-être inconsidérément servi par un commis de police trop livré à son zèle, ayant contre lui la famille entière *Verron*, & tous ceux qui ont pris le parti de cette famille, & une faction nombreuse. Mais pourquoi le chargez-vous d'injures & d'oprobres avant le jugement ? Pourquoi dites-vous d'un maréchal de camp, page 51, *qu'il n'est qu'un fourbe mal-adroit, & qu'il n*'a reçu de la nature que de médiocres difpofitions pour être fauffaire.

Pourquoi lui dites-vous, page 55, *vous mentez impudemment* ?

Et dans la même page, qu'il *ameute toutes les bouches impures qui veulent le fervir* ?

Pourquoi enfin pouffez-vous l'atrocité (page 86) jufqu'à vous fervir deux fois du terme de fripon ? Il était, dites-vous, un *fripon de fon aveu & du mien.* Quoi ! vous qui n'auriez pas eu la hardieffe de lui manquer de refpect en fa préfence, vous lui dites dans un libelle ces odieufes injures, que vous tremblez de figner ; & vous faites confulter ce libelle comme l'ouvrage d'un avocat ! ainfi vous ofenfez doublement l'honneur de votre corps en n'ofant pas paraître, & en ofant fouiller de ces infâmes oprobres un mémoire que vous rendez juridique, en l'apuyant d'une confultation !

Vous ne vous contentez pas de cet excès qui fait tant de tort à votre caufe ; vous joignez ce que la boufonerie a de plus vil à ce que l'emportement a de plus groffier.

Vous commencez dans une afaire capitale, où il s'agit de l'honneur & de la fortune de deux familles, & peut-être des peines les plus rigoureufes, vous commencez, dis-je, par annoncer que *vous ne dinez point chez Fréron* ; vous plaifantez fur les *Calas* & fur *Lavayffe* : quel fujet de raillerie ! Vous prenez *Lavayffe* pour le gendre de la *Beaumelle*, fans être le moins du monde
au

au fait des choses mêmes dont vous parlez & que vous voulez tourner en ridicule. Vous prenez des pirates pour des corsaires. Vous me faites dire ce que je n'ai jamais dit. Vous raillez indécemment sur l'afaire criminelle la plus sérieuse ; vous transformez le sanctuaire de la justice, tantôt en un canton des halles, tantôt en un théâtre de la foire. Ce n'est pas ainsi qu'en a usé monsieur *Vermeil* le véritable avocat de la cause dans laquelle vous vous êtes intrus pour la gâter.

Quoi ! monsieur, vous voulez intéresser pour le sieur *Dujonquay* ; vous voulez aracher des larmes en faveur d'un homme que vous peignez vertueux & oprimé ; & vous le faites parler comme un farceur qui cherche à faire rire la canaille ! Ah ! monsieur, souvenez-vous qu'il faut avoir le stile de son sujet : c'est un devoir qui est bien rarement rempli. Songez qu'*Horace* n'a point dit : *si vis me flere, ridendum est primum ipsi tibi.*

On vous pardonnerait de déguiser des faits peu favorables, d'essayer de faire valoir les choses les plus frivoles, de répondre par des paralogismes ridicules aux raisons les plus solides, de crier que vous avez prouvé ce que vous n'avez point prouvé, & que vous avez détruit ce qui n'est point détruit. Vous pouvez donner au mensonge l'air de la vérité, & à la vérité les couleurs du mensonge ; vous épuiser en vaines

Fragmens. Z

déclamations fur des faits qui n'ont aucun raport au fonds de l'afaire, & courir rapidement fur les faits les plus graves qui dépofent contre vous. Cette méthode n'eſt pas honorable fans doute; elle eſt tolérée pour le malheur des hommes. Mais j'oſe dire que nous retombons dans les fiècles de la plus épaiſſe barbarie, s'il eſt permis déformais de fouiller le bareau par des injures & par des farces. La juſtice tranquile & févère, aſſiſe fur le trône de la vérité, veut que tous ceux qui participent en quelque forte à ſon miniſtère auguſte tiennent quelque choſe de ſa gravité & de ſa décence.

Vous avez voulu, dans cette cauſe, foulever le peuple contre la nobleſſe, & en faire une afaire de parti; vous avez voulu peindre un gentilhomme, qui fe plaint d'avoir été furpris, comme un tyran apuyé du pouvoir deſpotique pour oprimer de pauvres innocens. Vous vous y êtes bien mal pris. Il fe trouve par votre mémoire que c'eſt l'homme de qualité qui eſt oprimé, & que ce font les pauvres citoyens qui inſultent. Je vois que dans cette afaire on afecte d'enviſager monſieur de *Morangiés* comme un homme puiſſant qui acable du poids de ſa grandeur une famille obſcure. Monſieur de *Morangiés* eſt bien loin d'être un homme puiſſant : c'eſt un brave gentilhomme, un bon oficier comme tant d'autres; & dans de telles afaires c'eſt le peuple qui eſt puiſſant, c'eſt lui qui s'ameute, c'eſt lui qui erie, c'eſt lui qui ſoulève mille praticiens, c'eſt lui qui fait retentir mille voix : les gens de qualité ſe taiſent.

Monſieur de *Morangiés* eſt très malheureux ſans doute de s'être humilié juſqu'à recevoir des lettres inſultantes d'une courtière & de *Dujonquay*. Il eut mieux valu cent fois vivre obſcurément dans une de ſes terres juſqu'au payement de ſes dettes : que dis-je ? il eut mieux valu vivre de pain de munition ſur la frontière dans une garniſon, que d'avoir quelque choſe à diſcuter avec des prêteuſes ſur gages, & de chercher en vain dans Paris de malheureuſes reſſources qui finiſſent toujours par ruiner un homme de qualité.

Mais monſieur le comte de *Morangiés* eſt encor plus à plaindre de s'être expoſé à eſſuyer de vous des oprobres que votre ſang ne réparerait pas.

Quoiqu'il en ſoit, monſieur, atendons vous & moi reſpectueuſement le réſultat des interrogatoires & de toute la procédure. Quelque jugement qu'on porte, il ſera juſte, parce qu'il ſera fondé ſur la loi. Un arêt nous révélera peut-être ce que ſont devenus ces cent mille écus, donnés autrefois ſecrettement à la veuve *Verron* par un banqueroutier, tranſportés ſecrettement à Vitri-le-Brulé par la veuve, reportés ſecrettement de Vitri dans la rue ſaint Jaques, & portés à pieds ſecrettement chez monſieur de *Morangiés*. Je ſouſcris d'avance à l'arèt que le parlement prononcera. Si monfieur de *Morangiés* eft déclaré convaincu & coupable, je le crois alors coupable. Si fes adverfaires font déclarés innocens, je les tiens innocens.

Mais je foutiendrai toujours qu'il ferait poffible que monfieur de *Morangiés* fût condamné juftement par les formes à payer les cent mille écus & les dépends, quoiqu'il ne dût rien dans le fonds; au lieu qu'il eft impoffible que les *Verron* foient difculpés, s'ils font condamnés. D'où vient cette grande diférence entre monfieur de *Morangiés* & fes adverfaires? Le voici.

C'eft que monfieur de *Morangiés* a fait malheureufement des billets d'une forme très légale qui parlent contre lui. Et fi le défaveu de *Dujonquay* & de fa mère a été fait dans une forme illégale, fi des témoins intéreffés perfiftent dans leurs témoignages, toutes les aparences font alors contre monfieur de *Morangiés*, quoi que le fond de l'afaire foit pour lui. Le roman des cent mille écus de la *Verron*, foutenu par les formes, l'emportera fur la vérité mal conduite; ce qui ferait un grand & fatal exemple.

Si au contraire la famille *Verron* perdait fon procès, elle le perdrait probablement, parce qu'on aurait des preuves judiciaires plus claires que le jour de la nullité des billets de monfieur de *Morangiés*.

Or il me femble qu'on a beaucoup de preuves morales de la nullité de ces billets.

Mais pour les preuves légales, elles dépendent des procédures. Ces preuves morales ont paru victorieuses dans l'esprit du public impartial. Mais je l'ai déja dit, il faut que la loi conduise les juges.

Le châtelet, saisi d'abord de cette afaire, semblait n'écouter que les probabilités; le bailliage du palais semble ne consulter que les procédures. Les lumières réunies des chambres assemblées du parlement dissiperont tous nos doutes. Ce tribunal, depuis qu'il est formé, n'a pas prononcé un seul arêt dont le public ait murmuré.

LETTRE

DE

MONSIEUR DE VOLTAIRE,

A

MESSIEURS DE LA NOBLESSE

DU GÉVAUDAN,

Qui ont écrit en faveur de monsieur le comte de MORANGIÉS.

A Genève 10 Auguste 1773.

MESSIEURS,

J'Ai lu la lettre autentique par laquelle vous avez rendu justice à monsieur le comte de *Morangiés*. Monsieur de *Florian*, mon neveu, votre compatriote, ancien capitaine de cavalerie, qui demeure à Ferney, aurait signé votre lettre, s'il avait été sur les lieux. C'est l'honneur qui l'a dictée. Une partie considérable des cours de France & de Savoye, qui est venue dans nos cantons, a fait éclater des sentimens conformes aux vôtres.

Monsieur de *Florian* est en droit plus que personne de s'élever contre les persécuteurs de monsieur de *Morangiés*, puisqu'un de ses laquais, nommé *Montreuil*, nous a dit vingt fois qu'il avait mangé souvent avec le sieur *Dujonquay*, & qu'on lui avait proposé de lui faire prêter de petites sommes sur gages, par cette famille qui subsistait de ce commerce clandestin. Les juges auraient pu interroger ce domestique qui est à Paris. Il ne faut rien négliger dans une afaire si étonnante, & qui a partagé si longtems la noblesse & le tiers-état.

Pour moi, j'ai fait déposer par devant notaire la déclaration de cet homme. La vérité est trop précieuse en tout genre, pour omettre un seul moyen de la découvrir, quelque petit qu'il puisse être. Je ne prétends point me mettre au rang des avocats qui ont plaidé pour & contre, & dont la fonction est de montrer dans le jour le plus favorable tout ce qui peut faire réussir leur cause, & d'obscurcir tout ce qui peut lui être contraire. Je n'entre point dans le labyrinthe des formes de la justice. Je ne cherche que le vrai. C'est de ce vrai seul que dépend l'honneur de la maison de *Morangiés*; il n'est point dans les mains d'une courtière, prêteuse sur gages, enfermée à l'hôpital; d'un cocher connu par des actions punissables; d'un clerc de procureur, filleul de cette courtière couverte d'infamie, & qui, retenu chez un chirurgien par la suite de ses débauches, prétend avoir vu ce qu'il n'a pu voir: il n'est point dans les intrigues d'un tapissier, nommé *Aubourg*, qui a osé, à la honte des loix, acheter ce procès comme on achete sur la place des billets décriés qu'on espere faire valoir par les variations de la finance.

Cet honneur si précieux dépend de vous, messieurs; vous en êtes les possesseurs & les arbitres.

Je commence par vous dire hardiment que le roi, qui est la source de tout honneur, & qui l'est aussi de toute justice, a décidé comme vous. Ce n'est point violer le respect qu'on doit à ce nom sacré; c'est au contraire lui témoigner le respect le plus profond que de vous répéter ce que sa majesté a dit publiquement: *il y a mille probabilités contre une que monsieur de Morangiés n'a point reçu les cent mille écus.* Les seigneurs qui ont entendu ces paroles me les ont redites ces paroles respectables, qui sont sans doute du plus grand sens & du jugement le plus droit.

En éfet, comment ferait-il possible que la dame *Verron* eût eu cent mille écus à prêter? Comment cette veuve d'un courtier obscur de la rue Quinquempoix eût-elle reçu d'un banqueroutier, six mois après la mort de son mari *Verron*, par un fidéicommis de ce mari, deux cent soixante mille livres en or, & de la vaisselle d'argent que le défunt pouvait si bien lui remettre de la main à la main ? Comment ce *Verron* aurait-il confié fecrettement à un étranger cette fomme en y comprenant fa vaiffelle d'argent, dont la moitié apartenait à fa femme par la coutume de Paris ? comment cette femme aurait-elle ignoré que fon mari eût tant d'or & tant de vaiffelle ? & par quelle manœuvre contraire à tous les ufages aurait-elle fait valoir cette fomme chez un notaire, fans qu'on ait retrouvé dans l'étude de ce notaire la moindre trace de cette manœuvre frauduleufe ? Par quel excès d'une démence incroyable aurait-elle porté cet or dans une charette à Vitri au fond de la Champagne ? Comment l'aurait-elle reporté enfuite à Paris dans une autre charette, fans que fa famille en eût jamais le moindre foupçon, fans que dans le cours du procès perfonne ne fe foit avifé de demander feulement le nom du charetier qui doit être enregiftré ainfi que fa demeure !

Après cette foule de fupofitions extravagantes débitées fi groffiérement pour prévenir l'objection naturelle que la veuve *Verron* ne pouvait poffédey cent mille écus dans fon galetas; après, dis-je, ce ramas d'abfurdités vient l'autre fable des mêmes cent mille écus portés par *Dujonquay* dans fes poches à monfieur de *Morangiés*, en treize voyages à pied, l'efpace de cinq à fix lieues. Ce dernier excès de folie était le comble, & la nation en aurait partagé l'oprobre, fi elle avait pu croire longtems ce long tissu d'impostures stupides qui font frémir la raison, & que cependant on s'éforça d'abord d'acréditer.

Ne dissimulons rien, messieurs: notre légéreté nous fait souvent adopter pour un tems les fables les plus ridicules; mais à la longue, la saine partie de la nation ramène l'autre. Je ne crains point de le dire: cette nation courageuse, spirituelle, pleine de graces, mais trop vive, aura toujours besoin d'un roi sage.

Cette afaire aussi afreuse qu'extravagante aurait fini en quatre jours, si les formalités nécessaires de nos loix avaient pu laisser agir monsieur le lieutenant de police, dont le ministère s'exerce sur les usuriers, sur les courtiers. Je ne parle pas ainsi pour le flater: je n'ai pas l'honneur de le connaître; & près de ma fin je n'ai personne à flater, ni rois, ni magistrats.

Je vous remettrai seulement sous les yeux que monsieur le lieutenant de police, par ses soins & par ses délégués, était parvenu en un seul jour à faire avouer à *Dujonquay* & à sa mère *Romain* fille de la *Verron*, que jamais ils n'avaient porté cent mille écus à monsieur de *Morangiés*, qu'ils ne lui avaient prêté que douze cent francs. Non-seulement ils firent cet aveu verbalement, mais ils le déclarèrent ensemble, après l'avoir déclaré séparément; non-seulement ils firent de vive voix cette déclaration autentique devant des juges & des témoins, mais ils la signèrent étant libres ; ils la confirmèrent dans la prison. Ils n'articulèrent pas cet aveu une seule fois, il sortit cinq fois de leur bouche.

Voila, messieurs, le grand nœud, le seul nœud de cette afaire qu'on a voulu embrouiller par les tours & les retours de cent nœuds diférens.

L'aveu formel, l'aveu irévocable du délit de *Dujonquay* prévaudra-t-il sur les billets faits par monsieur de *Morangiés* avec trop de facilité ? La chose du monde la plus probable est que cet oficier-général n'a fait ses billets que pour les négocier, & qu'il a eu en *Dujonquay* la même confiance qu'on a tous les jours dans les agens de change acrédités, chez lesquels on ne négocie pas autrement.

La chose la plus improbable dans tous les sens & dans toutes les circonstances, c'est que *Dujonquay* ait porté à pied cent mille écus dans les poches à l'oficier-général. Qui l'emportera de la plus grande vraisemblance ou de l'extrême improbabilité ?

J'ose avancer, messieurs, qu'il n'est point de juge éclairé qui ne pense comme le roi, que jamais monsieur de *Morangiés* n'a reçu les cent mille écus. Reste à savoir si les juges étant persuadés dans le fond de leur cœur de l'impossibilité de cette dette prétendue, nos loix sont assez précises pour les forcer à condamner monsieur de *Mo-*

rangiés à payer un argent que certainement il ne doit pas?

La chicane, se mettant à la place de la justice dont elle est l'éternelle ennemie, s'est élevée pour lui lier les mains. Elle a dit; l'aveu de *Dujonquay* est formel, il est incontestable, mais il est illégal; c'est un aveu araché par la crainte. Un des oficiers de la police avait donné un coup de poing chez un procureur à *Dujonquay*, & l'avait menacé du cachot avant que ce *Dujonquay* avouât & signât son crime. Son aveu est nul, & les billets payables par son adverse partie existent.

Je sais, messieurs, combien cette matière est délicate, combien il importe à la sûreté des citoyens qu'il n'y ait jamais rien d'arbitraire dans la justice. La violence la deshonore. Sa sévérité ne doit jamais être emportée. Mais ce coup de poing prétendu donné par un homme qui n'était pas en éfet du corps de la justice est-il bien avéré? l'acusé le nie. Le parlement en jugera. Quand même un homme employé en subalterne aurait outrepassé sa commission dans l'excès de son indignation contre *Dujonquay*, quand il aurait montré un zèle indécent, ce léger oubli de la bienséance empêche-t-il que le sieur *Dupuis* inspecteur de la police, & le sieur *Chenon* commissaire au châtelet, & juges des délits, ne se soient comportés en ministres équitables des loix du royaume? *Dujonquay* &

sa mère ont signé leur crime devant eux en toute liberté. Si les *Dujonquay* n'ont pas donné les cent mille écus, ils sont des voleurs. Et quel voleur échaperait à son châtiment, sous prétexte qu'un oficier du guet lui aurait donné un coup de poing avant que le juge tirât de lui l'aveu de son crime ?

On ose parler de violence ! & quelle plus grande violence que celle qui a été exercée envers monsieur le comte de *Morangiés* maréchal de camp des armées du roi ! il est trainé en prison sur le simple soupçon d'avoir séduit des témoins en sa faveur ! & les premiers juges qui l'ont traité avec tant de rigueur sont obligés d'avouer par leur sentence qu'il n'a séduit personne. Ils sont mettre au cachot un homme public, un homme nécessaire, un père de famille, un chirurgien connu par sa probité, uniquement parce qu'il n'a pas déposé conformément aux témoignages d'une usurière sortie de l'hôpital, & d'un débauché sorti de ses mains qui l'ont traité d'une maladie ignominieuse !

Voila des violences aussi avérées qu'elles sont étranges. Le comte de *Morangiés* en est encor la victime. Il est encor en prison pour un délit dont ses juges mêmes l'ont déclaré innocent : en seront-ils quites pour dire qu'ils se sont trompés ?

Nous espérons, messieurs, que le parlement ne se trompera pas. Il verra par le mémoire sage & convaincant du sieur *Dupuis*, & par les contradictions absurdes des *Dujonquay*, quels sont les coupables. Il apercevra dans la défense du chirurgien *Ménager* la foule des horreurs qui ont oprimé monsieur de *Morangiés*.

Chaque juge lira toutes les piéces du procès (du moins les plus importantes.) L'équité éclairée & impartiale prononcera sans prévention.

A qui a cultivé sa raison, à qui a un peu connu le cœur humain, il sufit de lire les lettres de *Dujonquay* pour percer dans ces ténèbres d'iniquité. La seule avanture d'une malheureuse nommée *Hérissé*, qui se rétracte & qui demande pardon d'avoir accusé monsieur de *Morangiés* (& cela sans avoir reçu de coup de poing de personne) est une preuve assez convaincante des manœuvres employées par la cabale *Dujonquay*. Il n'y a peut-être pas une ligne dans tous les factums de monsieur de *Morangiés*, & même dans ceux de ses adversaires, qui ne manifeste son innocence, & l'imposture qui l'ataque. Mais les juges sont astreints aux formes. Nous verrons qui l'emportera ou de ces formes, quelquefois funestes, mais toujours indispensables, ou de la vérité qui s'est montrée avec tant de clarté, & sans formes, aux yeux du roi, aux vôtres, à ceux de tous les honnêtes gens.

Si les premiers juges de cette afaire si singulière se sont oubliés jusqu'à faire subir les plus grandes rigueurs de la prifon à monfieur de *Morangiés* & au chirurgien *Ménager* qu'ils ont déclaré innocens ; fi cette énorme contradiction foulève les efprits raifonnables, il ne la faut imputer, meffieurs, qu'à un fentiment d'équité qui s'eft mépris.

Vous connaiffez le ferment de rendre juftice aux pauvres comme aux riches, aux petits comme aux grands. Ce ferment, & la crainte de faire pancher la balance, emportent quelquefois les ames les plus vertueufes jufqu'à l'injuftice. Il faudrait leur impofer plutôt le ferment de rendre juftice au riche comme au pauvre, au puiffant comme au faible. Mais ce ferait ici la caufe de la famille *Verron* qui deviendrait la caufe du riche. Car fi elle gagne fon procès, elle a d'un côté les cent mille écus fupofés prêtés à monfieur de *Morangiés*, & deux cent (*s*) mille francs fupofés donnés à la femme *Romain* par le teftament abfurde & contradictoire dicté à la veuve *Verron* ; & la maifon *Morangiés* eft ruinée. Ce n'eft pas fans doute le maréchal de camp qui eft puiffant dans fa prifon, c'eft la cabale hardie, induftrieufe, redoutable par fes clameurs & par fes éforts infatigables qui eft puiffante.

(*s*) Il eft à remarquer que dans la foule des contradictions étonnantes dont fourmillent toutes les piéces des *Verrons*, on a fait dire à cette veuve qu'elle n'avait jamais eu que ces cent mille écus, & on la fait riche de cinq cent mille francs par fon teftament.

Enfin, meſſieurs, atendons l'arèt définitif d'un parlement dont les lumières & les intentions ſont également pures.

Si l'avocat de l'infortuné maréchal de camp, pénétré de ſon innocence, a pu dans la chaleur du zèle le plus déſintéreſſé, manquer au reſpect qu'il devait à meſſieurs les gens du roi, ils ſont aſſéz grands pour lui pardonner, & trop juſtes pour faire retomber ſur le plus malheureux des hommes de ſon rang, la faute d'un avocat, dont ils reconnaiſſent d'ailleurs l'éloquence & l'intégrité.

Je ſuis avec un profond reſpect,

MESSIEURS,

Votre très-humble & très-obéïſſant ſerviteur,
VOLTAIRE.

SECONDE LETTRE

DE

MONSIEUR DE VOLTAIRE

À

MESSIEURS DE LA NOBLESSE

DU GÉVAUDAN,

Sur le procès de monsieur le comte de Morangiés.

A Genève 16 Auguste 1773.

MESSIEURS,

UN de vos compatriotes, certain de l'innocence de monsieur de *Morangiés*, mais allarmé par le dernier mémoire fait contre lui, & fachant combien il faut craindre les jugemens des hommes, m'a communiqué fes inquiétudes. Je les partage. Et voici ma réponfe.

Je vous ai déja mandé que l'honneur de monfieur le comte de *Morangiés* eft à couvert par la publicité du fentiment du roi & du vôtre. Je vous fuplie de remarquer que fa majefté n'a déclaré fon opinion qu'après avoir entendu parler à fond de ce procès, & après avoir pefé les raifons. Vous en avez ufé de même. Songez que dans les commencemens la cabale avait féduit Paris & la cour contre l'acufé : on n'eft revenu que parce qu'enfin la vérité s'eft montrée.

Soufrez que je vous retrace ici une partie des raifons qui ont depuis déterminé toute la cour, toute l'armée, tous les magiftrats éclairés, tous les gens confidérables du royaume, & même un grand nombre d'étrangers.

1°. L'impoffibilité que la *Verron* eût cent mille écus en or provenans de la fource chimérique qu'elle alléguait.

2°. L'inconcevable abfurdité du tranfport clandeftin de Paris au fond de la Champagne d'un cofre rempli d'or que quatre hommes ne pouvaient remuer, felon le dernier factum de l'avocat des *Verrons*, & ce même cofre raporté clandeftinement à Paris fans qu'on dife le nom du voiturier, fans qu'aucun de la famille *Verron* fe foit douté qu'il y eût de l'argent dans ce cofre ; & l'on ne craint pas d'étaler aux yeux du parlement ce roman miférable qui deshonorerait le fiècle de la légende dorée.

3°. Le port clandeftin de ces cent mille écus à pied en fix heures de tems, l'efpace d'environ fix lieues, lorfqu'on pouvait fi aifément les voiturer en quelques minutes,

& lorsque le lendemain le sieur *Dujonquay* prête douze cent francs au même homme ouvertement. Et observez que ces malheureux douze cent francs ont seuls plongé monsieur de *Morangiés* dans cet abîme ; il ne crut pas qu'un jeune homme qui lui prêtait, sans vouloir de billet, cette somme dont il avait un besoin pressant, pût être assez perfide pour le tromper sur les billets de cent mille écus. Voila l'origine & le fond de toute cette afaire.

4°. L'extrême improbabilité & l'extrême absurdité que le comte de *Morangiés* fût venu emprunter 1200 liv. dans le galetas de *Dujonquay* le 24 Septembre 1771, suposé qu'il eût reçu cent mille écus de lui le 23.

5°. La lettre même de *Dujonquay* au comte, par laquelle il est évident qu'il prépare son crime. Il lui dit, vous cherchez à *en pauser à une pauvre veuve, vous serez obligé de me réparer*. C'est ainsi que s'exprime un homme que son avocat nous représente comme un docteur ès loix prêt d'acheter une charge de conseiller au parlement. Il ose dire à monsieur de *Morangiés*, vous avez écarté tous vos domestiques le jour que je vous ai porté cent mille écus dans mes poches en treize voyages. Et remarquez, messieurs, que ce même *Dujonquay* interpelle ensuite tous les domestiques du comte qui étaient dans la maison. Cela seul n'est-il pas une preuve la plus évidente, la plus forte, la plus inconteſtable de la friponnerie la plus avérée, & en mème tems la plus groſſière ?

6°. L'improbabilité que le comte de *Morangiés* eût refuſé à une courtière ſon droit de courtage, s'il avait reçu de *Dujonquay* cent mille écus par les ſoins de cette femme.

7°. L'improbabilité qu'un homme qui vient de toucher cent mille écus, qui peut en jouir & ne les pas rendre, pourſuive le prétendu prêteur devant le magiſtrat de la police, comme un fripon qui veut faire valoir des billets, leſquels ne lui apartiennent pas, & qui l'a trompé avec le plus grand artifice, mêlé de l'impudence la plus éfrontée, en lui diſant qu'il agiſſait au nom d'une compagnie, & en lui cachant que la *Verron* fût ſa grand'mère.

8°. L'impoſſibilité que monſieur de *Morangiés* ait ſigné le 24 Septembre 1771, *qu'il ferait ſes billets quand il aurait l'argent,* s'il avait reçu cet argent le 23.

9°. Le menſonge groſſier de *Dujonquay* qui le trahit dans ſa fable ſi mal ourdie. Il prétend dans le premier mémoire de ſon avocat que dans ſes treize voyages de ſix lieues, il faiſait ſigner chaque fois à monſieur de *Morangiés*, *je reconnais que monſieur Dujonquay m'a aporté mille louis, dont je promets faire mon billet à madame Verron ſa grand'mère.* Et dans le ſecond mémoire, ce même billet eſt conçu en ces termes : *je reconnais avoir reçu du ſieur Dujon-*

quay mille louis au nom de la dame *Verron* ſa grand'mère, dont je promets lui faire mes billets lorſque la ſomme ſera comptée. Quelle ſomme? il aurait falu au moins la ſpécifier. Voila donc deux billets diférens l'un de l'autre. Lequel eſt le vrai? il eſt évident que tous les deux ſont faux.

10°. Le menſonge encor plus groſſier raporté par le même avocat qui prétend défendre ſa partie, & qui la convainc malgré lui d'impoſture. Il dit que la ſervante de la *Verron*, ſeule ſervante de cette femme riche, dépoſe avoir vu monſieur de *Morangiés* chez elle lui remettre ces billets importans qui faiſaient toute la preuve du port des cent mille écus, ces billets qui auraient prévenu tout procès. Eh! famille *Verron*, que ne les avez-vous donc gardés? C'était votre plus grande ſûreté; c'était la ſeule probabilité de vos treize voyages. N'eſt-il pas évident qu'ils n'ont jamais exiſté, & qu'ils ſont auſſi mal imaginés que le reſte de votre déteſtable fable? La nation rougira d'avoir cru quelque tems une fourberie ſi mal adroite & ſi atroce?

11°. L'improbabilité frapante que *Dujonquay* & ſa mère ayent avoué tant de fois, & ſigné chez un commiſſaire, qu'ils n'avaient point donné les cent mille écus à monſieur de *Morangiés*, ſi en éfet *Dujonquay* avait fait le prodige de les porter. Il n'eſt pas dans la nature qu'on ſe réſolve ainſi à perdre toute ſa fortune, à être puni d'un suplice flétrissant, quand rien ne force à faire un tel aveu. On a déja observé qu'il n'y a personne en France qui signât ainsi la perte de tout son bien, sa honte & son suplice, même au milieu des tortures.

Certes, soit que *Desbruguieres* ait froissé un bouton de *Dujonquay*, soit qu'il ne l'ait pas froissé, il résulte que cet homme & sa mère ont confessé très librement un crime d'ailleurs avéré.

12°. Le discours tenu par *Dujonquay* devant les oficiers de la police, *je signerai si l'on veut que j'ai volé tout Paris*. Quel est l'homme qui s'exprimerait ainsi, si son ame n'était pas aussi basse que criminelle? Ce seul discours échapé au coupable dévoile le crime à quiconque connaît un peu le cœur humain, à quiconque réfléchit. On a du moins des deux côtés preuve contre preuve par écrit. Il ne s'agit donc plus que de considérer laquelle doit prévaloir. Or quel est le plus probable, ou qu'un gentilhomme fasse ses billets à des entremetteurs avant de recevoir son argent, ce qui est d'un usage très commun, ou qu'une famille entière signe librement son crime & sa perte si elle n'était pas coupable ; ce qui n'est jamais arrivé?

13°. La lettre même des sœurs de *Dujonquay* au magistrat de la police, qu'on a eu l'absurdité de faire valoir, & qui n'est qu'une preuve incontestable du crime de la famille. Car ces sœurs seraient-elles venues chez un délégué de la police le suplier de les aider à obtenir la grace de leur frère, si elles n'avaient pas su que ce frère était coupable? & ce délégué leur aurait-il laissé la minute de cette lettre s'il avait voulu les tromper?

14°. La publicité que la *Verron* prêtait par des entremetteuses de petites sommes sur gages, qu'elle subsistait de ce commerce infâme. Ce qui prouve que cette maison était un repaire d'usure & d'escroquerie.

15°. La certitude que la *Verron* avait vendu depuis peu une rente de six cent livres, ce qu'elle n'aurait pas fait dans une extrême vieillesse si elle avait eu alors cinq cent mille francs de bien qu'on lui atribue.

16°. Le testament aussi vicieux qu'absurde qu'on a fait signer à la *Verron* mourante, testament qui est un vrai plaidoier, testament dans lequel elle contredit tout ce qu'on lui avait fait dire auparavant. Elle avait assuré qu'elle n'avait que ces cent mille écus prétendus; & par cet acte elle avait possédé plus de cinq cent mille livres.

17°. Le comte de *Morangiés* traîné en prison pour avoir suborné des témoins, déclaré innocent par le premier juge, & cependant prisonnier encor.

18°. Le chirurgien *Ménager* enfermé dans un cachot par ordre du même juge, parce qu'un des témoins de *Dujonquay* était le 23 Septembre 1771 entre les mains de ce chirurgien, parce que ce témoin vérolé avait ce jour-là le corps froté de mercure, la tête enflée, la langue pendante, & la mort entre les dents ébranlées; parce que ce vérolé avait ofé dire qu'il avait vu ce jour-là même dans les rues *Dujonquay* portant cent mille écus à pied, & que ce chirurgien interrogé avait répondu qu'il était dificile qu'un vérolé dans cet état pût fe promener dans Paris.

19°. La dépofition précife d'un compagnon de ce vérolé qui jouait aux cartes avec lui dans le tems même que ce malheureux prétendait avoir vu *Dujonquay* courir chargé d'or dans les rues.

20°. Une tourtera, une courtière, une prêteufe fur gages, une maraine du vérolé, une gueufe fortant de l'hôpital, écoutée comme un témoin iréprochable.

21°. Un cocher, un bretailleur, un ami de *Dujonquay*, écouté comme un témoin grave.

22°. Une autre gueufe condamnée au fouet par la Tournelle, écoutée quand elle calomnie monfieur de *Morangiés*, & rejetée quand elle fe repent publiquement de fon crime. Le parlement entendra fans doute cette miférable qui peut fournir un fil à l'aide duquel les juges fortiront de ce labyrinthe.

Je vous ai indiqué, meffieurs, plus de vingt preuves de l'innocence de votre compatriote & du délit de fes adverfaires. Vous en découvrirez plus de cent fi vous voulez lire avec atention tous les mémoires. La cabale acharnée à difamer, à perdre la maifon *Morangiés*, vient d'abufer étrangement de la candeur d'un homme de bien, qui ayant d'abord foutenu cette abominable caufe, s'eft cru malheureufement engagé à la défendre encor.

Il eft vrai qu'il n'ofe plus parler du teftament frauduleux de la *Verron* à qui on fait dire qu'elle avait donné deux cent mille francs à fa fille, après avoir atefté fi fouvent le ciel qu'elle perdait tout en perdant les prétendus cent mille écus portés au comte de *Morangiés*. Il fe tait fur cette contradiction trop manifefte, & trop terrible pour les acufateurs de votre compatriote.

Il ne ramène plus fur la fcène ce généreux, ce bienfaifant *Aubourg*, ce tapiffier, cet homme d'afaire qui a eu la baffeffe infolente d'acheter publiquement le procès de la *Verron*, dans lequel il pourait gagner plus de cent cinquante mille livres. Ces infamies ont révolté fans doute monfieur l'avocat *Vermeil*. Mais qu'on a trompé fa bonne foi fur le refte! de combien d'anecdotes inutiles au fond de l'afaire l'a-t-on furchargé! que de contradictions on lui a préfentées comme des vérités qui fe conciliaient! comme on l'a fait tomber dans le piège!

Pour ne pas rendre ma lettre trop prolixe, je vous en donnerai feulement quelques exemples bien frapans.

Monsieur *Vermeil* avait dit dans son premier mémoire que *Dujonquay* était un jeune innocent arivé de province pour acheter une charge dans la magistrature. Il nous le montre dans son second factum comme un praticien consommé dès l'an 1767 dans le métier de la chicane. Il faut voir avec quelle vivacité ce *Dujonquay* poursuit le payement d'un billet de deux mille livres que monsieur l'abbé *Le Rat* avait fait à sa grand'mère, sans qu'on sache à quelle usure ; comme après la mort de monsieur l'abbé *Le Rat* il excède monsieur *Gatou !* Cette guerre, il faut l'avouer, dément un peu la simple innocence avec laquelle il a porté cent mille écus à un oficier publiquement obéré, & les lui a confiés sans prendre la moindre sûreté. Ce contraste seul, messieurs, démontre assez l'absurdité de toute la fable qu'on a forgée.

Le même avocat ayant dit dans son premier mémoire d'après *Dujonquay*, que le comte de *Morangiés* avait écarté tous les domestiques de la maison le jour des treize voyages, avoue dans le second mémoire qu'ils y étaient tous ce jour-là même. Voila déja une contradiction bien formelle qui anéantit toute la fable de la cabale. Tous ces domestiques, témoins nécessaires, avouent cette vérité déja tant reconnue, que *Dujonquay* n'est venu qu'une seule fois chez leur maitre le 23 Septembre 1771.

Monsieur *Vermeil* avoue ingénument que leurs dépositions sont *concordantes*. Et après avoir dit qu'elles sont *concordantes*, il essaye de les trouver contradictoires.

Un voisin dit qu'il était sur le pas de la porte les jambes croisées & qu'il n'a vu entrer personne, quoiqu'il en soit entré plusieurs dans cette matinée. Quel raport ce fait minutieux peut-il avoir avec les treize voyages absurdes de *Dujonquay ?* Ce voisin doit-il avoir eu toujours les jambes croisées à la porte pendant huit heures ?

L'avocat croit voir des contradictions dans des domestiques qui peuvent se méprendre de quinze ou de trente minutes.

Monsieur le chevalier de *Bourdeix* arive chez monsieur de *Morangiés* ce matin même. Il y passe environ deux heures ; il ne voit point paraître *Dujonquay* ; il l'ateste devant les premiers juges. L'avocat veut infirmer le témoignage de ce gentilhomme, parce que la femme du Suisse dit qu'il était en redingote, atendu qu'il pleuvait alors, & que monsieur de *Bourdeix* à qui on demande quel habit il portait, répond que son juste-au-corps était de velours. L'avocat croit trouver une contradiction dans cette réponse, comme s'il n'était pas très naturel de couvrir son velours d'une redingote pendant la pluie.

Du moins monsieur *Vermeil* a trop de pudeur pour dire que monsieur le chevalier de *Bourdeix* soit un faux témoin. Mais d'autres n'ont pas tant de délicatesse. Ils le traitent de Gascon fripon qui jure pour un Languedochien fripon, parce qu'ils sont tous deux gentilshommes. Si l'on en croit cette cabale, il sufit d'être d'un sang noble pour être un coquin, & la vertu ne se réfugie que chez une entremetteuse sortie de l'hôpital, chez le cocher *Gilbert*, chez un clerc de procureur vérolé, chez *Dujonquay* soldat dans les troupes des fermes, & marchandant une charge de magistrat.

A quelles ressources hélas! l'éloquence & la raison même sont-elles réduites quand elles combatent la vérité!

Qu'importe à toute cette grande afaire ce qu'aura conté un soir monsieur de *Morangiés* à madame *Maison-neuve* & à monsieur *Cochois*? On a la barbarie de reprocher à un maréchal de camp d'avoir vendu ses boutons de manchettes d'or, & un crayon d'or. Je ne sais pas quel jour il les a vendus; mais son avocat assure que la cabale usurière a réduit ce gentilhomme à un état qui doit exciter la compassion des juges, & soulever tous les cœurs en sa faveur.

Voyez, messieurs, contre quels ennemis vous avez à combatre. Vous avez le roi pour vous; il faut espérer que vous ne serez point batus. Monsieur *Linguet* achévera de détromper monsieur *Vermeil*; il achévera de montrer la vérité à tous les juges. On s'eſt plaint de ſa vivacité; mais il faut pardonner à ſon feu qui brûle, en faveur de la clarté qu'il donne.

Je ſupoſe, meſſieurs, que *Solon*, *Numa*, *Ariſtide*, *Caton*, le chancelier de l'*Hôpital*, reviennent ſur la terre, & qu'on leur donne cette cauſe à examiner, n'agiraient-ils pas comme monſieur de *Sartine*? ne diraient-ils pas, la famille *Verron* a confeſſé ſon délit de ſon plein gré, donc la famille l'a commis : elle a écrit de ſon plein gré à ſon propre avocat, *rendez les billets*; donc il faut les rendre? Tel eſt l'arêt de la voix publique. J'ignore ſi nos formes peuvent s'y opoſer.

Je ſuis avec un profond reſpect,

MESSIEURS,

Votre très-humble & très-obéiſſant ſerviteur,
VOLTAIRE.

TROISIEME LETTRE

DE

MONSIEUR DE VOLTAIRE

À

MESSIEURS DE LA NOBLESSE

DU GÉVAUDAN.

A Genève 26 Auguste 1773.

MESSIEURS,

Vous savez que plusieurs oficiers, pénétrés de l'innocence de monsieur le comte de *Morangiés* en connaissance de cause, ont fait un fonds pour lui en présence de monsieur le marquis de *Montaynard*. Si votre province en fait un, mon neveu vous demande la permission de se joindre à vous.

C'est une réparation autentique de la sentence inouie du bailliage du palais, jurisdiction dont vous n'avez jamais entendu parler. Si cette malheureuse sentence subsistait, notre nation en devrait peut-être autant rougir que des arêts qu'un aveuglement barbare dicta contre les *Calas*, contre les *Sirven*, contre les *Montbailli*, contre le cultivateur *Martin*, contre le brave *Lally*, contre l'infortuné chevalier *de la Barre*, enfant imprudent à la vérité, mais enfant qu'il était si aisé de coriger, mais enfant de grande espérance, mais petit-fils d'un lieutenant-général qui avait si bien servi l'état; enfin contre tant d'autres citoyens, dont les meurtres juridiques ont épouvanté la nature & la raison humaine.

La sentence rendue par le bailliage n'est pas à la vérité de l'atrocité de ces arêts; la cause ne le permettait pas; mais l'absurdité est encor plus grande. Il ne faut pas que la France passe pour ridicule aux yeux de l'Europe, après avoir passé pour cruelle. Nous n'avons pas aquis assez de gloire dans la dernière guerre pour que nous n'ayons pas soin de notre réputation dans le sein de la paix. Il serait triste qu'il ne nous restât d'autre gloire que celle d'avoir cultivé les beaux-arts il y a cent ans, & que nous eussions aujourd'hui la honte d'avoir persécuté la vérité en tout genre sans la connaître.

Le parlement de Paris, messieurs, examine l'afaire avec autant d'atention que d'intégrité. Espérons de lui la restauration de la justice qu'un bailli vient de violer à l'étonnement de quiconque a le sens commun.

Il est démontré aujourd'hui qu'une troupe de vils usuriers escrocs a volé cent mille écus en billets à monsieur de *Morangiés*. Tout le monde convient que la fable de leurs cent mille écus en or est ce que la fourberie & l'insolence ont jamais inventé de plus abfurde & de plus punissable.

Quelques personnes, d'abord trompées dans le commencement par les séductions de la famille *Verron*, se réduisent aujourd'hui à dire qu'à la vérité monsieur de *Morangiés* n'a pas reçu les cent mille écus; mais qu'il en a touché probablement une partie. Elles sont honteuses d'avoir cru un moment le roman des treize voyages: mais elles substituent une autre fable à cette fable décriée. Pardonnons à cette faiblesse de leur amour-propre; mais il eût été plus beau d'avouer son erreur sans détour.

Il ne faut pas supposer ce qu'aucun des avocats des *Verrons* n'a jamais osé dire. Tous ont fait retentir à nos oreilles le prêt imaginaire des cent mille écus. *Dujonquay* en a fait serment, avant de se dédire chez un commissaire. Voila le procès: il ne faut pas en imaginer un autre, qui au fond serait plus abfurde encor. Car comment serait-il possible que monsieur de *Morangiés*, n'ayant reçu par exemple que cent mille francs (comme ces messieurs le supposent,) eût été assez ennemi de soi-même pour signer des billets de trois cent vingt-sept mille livres, qui feraient plus de trois fois & un quart la valeur reçue? Ce serait

une

une ufure de trois cent vingt-fept pour cent; ufure auffi chimérique que toute la fable des *Verrons*: ufure plus criminelle encor, s'il eft poffible, que la manœuvre avec ce dont ils font coupables; ufure qui mériterait la corde.

Que pour juftifier monfieur de *Morangiés* on ne rende donc pas cette afaire plus ridicule, plus abfurde & plus incroyable qu'elle ne l'eft en éfet. Qu'on s'en tienne au procès; il eft affez extravagant.

Je ne connais, meffieurs, dans l'hiftoire du monde, aucune difpute à laquelle la démence n'ait préfidé, quand l'efprit de parti s'y eft joint. Vous favez que la baffe faction des *Verrons* était il y a quelque tems un parti formidable; c'était celui du peuple; & vous connaiffez le peuple. La faction des convulfionnaires de *faint Médard* ne fut jamais ni plus fanatique, ni plus aveugle, ni plus opiniâtre, ni plus imbécile.

Les menfonges imprimés des avocats de la *Verron* tenaient tous des *mille & une nuits*, & ont été reçus comme des vérités par monfieur *Pigeon*.

Ils peignaient la *Verron*, veuve d'abord d'un commis des fermes, & enfuite d'un petit agioteur de la rue Quinquempoix, comme la veuve d'un riche banquier.

Ils lui atribuaient une fortune immenfe, & elle couchait à terre, elle & toute fa famille dans un galetas.

Ils préfentaient monfieur *Dujonquay* fon

Fragmens. B b

petit-fils comme un docteur ès loix, qui allait acheter trente mille francs une charge de conseiller au parlement, de juge suprême des pairs de France. Et ce conseiller n'avait pu seulement demeurer garde dans une brigade d'employés des fermes, & ce conseiller a le stile & l'ortographe d'un laquais ; & les avocats répondaient qu'un magistrat n'est pas puriste.

Ils afirmaient dans tous leurs mémoires que madame *Verron* sa grand'mère, & madame *Romain* sa mère, étaient des personnes de considération très opulentes, très honnêtes, ne prêtant jamais sur gages, mais empruntant quelquefois sur gages comme de grandes dames. Et le nommé *Montreuil*, laquais de monsieur de *Florian*, afirme par serment qu'ayant mangé plusieurs fois avec le magistrat *Dujonquay*, la veuve *Durand* courtière lui a proposé de lui faire prêter par madame *Verron* vingt-quatre francs, douze francs, pourvu qu'il donnât quelques boucles de souliers, quelques chemises en nantissement. Et monsieur *Pigeon* n'a point interrogé ce laquais ! & monsieur *Pigeon* n'a point interrogé ceux à qui la *Verron* a prêté sur gages des soixante, des quarante, & jusqu'à des neuf francs ! petites sommes dont le trafic la faisait subsister par l'entremise de ses courtières, & qui sont consignées dans le registre des usures dont le dépôt est à la police.

Les avocats parlaient toujours des cent

mille écus en or de la veuve, & ils ne disaient rien de sa seule véritable fortune qui consistait principalement en une rente de 600 livres vendue pour prêter sur gages. C'était-là son meilleur éfet.

Ces avocats qui ne pouvaient alléguer que les raisons suggerées par leurs commettans, & qui étaient malgré eux les organes de l'imposture, séduits par la faction, séduisaient le public, & faisaient voler l'erreur de bouche en bouche.

Ils célébraient la grandeur d'ame de monsieur *Aubourg*, qui touché de l'embaras d'une famille respectable de fripons, forcée de voler cent mille écus à monsieur le comte de *Morangiés* & à l'oprimer, a pris en main généreusement la cause de cette famille *Verron*, & se sacrifie aujourd'hui pour elle. Mais il se trouve que ce monsieur *Aubourg*, ce héros généreux, est un tapissier devenu écumeur du palais, qui a acheté ce malheureux procès pour en partager le profit; manœuvre qui n'est guères diférente de celle des receleurs.

Monsieur *Linguet*, défenseur de monsieur le comte de *Morangiés*, afirme dans son résumé que ce monsieur *Aubourg* a volé un étui d'or qu'il a été obligé de rendre. Il reproche à cet homme d'honneur cent autres traits pareils. Il assure qu'il a des preuves que cet *Aubourg*, instigateur de toute cette infame afaire, commandait publiquement des pâtés qu'il envoyait au bailliage pendant l'inftruction du procès. De forte qu'au fond on voit un voleur & un receleur protégés par monfieur *Pigeon* contre vous, meffieurs, & contre l'opinion du roi.

Les avocats atteftaient Dieu, devant qui la veuve *Verron* avait fait fon teftament après avoir communié. Elle ne pouvait pas tromper Dieu, difaient-ils. — Non, mais elle pouvait tromper les hommes, ou plutôt on fe fervait d'elle pour les tromper très groffiérement, en lui faifant dire qu'au lieu des trois cent mille livres qu'elle affura tant de fois compofer tout fon bien, elle avait poffédé cinq cent mille livres. On la faifait mentir dans ce teftament comme elle avait menti pendant fa vie.

Ces avocats fondaient leurs plaidoyers fur le témoignage de perfonnages dignes de foi qui avaient dépofé pour les *Verrons*. Mais qui étaient ces témoins irréprochables? Une femme infâme, enfermée plufieurs fois à l'hôpital; fon filleul commis des fermes & chaffé, un cocher l'ami de *Dujonquay*, qui dépofaient des chofes abfurdes, incroyables, impoffibles. Cent dépofitions de cette efpèce ne pèfent pas le témoignage d'un honnête homme. C'eft affez de deux témoins, quand ce font des hommes de bien qui s'acordent fur des faits vraifemblables. Mais la foule d'une canaille qui dépofe des faits dont le feul récit choque la raifon, & qui fe contredit fur prefque tous ces faits, n'a pas plus de poids que les quatre mille gredins qui virent les miracles de l'abbé *Paris*.

Dira-t-on que ces contradictions de la bande de *Dujonquay* font des preuves en fa faveur, *parce qu'elles ne fe font pas faites de concert ?* Non, meſſieurs, ils ne fe font pas concertés pour fe couper dans leurs réponſes, mais ils s'étaient concertés pour le crime.

Enfin, meſſieurs, je vous le répéte, *Dujonquay* & fa mère ont librement avoué, ont ſigné leur crime chez un commiſſaire au Châtelet, dont la réputation eſt intacte. Ils n'ont été forcés à cet aveu chez le commiſſaire ni par aucun traitement rigoureux, ni par la moindre menace. Ils ont confeſſé le crime le plus vraiſemblable, le plus ordinaire; car eſt-il quelque choſe de plus commun que de voir des uſuriers eſcrocs ? Et on oſerait encor acuſer un maréchal de camp du crime le plus rare, le plus extravagant, le plus ridicule, le plus impoſſible, d'avoir emprunté cent mille écus en or des pauvres habitans d'un galetas, pour avoir le plaiſir de les faire pendre ?

Les avocats ont oſé dire que cet aveu ne vaut rien chez un commiſſaire, parce que *Dujonquay* avait reçu un coup de poing chez un procureur. Il ſemblait à les entendre que quatre boureaux euſſent mis *Dujonquay* & la *Romain* à la queſtion ordinaire & extraordinaire. Cent mille personnes dans Paris étaient persuadées que la police avait torturé pendant sept heures, & presque jusqu'à la mort, un homme destiné à être conseiller au parlement, & madame *Romain* sa mère, pour leur escroquer cent mille écus, dont les voleurs privilégiés qui siégent dans les antres de la police partageaient le profit avec monsieur de *Morangiés* maréchal de camp des armées du roi. Ce nuage de mensonges absurdes, de calomnies grossières, est enfin dissipé, & peut-être pour en reproduire bientôt quelque autre plus ridicule encor & plus funeste.

Mais, messieurs, quand une fois la vérité a paru aux yeux des sages, dans quelque genre que ce puisse être, il n'est plus possible de la détruire. On ne peut plus ôter l'honneur à la maison de *Morangiés*, on ne peut que la ruiner.

Je suis, &c.

entre la fléche de *Jonathas* teinte de graiffe, & la plume d'un prêtre normand qui vendait des gazettes. D'ailleurs il perfifta à fe rendre utile, dût-il être percé de quelque fléche de ces convulfionnaires. Le libelle du janféniste attaqua tous les gens de lettres qui n'étaient pas du parti: fa fléche fut lancée contre les *Fontenelle*, les *La Motte*, les *Saurin*, &c. qui n'en fentirent rien.

Nous avions mis au devant du fiècle de *Louis XIV* une lifte affez détaillée de tous les artiftes qui firent honneur à la France dans ces tems illuftres. Deux ou trois perfonnes fe font affociées depuis peu pour faire un pareil catalogue des artiftes de trois fiècles; mais ces auteurs s'y font pris diféremment: ils ont infulté par ordre alphabétique à tous ceux dont ils ont cru qu'il était de leur intérêt d'ataquer la réputation. Nous ignorons fi leur fléche est retournée ou non en arière, & fi elle a été teinte de la graiffe des vigoureux. Celui de la troupe qui tirait le plus fort & le plus mal était un abbé *Sabatier*, natif d'un village auprès de Caftres, homme d'ailleurs diférent en tout des gens de mérite qui portent le même nom.

Il fut payé pour tirer fes traits fur tous ceux qui font aujourd'hui honneur à la litérature par leur érudition & par leurs talens. Dans la foule de ceux qu'il ataque, on trouve feu monfieur *Helvétius*. Il le qualifie lui & fes amis de *maniaques*. Nous *pouvons assurer*, dit-il, *par de justes observations, que ses illusions philosophiques étaient une espèce de manie involontaire... Il se contentait de gémir dans le sein de l'amitié, de l'extravagance & des excès de maniaques, qui se glorifiaient de l'avoir pour confrere.*

L'abbé Sabatier a raison de dire qu'il était à portée de faire de justes observations sur monsieur *Helvétius*, puisqu'il avait été tiré par lui de la plus extrême misere, & que réchaufé dans sa maison (comme *Tartuffe* chez *Orgon*) il n'avait vécu que de ses libéralités. La premiere chose qu'il fait après la mort d'*Helvétius* est de déchirer le cadavre de son bienfaiteur.

Nous n'étions pas de l'avis de monsieur *Helvétius* sur plusieurs questions de métaphysique & de morale ; & nous nous en sommes assez expliqués, sans blesser l'estime & l'amitié que nous avions pour lui. Mais qu'un homme nouri chez lui par charité prenne le masque de la dévotion pour l'outrager avec fureur, lui & tous ses amis, & tous ceux même qui l'ont assisté, nous pensons qu'il ne s'est rien fait de plus lâche dans les trois siecles dont cet homme parle, & qu'il connaît si peu.

Lui !... un abbé *Sabatier !*... oser feindre de défendre la religion ! oser traiter d'impies les hommes du monde les plus vertueux ! s'il savait que nous avons en notre possession son abrégé du spinosisme, intitulé *analyse de Spinosa*, à Amsterdam : ouvrage rempli

DE CALOMNIES.

de farcafmes & d'ironies, écrit tout entier de fa main, finiffant par ces mots : *point de religion & j'en ferai plus honnête homme. La loi ne fait que des efclaves, elle n'arête que la main*; enfin figné, *adieu baptifabit*.

S'il favait que nous poffédons auffi, écrits de fa main, les vers infames qu'il fit dans fa prifon à Strasbourg, & d'autres vers auffi libertins que mauvais, que dirait-il ? rentrerait-il en lui-même ? non, il irait demander un bénéfice, & il l'obtiendrait peut-être.

Le cœur le plus bas & le plus capable de tous les crimes des lâches eft celui d'un athée hypocrite.

Nous fumes toujours perfuadés que l'athéifme ne peut faire aucun bien, & qu'il peut faire de très-grands maux. Nous fimes fentir la diftance infinie entre les fages qui ont écrit contre la fuperftition, & les fous qui ont écrit contre Dieu. Il n'y a dans tous les fyftèmes d'athéifme ni philofophie ni morale.

Nous n'y voyons point de philofophie: car en éfet eft-ce raifonner que de reconnaître du génie dans une fphère d'*Archimède*, de *Poffidonius*, dans un de ces *oréris* qu'on vend en Angleterre, & de n'en point reconnaître dans la fabrication de l'univers; d'admirer la copie & de s'obftiner à ne point voir d'intelligence dans l'original ? cela n'eft-il pas encor plus fou que fi on difait : les eftampes de *Raphaël* font faites par un ouvrier, mais le tableau s'eſt fait tout ſeul.

L'athéiſme n'eſt pas moins contraire à la morale, à l'intérêt de tous les hommes ; car ſi vous ne reconnaiſſez point de Dieu, quel frein aurez-vous pour les crimes ſecrets ?

duræ ſaltem virtutis amator,
Quære quid eſt virtus, & poſce exempla honeſti.

Nous ne diſons pas qu'en adorant un Etre ſuprême, juſte & bon, nous devions admettre la barque à *Caron*, *Cerbère*, les *Euménides*, ou l'ange de la mort *Sammael* qui vient demander à Dieu l'ame de *Moïſe*, & qui ſe bat avec *Michael* à qui l'aura. Nous ne prétendons point qu'*Hercule* ait pu ramener *Alceſte* des enfers, ou que le Portugais *Xavier* ait reſſuſcité neuf morts.

De même qu'il faut diſtinguer ſoigneuſement la fable de l'hiſtoire, il faut auſſi diſcerner entre la raiſon & la chimère.

Il eſt très-certain que la croyance d'un Dieu juſte ne peut être qu'utile. Quel eſt l'homme qui ayant ſeulement une peuplade de ſix cent perſonnes à gouverner voudrait qu'elle fût compoſée d'athées ?

Quel eſt l'homme qui n'aimerait pas mieux avoir à faire à un *Marc-Aurele*, ou à un *Epictete* qu'à un abbé *Sabatier* ? nous ſavons, & nous l'avons ſouvent avoué qu'il eſt des athées par principes, dont l'eſprit n'a point corompu le cœur.

On a vu souvent des athées
Vertueux malgré leurs erreurs :
Leurs opinions infectées
N'avaient point infecté leurs mœurs.
Spinosa fut doux, juste, aimable :
Le Dieu que son esprit coupable
Avait follement combatu,
Prenant pitié de sa faiblesse,
Lui laissa l'humaine sagesse,
Et les ombres de la vertu.

Nous dirons à tous ces athées argumentans, qui n'admettent aucun frein, & qui cependant se font fait celui de l'honneur, qui raisonnent mal & qui se gouvernent bien : messieurs, gardez-vous de l'abbé *Sabatier*, qui se conduit comme il raisonne. Aussi ne le voyent-ils point ; il est également en horreur aux dévots & aux philosophes.

Quand le *système de la nature* fit tant de bruit, nous ne dissimulâmes point notre opinion sur ce livre ; il nous parut une déclamation quelquefois éloquente, mais fatiguante, contraire à la saine raison, & pernicieuse à la société. *Spinosa* du moins avait embrassé l'opinion des stoïciens qui reconnaissaient une intelligence suprême ; mais dans le *système de la nature*, on prétend que la matière produit elle-même l'intelligence. S'il n'y avait là que de l'abſurdité, on pourait ſe taire. Mais cette idée eſt pernicieuſe, parce qu'il peut ſe trouver des gens qui ne croyant pas plus à l'honneur & à l'humanité qu'à Dieu, feront leurs dieux à eux-mêmes, & s'immoleront tout ce qu'ils croiront pouvoir s'immoler impunément. Les athées *Tartuffes* feront encor plus à craindre. Un brave déiſte, un ſectateur du grand lama un peu courageux, peut avoir la conſolation de tuer un athée ſanguinaire qui lui demande la bourſe le piſtolet à la main ; mais comment ſe défendre d'un athée hypocrite & calomniateur qui paſſe ſa journée dans l'antichambre d'un évêque ? &c.

F I N.

www.ingramcontent.com/pod-product-compliance
Lightning Source LLC
Chambersburg PA
CBHW071912230426
43671CB00010B/1582